VLADÍMIR ILITCH LÊNIN

O QUE FAZER?

QUESTÕES CANDENTES DE NOSSO MOVIMENTO

REVISÃO DA TRADUÇÃO: PAULA VAZ DE ALMEIDA

© Boitempo, 2020
© Edições "Avante!", Lisboa, 1977, para a tradução em língua portuguesa
Título original: Что делать? Наболевшие вопросы нашего движения/*Chto delat? Nabolevshie voprosi nashego dvizheniya*

Direção editorial	Ivana Jinkings
Conselho editorial	Antonio Carlos Mazzeo, Antonio Rago, Augusto Buonicore, Ivana Jinkings, Marcos Del Roio, Marly Vianna, Milton Pinheiro, Slavoj Žižek
Edição	Carolina Mercês
Assistência editorial	Pedro Davoglio
Tradução	Edições Avante!
Revisão da tradução	Paula Vaz de Almeida
Preparação	Mariana Echalar
Revisão	Sílvia Balderama Nara
Coordenação de produção	Livia Campos
Assistência de produção	Isabella Teixeira
Capa e aberturas	Maikon Nery
Diagramação	Antonio Kehl

Equipe de apoio: Artur Renzo, Débora Rodrigues, Dharla Soares, Elaine Ramos, Frederico Indiani, Heleni Andrade, Higor Alves, Isabella Marcatti, Ivam Oliveira, Kim Doria, Luciana Capelli, Marina Valeriano, Marissol Robles, Marlene Baptista, Maurício Barbosa, Raí Alves, Talita Lima, Thais Rimkus, Tulio Candiotto

---

SINDICATO NACIONAL DOS EDITORES DE LIVROS, RJ

L585q

Lênin, Vladímir Ilitch, 1870-1924
    O que fazer? : questões candentes de nosso movimento / Vladímir Ilitch Lênin ; tradução Edições Avante! ; revisão da tradução Paula Vaz de Almeida. - 1. ed. - São Paulo : Boitempo, 2020.
    (Arsenal Lênin ; 4)

    Tradução de: Что делать? Наболевшие вопросы нашего дви
    Inclui índice
    ISBN 978-85-7559-765-1

    1. Comunismo - Rússia. I. Edições Avante! (Firma). II. Almeida, Paula Vaz de. III. Título. IV. Série

20-63704   CDD: 335.422
                                                        CDU: 330.85

Meri Gleice Rodrigues de Souza - Bibliotecária CRB-7/6439

É vedada a reprodução de qualquer parte deste livro sem a expressa autorização da editora.

1ª edição: abril de 2020;
1ª reimpressão: setembro de 2020; 2ª reimpressão: abril de 2021;
3ª reimpressão: novembro de 2022; 4ª reimpressão: abril de 2023;
5ª reimpressão: abril de 2024

BOITEMPO
Jinkings Editores Associados Ltda.
Rua Pereira Leite, 373
05442-000 São Paulo SP
Tel.: (11) 3875-7250 / 3875-7255
editor@boitempoeditorial.com.br
boitempoeditorial.com.br | blogdaboitempo.com.br
facebook.com/boitempo | twitter.com/editoraboitempo
youtube.com/tvboitempo | instagram.com/boitempo

SUMÁRIO

NOTA DA EDIÇÃO, 7

PREFÁCIO À EDIÇÃO BRASILEIRA – *UM LIVRO QUE FEZ HISTÓRIA* – VALÉRIO ARCARY, 9

PREFÁCIO À PRIMEIRA EDIÇÃO, 17

CAPÍTULO 1. DOGMATISMO E "LIBERDADE DE CRÍTICA", 21
    A) O que significa "liberdade de crítica"?, 21
    B) Os novos defensores da "liberdade de crítica", 25
    C) A crítica na Rússia, 30
    D) Engels sobre a importância da luta teórica, 37

CAPÍTULO 2. A ESPONTANEIDADE DAS MASSAS E A CONSCIÊNCIA DA SOCIAL-DEMOCRACIA, 45
    A) O começo da ascensão espontânea, 46
    B) O culto da espontaneidade. O *Rabótchaia Misl*, 50
    C) O Grupo de Autoemancipação e a *Rabótcheie Dielo*, 60

CAPÍTULO 3. POLÍTICA TRADE-UNIONISTA E POLÍTICA SOCIAL-DEMOCRATA, 71
    A) A agitação política e a sua restrição pelos economistas, 72
    B) A novela de como Martínov aprofundou Plekhánov, 82
    C) As denúncias políticas e a "educação da atividade revolucionária", 85
    D) O que o economismo e o terrorismo têm em comum?, 91
    E) A classe operária como combatente de vanguarda pela democracia, 94
    F) Mais uma vez "caluniadores", mais uma vez "mistificadores", 110

CAPÍTULO 4. O CARÁTER ARTESANAL DOS ECONOMISTAS E A ORGANIZAÇÃO DOS REVOLUCIONÁRIOS, 115
    A) O que é o caráter artesanal?, 116
    B) O caráter artesanal e o economismo, 119
    C) Organização de operários e organização de revolucionários, 126
    D) A amplitude do trabalho organizativo, 142

E) Organização "conspirativa" e "democratismo", 148
F) O trabalho local e em toda a Rússia, 157

Capítulo 5. "plano" de um jornal político para toda a rússia, 169
A) Quem se ofendeu com o artigo "Por onde começar?", 170
B) Poderia um jornal ser um organizador coletivo?, 175
C) De que tipo de organização precisamos?, 187

Conclusão, 195

Suplemento – Tentativa de fusão do *Iskra* com a *Rabótcheie Dielo*, 199

Emenda a *o que fazer?*, 207

Índice onomástico, 209

Cronologia, 217

NOTA DA EDIÇÃO

Quarto volume da coleção Arsenal Lênin, *O que fazer?* foi escrito do outono de 1901 a fevereiro de 1902, sendo publicado como brochura no mês seguinte. O objetivo desse opúsculo era oferecer uma contribuição ao II Congresso do Partido Operário Social-Democrata Russo (POSDR), que seria realizado dali em breve. O impacto do livro foi imediato, antes mesmo do congresso, e perdurou ao longo de todo o século XX, sendo lido por jovens intelectuais revolucionários, chegando até os dias de hoje.

Por vezes tido como mero manual prático de organização do partido revolucionário, este escrito de Lênin é bem mais que isso. É inovador em vários sentidos, pois se ocupa de problemas não abordados previamente na tradição do movimento operário. Em primeiro lugar, apresenta uma teoria da organização; tal ideia de uma organização centralizada democrática representava de fato uma novidade. Essa organização seria a forma mais adequada para uma ação política coletiva eficaz, de onde deriva uma teoria da ação política: a ação política revolucionária só poderia ser coletiva e dotada de uma vontade e de uma direção.

Em segundo lugar, Lênin apresenta uma teoria dos intelectuais revolucionários que devem compor a organização revolucionária, considerando todos os militantes como intelectuais com maior ou menor conhecimento da filosofia, da visão de mundo que alimenta a vontade coletiva.

Por fim, ele argumenta que essa organização deve ser a condensação da consciência política revolucionária. Consciência política revolucionária significa ter a visão do Estado e do poder político que devem ser substituídos e daquilo que deve compor o novo Estado. Tal consciência deve vir a ser difundida no seio da classe operária por meio da luta política, da difusão de palavras de ordem e de um programa. Daí a importância de um veículo impresso para toda a Rússia, um jornal que se ocupasse das grandes questões da luta de classes.

O resultado do II Congresso apontou para a vitória da proposição de Lênin, levando ao surgimento do nome "bolchevique" ("maioria" na língua russa) para a corrente liderada por ele. Os opositores – na verdade um arco muito heterogêneo de posições políticas – ficaram conhecidos pela alcunha de mencheviques ("minoria").

As diferenças mais essenciais entre as correntes estavam na forma da organização proposta por Lênin e na concepção teórica sobre o desenvolvimento da consciência de classe do proletariado. A noção fundamental proposta na obra *O que fazer?* quanto ao papel dirigente do partido na luta de classes do proletariado demonstrou sua importância na concretização de uma facção verdadeiramente revolucionária na social-democracia russa, que eventualmente levaria a cabo a primeira revolução socialista do século.

A edição brasileira foi feita com base na tradução das Edições Avante! presente no primeiro tomo das *Obras escolhidas* de Vladímir Ilitch Lênin (Lisboa, 1977, p. 79-214), que por sua vez teve como base a versão compilada no sexto tomo da quinta edição soviética das *Obras completas* (Moscou, Издательство Политической Литературы/Izdátelstvo Politítcheskoi Literatúry, 1963, p. 1-192).

Esta edição mantém as marcações originais de ênfase e destaque de Lênin, assim como suas notas originais, assinaladas com asterisco; as demais aparecem numeradas e identificadas. Preservamos ainda o padrão das referências bibliográficas originais citadas pelo autor no corpo do texto.

Dedicamos esta edição ao historiador marxista Augusto Buonicore, integrante do conselho editorial desta coleção, falecido no dia 11 de março de 2020.

CÓDIGO DE NOTAS PARA OS TEXTOS DE LÊNIN
* – Nota do autor
N. E. – Nota da edição brasileira
N. E. P. – Nota da edição portuguesa, de 1977
N. E. R. – Nota da edição soviética de 1963, publicada em russo no tomo 6
N. E. R. A. – Nota da edição soviética de 1963, com adaptações
N. R. T. – Nota da revisão de tradução

PREFÁCIO À EDIÇÃO BRASILEIRA
UM LIVRO QUE FEZ HISTÓRIA

Valério Arcary*

O livro que a Boitempo apresenta em nova tradução é o principal clássico do marxismo sobre o tema do partido. Nem Karl Marx nem Friedrich Engels elaboraram uma obra que desenvolvesse uma teoria política do Estado; eles deixaram indicações valiosas, mas coube à segunda geração marxista incorporar o marxismo ao vocabulário dos principais partidos de trabalhadores nos países-chave da Europa no final do século XIX. Acontece que o tema do partido é um desdobramento central de uma teoria política marxista.

    O problema teórico-chave pode ser enunciado da seguinte maneira: como é possível que uma classe social economicamente explorada, socialmente oprimida e politicamente dominada seja protagonista de uma revolução social contra um poderoso Estado capitalista? A revolução socialista é pensada, dessa forma, como a primeira revolução da maioria para a maioria. Este conceito é central. Nunca houvera na história uma revolução socialista vitoriosa até então; a experiência mais avançada havia sido a efêmera Comuna de Paris em 1871.

    A questão da luta pelo poder exigia, portanto, uma elaboração estratégica nova. Que lições podiam ser retiradas da derrota da Comuna de Paris? Que desafios estavam colocados para os socialistas russos do início do século XX na luta por uma revolução para derrubar a mais arcaica e tirânica ditadura da Europa? Em *O que fazer?*, Lênin realiza uma síntese entre a experiência alemã e as peculiaridades da luta clandestina e legal na Rússia.

    Resumindo de forma "bruta": trata-se de uma elaboração da necessidade de um partido centralizado para o triunfo da revolução socialista. Neste livro,

---

* Professor titular do Instituto Federal de São Paulo (IFSP), doutor em história social pela Universidade de São Paulo (USP), militante da Resistência/PSOL e autor de *O martelo da história: ensaios sobre a urgência da revolução contemporânea* (São Paulo, Sundermann, 2016), entre outros livros.

o partido é a defesa de um programa, mas é também um instrumento político para a ação. Qual é o lugar do partido marxista entre as outras organizações do movimento social e político dos trabalhadores? A resposta é que deve ser o polo de unificação dos diversos círculos socialistas comprometidos com a luta pela destruição do capitalismo. O papel do partido é ser a organização a serviço da construção da consciência coletiva revolucionária.

A organização revolucionária se fundamenta na fusão entre uma visão socialista da crise da sociedade capitalista e a defesa dos interesses dos trabalhadores. O papel do partido é o de alavanca: na física, a alavanca é um objeto que multiplica a força mecânica; na elaboração leninista, o partido é a ferramenta que, por meio da agitação política, da propaganda socialista e, sobretudo, da intervenção direta nas lutas, pode acelerar a experiência prática de milhões de revolucionários.

O partido é um coletivo militante, que reúne as lições da experiência histórica da classe trabalhadora, e um instrumento para a construção da consciência de classe: o salto da "classe em si" em "classe para si". Seu papel é estimular entre os explorados uma disposição para luta pelo poder, transformando o "instinto" de classe em "instinto" de poder.

Essa é a ideia mais poderosa deste livro. Ela remete à discussão sobre o lugar do fator subjetivo em um processo revolucionário; por "fator subjetivo" deve-se entender, na tradição marxista, o papel do partido na construção da independência de classe, ou o lugar do partido como organizador coletivo que se articula na defesa de um programa que expressa a necessidade do socialismo.

A premissa teórico-política essencial desta obra é que, estando maduros os fatores objetivos em uma conjuntura de crise revolucionária, a lucidez, a ousadia e a determinação de uma organização de ativistas estruturados em setores estratégicos da vida econômico-social fazem a diferença. Fazer a diferença significa abrir o caminho para a vitória na luta pelo poder. A presença militante do partido ao longo de anos e décadas, ao lado das lutas populares, permite a conquista da autoridade política, indispensável para o triunfo da revolução.

O bolchevismo se construiu em torno de duas estratégias permanentes: impulsionar a mobilização de massas para derrotar o tsarismo e para lutar pelo poder e construir um partido de classe revolucionário. Seguindo essa orientação estratégica, o bolchevismo teve grande flexibilidade tática: participou das lutas mais diminutas e elementares sem deixar de fazer agitação política contra o tsarismo; formou quadros para a agitação permanente em defesa das reivindicações populares, mas nunca deixou de publicar um jornal como organizador coletivo da luta política para derrubar a ditadura; interveio nos sindicatos sem ceder às ilusões sindicalistas; participou de eleições com candidaturas próprias, ou fez frentes eleitorais, ou ainda chamou ao boicote eleitoral sem ceder às ilusões liberais; publicou livros e revistas e organizou, regularmente, escolas de formação sem ceder às pressões propagandistas.

A estratégia revolucionária dos partidários da corrente bolchevique na luta contra a tirania tsarista se fundamentava em uma análise do contexto internacional como época de apogeu e decadência do capitalismo: apostaram que o tsarismo seria incapaz de tolerar uma transição de regime e avaliaram que as reformas do regime eram efêmeras e insustentáveis. O esmagamento da Revolução de 1905 demonstrou que a política do tsarismo não era somente reacionária, mas passara a ser contrarrevolucionária. E como não se pode vencer sem conhecer o inimigo, tiraram conclusões programáticas.

A ditadura teria de ser derrubada por uma revolução de massas que unisse os trabalhadores das cidades e angariasse o apoio da maioria camponesa. A corrente bolchevique concluía, pela experiência prática, em um processo longo e difícil de ruptura com a corrente menchevique, que não era mais possível a representação dos interesses da classe trabalhadora por meio de um só partido. A ala revolucionária do partido socialista deveria ter expressão independente.

Decorre dessa experiência a teoria da construção de um partido revolucionário com delimitação programática, que estivesse em permanentes lutas políticas frontais, laterais e na retaguarda. Lutas frontais contra o regime e o governo de plantão, lutas laterais contra os programas de correntes reformistas ou anarquistas com presença entre os trabalhadores, e lutas internas na retaguarda. O bolchevismo era radical, mas nunca foi possibilista nem maximalista. Diferenciava-se dentro da Segunda Internacional da corrente reformista moderada e da corrente ultraesquerdista. Essa incansável luta de ideias respondia à necessidade de construção da consciência política de classe. Ela dependia de um instrumento de organização que não assumisse somente as necessidades imediatas da luta defensiva, mas que fosse útil para a luta pelo poder.

A elaboração leninista sobre o partido não tem popularidade atualmente na maioria do ativismo de esquerda. Mas, se há uma tese marxista que passou, irrefutavelmente, na prova do laboratório da história, é ela. Nenhuma revolução anticapitalista triunfou nos últimos cem anos sem a presença de uma organização centralizada. A excepcionalidade do bolchevismo estava em ter sido um partido politicamente centralizado. Todas as outras organizações que lideraram revoluções socialistas eram militarmente centralizadas.

É evidente que as qualidades do bolchevismo não devem ser resumidas apenas a um modelo de organização: a corrente revolucionária do marxismo russo foi construída em torno de um programa, de um debate internacionalista dentro da Segunda Internacional, de uma complexa cultura de estratégia e de tática política, e de um processo intenso de formação de quadros. Mas sua forma de organização foi especialmente original. Ela não poupou o bolchevismo de crises políticas de máxima gravidade durante os seis meses que separaram a vitória da Revolução de Fevereiro do triunfo de outubro, mas facilitou a superação dessas crises por meio de um regime interno democrático, que preservava a eficácia de uma intervenção unificada.

Este livro de Lênin provocou muitas polêmicas desde sua publicação. As duas críticas mais importantes à concepção leninista do partido são: a) a acusação de que ela seria uma forma de substitucionismo burocrático da ação espontânea das massas e b) a acusação de que ela seria responsável pela forma monolítica que assumiu a ditadura stalinista durante sete décadas. Os argumentos impressionam, mas são falsos.

O primeiro não é honesto intelectualmente. A tese leninista não defende que o partido marxista faz a revolução. Revoluções não são golpes, conspirações, quarteladas. A insurreição é somente um momento crucial da luta revolucionária. Revoluções são processos de mobilização pelo poder que colocam em movimento milhões de pessoas. São a forma mais elevada da luta de classes nas complexas sociedades contemporâneas, e os sujeitos sociais são seus protagonistas. Os sujeitos políticos são instrumentos de representação e organização. Organizações políticas não fazem revoluções: elas disputam a liderança de um processo revolucionário.

A tese leninista defende que o modelo de organização inspirado no centralismo democrático é o mais eficaz à tarefa dos trabalhadores de lutar pelo poder. A história lhe deu razão de maneira irrefutável. É a estratégia que deve definir o modelo do instrumento político. Não surpreende que uma maioria dentro da esquerda brasileira tenha "alergia política" ao partido de inspiração leninista. Isso decorre da mudança de projeto estratégico que reduziu o horizonte à luta pela reforma do capitalismo, renunciando à luta pelo socialismo. O argumento democratista é, essencialmente, dissimulador. Partidos eleitorais cujo poder repousa nas bancadas de deputados não são mais democráticos.

O segundo não é honesto historicamente. Uma teoria sobre a forma de organização de um partido revolucionário não explica a permanência de um regime político durante décadas depois do triunfo da insurreição. Foram outros fatores, como o estágio de desenvolvimento econômico-social, a luta de classes e os conflitos internacionais – ou seja, enfrentamentos entre revolução e contrarrevolução em contexto nacional e internacional –, que determinaram o surgimento do stalinismo como um regime. Tampouco é sustentável, considerando tudo o que sabemos hoje, estabelecer uma continuidade ininterrupta entre o partido bolchevique, que lutou para derrubar a ditadura tsarista, e o partido de Stálin. Existe uma ampla e diversa pesquisa histórica que demonstra de forma inequívoca que leninismo não é o mesmo que stalinismo.

Mas o tema do lugar da espontaneidade e dos instrumentos políticos nas mobilizações revolucionárias contemporâneas permanece instigante. O marxismo conheceu longas discussões sobre o lugar do sujeito político coletivo, ou seja, da organização revolucionária. A mais produtiva foi talvez aquela entre Lênin e Rosa Luxemburgo: diferentes avaliações sobre o lugar da dialética do espontâneo e do consciente no processo revolucionário orientaram suas militâncias. Ambos concordavam com a necessidade da construção de um partido revolucionário, mas tinham expectativas distintas quanto à relação entre a classe e o partido. Parece razoável considerar que já temos uma distância histórica suficiente para a verificação das duas hipóteses.

Todas as revoluções sociais iniciam como revoluções políticas vitoriosas. Os exemplos são conclusivos: Rússia em 1917, Iugoslávia em 1945, China em 1949, Cuba em 1959. Mas a maioria das revoluções políticas foram revoluções sociais interrompidas ou derrotadas. Mesmo quando conseguem derrubar regimes apodrecidos, como a monarquia alemã em 1918-1923, a espanhola em 1930-1936, a portuguesa em 1974-1975, ou as ditaduras na América Latina nos anos 1980 e na Ásia (Filipinas, Indonésia) nos anos 1990, a dinâmica do processo revolucionário se esgota, e as oportunidades históricas se perdem.

Esse padrão legado pelo século XX exige uma explicação teórica. Existem, essencialmente, duas hipóteses, talvez não excludentes: ou ela repousa no protagonismo social popular não proletário ou ela remete à questão da fragilidade da liderança revolucionária. As revoluções do século passado teriam sido, de um ponto de vista histórico, "acéfalas": essa metáfora responde à necessidade de descrever a ausência relativa de direção, ou, se preferirmos, os elevados graus de espontaneidade e improvisação de direção que podem ser encontrados em todas as primeiras fases das revoluções políticas.

A avalanche da mobilização de massas pode ser de tal maneira poderosa que a vitória da revolução, isto é, a derrocada do governo e do regime, ocorre de forma fulminante. Foi assim na Revolução de Fevereiro de 1917, ou em novembro de 1918 na Alemanha, entre outros exemplos nos quais podemos identificar um padrão. Revoluções políticas que derrubam regimes intensamente odiados, mas não desafiam as relações de propriedade podem triunfar sem a presença de um sujeito político centralizado.

A força de impacto das mobilizações dos sujeitos sociais populares é tamanha, e a fragilidade dos regimes é de tal gravidade que eles desmoronam como um "castelo de areia". Em outras palavras, mesmo que os fatores objetivos e os subjetivos se apresentem desenvolvidos em proporções assombrosamente desiguais – os primeiros quase apodrecendo de maduros e os segundos quase inexistentes –, essa contradição não impede a revolução de triunfar. Em tais circunstâncias excepcionais, a ausência do sujeito político revolucionário é suprida pelo ativismo das massas em movimento.

Se a maturidade dos fatores objetivos for excepcionalmente grande, a primeira onda da revolução pode triunfar como revolução política, mesmo que a vanguarda ampla não encontre, para dirigi-la, um sujeito político coletivo. As forças espontâneas colocadas em movimento pela revolução, diante de um regime político deteriorado, podem ser fortes o bastante para derrubar o governo. As revoluções políticas, os "fevereiros" da história, deram, em grande medida, razão às hipóteses de Rosa Luxemburgo.

Mas se explorarmos a analogia histórica por outro ângulo, veremos que a conclusão é distinta. É verdade que as crises revolucionárias dos "fevereiros" não demandaram como condição insubstituível de vitória a presença de um sujeito político. Por outro lado, as revoluções político-sociais, os "outubros", parecem exigir como alavanca imprescindível da vitória fatores de subjetividade mais complexos. Sem uma direção política, sem um sujeito coletivo que tenha sido forjado em décadas de aprendizado e experiência, nas mais difíceis condições da luta de classes, e que tenha conquistado autoridade e confiança da vanguarda ampla ativista para o programa socialista, as revoluções político-sociais estariam fadadas à derrota.

Nesse sentido, a história deu razão à hipótese de Lênin. É a violência da contrarrevolução burguesa em defesa dos interesses do capital que legitima historicamente a necessidade de um instrumento político que não pode ser improvisado. Um caminho teórico para confirmar a tese é perguntar se, sem a existência do bolchevismo, a vitória da Revolução de Outubro teria sido possível. Não é uma questão banal: a Revolução de Outubro permanece a maior vitória da longa luta internacional pelo socialismo. A resposta é clara: ela não teria acontecido.

E sem a presença de Lênin? Outros poderiam ter ocupado seu lugar? Isso não é possível responder. Contrafactuais são exercícios legítimos, porém hipotéticos, que só podem ter o mérito de sugerir um problema. Nesse caso, o problema não é simples: se Lênin não tivesse ganhado o partido bolchevique para as Teses de Abril e depois para a insurreição, Outubro teria ocorrido?

A resposta nunca poderá ser categórica, mas não pode deixar de nos angustiar. Porque, se até o bolchevismo, a corrente mais revolucionária do marxismo contemporâneo, viveu duas dramáticas crises políticas nos breves meses decisivos, entre fevereiro e outubro de 1917, o que esperar nas crises revolucionárias do futuro?

"A luta de partido dá ao partido força e vitalidade; a maior prova da fraqueza de um partido é o seu amorfismo e o esbatimento de fronteiras nitidamente delimitadas; o partido reforça-se depurando-se…"

Excerto da carta de 24 de junho de 1852 de Lassalle a Marx

PREFÁCIO À PRIMEIRA EDIÇÃO[1]

A proposta desta brochura, de acordo com o plano original do autor, era dedicar-se ao desenvolvimento detalhado daquelas ideias expostas no artigo "Por onde começar?"[2] (*Iskra*, n. 4, maio 1901)[3]. Antes de mais, devemos apresentar nossas desculpas ao leitor pelo atraso no cumprimento da promessa feita nesse artigo (e repetida nas respostas a diversas perguntas e cartas particulares). Uma das causas desse atraso foi a tentativa de unificação de todas as

---

[1] O livro *O que fazer? Questões candentes de nosso movimento* foi planejado por Vladímir Ilitch Lênin ainda na primavera de 1901: o artigo "Por onde começar?", escrito em maio, foi, segundo ele, um esboço desenvolvido posteriormente em *O que fazer?*. Apenas no outono do mesmo ano, Lênin começou a trabalhar com empenho neste livro. Em dezembro, publicou no *Iskra* (n. 12) o artigo "Conversa com os defensores do economismo", o qual chamou depois de compêndio para *O que fazer?*. Nesse artigo, escreveu: "Pudemos abordar aqui apenas as questões polêmicas. À sua análise detalhada dedicaremos uma brochura especial, que conhecerá a luz do dia, esperamos, dentro de um mês". Em janeiro de 1902 terminou o livro, em fevereiro escreveu este prefácio e, em 10 de março, fez um comunicado no *Iskra* (n. 18) sobre a publicação. O livro *O que fazer?* desempenhou um papel de destaque na luta pela criação de um partido marxista revolucionário da classe operária na Rússia, na vitória da orientação leninista-iskrista nos comitês e organizações do POSDR e, em seguida, em 1903, no seu II Congresso. Em 1902-1903 o livro foi amplamente difundido entre as organizações social-democratas de toda a Rússia. Com algumas alterações, a obra foi reeditada por Lênin na compilação *Em doze anos* (novembro de 1907, embora na capa e no frontispício esteja indicado 1908). A presente edição segue o texto de 1902, confrontado com o texto da edição de 1907. (N. E. R. A.)

[2] O artigo de Lênin "Por onde começar?", publicado como artigo de fundo do número 4 do *Iskra*, contém respostas às questões mais importantes do movimento social-democrata russo daquela época: o caráter e o conteúdo principal da agitação política, as tarefas de organização e o plano de formação de um partido marxista combativo de toda a Rússia. O artigo serviu de documento programático para a social-democracia revolucionária e foi amplamente difundido tanto na Rússia como no estrangeiro. As organizações social-democratas locais leram-no no jornal *Iskra* e reeditaram-no em brochura separada. As ideias sobre questões de organização e de tática expostas por Lênin em "Por onde começar?", e pormenorizadamente desenvolvidas no livro *O que fazer?*, serviram de guia na atividade prática cotidiana para criar o partido marxista na Rússia. (N. E. P.)

[3] Ver Vladímir Ilitch Lênin, *Сочинения/Sotchinénia* [Obras] (5. ed., Moscou, Издательство Политической Литературы/Izdátelstvo Polítítcheskoi Literatúry, 1967), t. 5, p. 1-13. (N. E. R.)

organizações social-democratas no estrangeiro, empreendida em junho do ano passado (1901)[4]. Era natural que se aguardassem os resultados dessa tentativa, pois, se tivesse êxito, talvez fosse necessário expor sob um ângulo um pouco diferente as concepções do *Искра/Iskra* [Faísca] em matéria de organização; em todo o caso, tal êxito prometia pôr fim, muito rapidamente, à existência de duas correntes na social-democracia russa. Como sabe o leitor, a tentativa fracassou e, como mais adiante procuraremos demonstrar, não podia terminar de outra maneira, após a nova virada da *Рабочего Дела/Rabótcheie Dielo* [Causa Operária] (n. 10) para o "economismo"[5]. Tornou-se incondicionalmente necessário travar uma luta decidida contra essa tendência vaga e maldefinida, mas, por isso mesmo, tanto mais persistente e suscetível de ressuscitar em variadas formas. Em decorrência disso, o plano inicial desta brochura foi modificado e ampliado consideravelmente. Seu tema principal devia abarcar as três questões apresentadas no artigo "Por onde começar?", a

---

[4] Na primavera e no verão de 1901, por iniciativa e intermédio do Grupo Borba, foram realizadas negociações entre as organizações social-democratas no estrangeiro (União dos Sociais-Democratas Russos, o Comitê do Bund no estrangeiro, a organização revolucionária Sotsial-Demokrat e a seção estrangeira da organização do *Iskra* e da *Zariá*) para se chegar a um acordo e realizar a unificação. Com o objetivo de preparar o congresso no qual se devia levar a cabo a unificação, realizou-se uma conferência de representantes dessas organizações, que teve lugar em Genebra em junho de 1901, por isso o nome "Conferência de Junho" ou "Conferência de Genebra". O congresso "de unificação" das organizações do POSDR no estrangeiro realizou-se em 21 e 22 de setembro (4 e 5 de outubro) de 1901, em Zurique. No Congresso, estavam representados seis membros da organização do *Iskra* e da *Zariá* (Lênin, Nadiéjda K. Krúpskaia, Iúli Mártov e outros), oito membros da organização revolucionária Sotsial-Demokrat (entre eles três membros do grupo Osvobojdiénie Truda: Gueorgui Plekhánov, Pável B. Axelrod, Vera I. Zassúlitch), dezesseis membros da União dos Sociais-Democratas Russos (entre eles cinco membros do Comitê do Bund no estrangeiro) e três membros do Borba. No congresso, foram apresentadas emendas e aditamentos oportunistas à resolução de junho adotados pelo III Congresso da União dos Sociais-Democratas Russos. Diante disso, a parte revolucionária do congresso – membros das organizações do *Iskra*, da *Zariá* e do Sotsial-Demokrat – tornou pública a declaração sobre a impossibilidade de se chegar à unificação e abandonou o congresso. Por iniciativa de Lênin, em outubro de 1901, essas organizações uniram-se na Liga da Social-Democracia Revolucionária Russa no Estrangeiro. (N. E. R.)

[5] Corrente oportunista, surgida entre uma parte dos sociais-democratas russos na segunda metade dos anos 1890. Os "economistas" afirmavam que a tarefa do movimento operário consistia unicamente na luta econômica pela melhoria da situação dos operários, ou seja, redução da jornada de trabalho, aumento de salário etc. Quanto à luta política contra o tsarismo, os "economistas" consideravam que devia ser travada pela burguesia liberal e não pelos operários. Os "economistas" opunham-se à criação do partido político independente da classe operária, negando o valor da teoria revolucionária para o movimento operário e rejeitando a propaganda das ideias do socialismo. (N. E. P.)

saber: a questão sobre o caráter e o principal conteúdo da nossa agitação política, as nossas tarefas de organização e o plano para a criação, simultaneamente e por diversos lados, de uma organização de combate comum a toda a Rússia. Essas questões, desde há muito, interessam ao autor, que já tentou levantá-las no *Рабочей Газеме/Rabótchaia Gazeta* [Jornal Operário], quando de uma das tentativas, sem êxito, de reiniciar a sua publicação (ver cap. 5 deste volume). Mas a intenção inicial de nos limitarmos, nesta brochura, à análise dessas três questões e de expor nossas ideias, tanto quanto possível de forma positiva, sem recorrer ou quase sem recorrer à polêmica, mostrou-se completamente irrealizável, e por duas razões. Por um lado, o "economismo" se revelou muito mais vigoroso do que o supúnhamos (empregamos o termo "economismo" em seu sentido amplo, como já foi explicado no número 12 do *Iskra*, de dezembro de 1901, no artigo "Conversa com os defensores do economismo", que traça, por assim dizer, um esboço da brochura que ora apresentamos ao leitor)[6]. Tornou-se indubitável que as diferentes visões sobre a maneira de resolver essas três questões se explicam muito mais pelo antagonismo radical entre as duas tendências da social-democracia russa do que por divergências em particular. Por outro lado, a perplexidade dos "economistas" ao ver que o *Iskra* aplicava de fato as nossas concepções mostrou claramente que muitas vezes falamos línguas literalmente diferentes, que *não podemos*, portanto, chegar a nenhum acordo se não começamos *ab ovo*[7], que é imprescindível tentar uma *"explicação" sistemática*, sob a forma mais popular possível e ilustrada com o maior número possível de exemplos concretos, com todos os "economistas", sobre *todos* os pontos capitais das nossas divergências. E resolvi fazer essa tentativa de "explicação" com plena consciência de que isso aumentaria consideravelmente as dimensões desta brochura e atrasaria a sua saída, mas sem enxergar, ao mesmo tempo, nenhuma possibilidade *diferente* de cumprir a promessa que fiz no artigo "Por onde começar?". Ao pedido de desculpa pelo atraso, devo ainda acrescentar as desculpas pelos enormes defeitos literários desta brochura: tive de

---

[6] Ver Vladímir Ilitch Lênin, *Sotchinénia*, t. 5, cit., p. 360-7. (N. E. R.)

[7] Desde o princípio. (N. E. R.)

trabalhar *com extrema pressa*, sendo, além do mais, interrompido por diversos outros trabalhos. A análise das três questões apontadas anteriormente constitui ainda o tema principal da brochura, mas tive de começar por duas questões mais gerais: por que motivo uma palavra de ordem tão "inocente" e "natural" quanto "liberdade de crítica" é, para nós, um verdadeiro grito de guerra? Por que não podemos chegar a um acordo nem sequer sobre a questão fundamental do papel da social-democracia em relação ao movimento espontâneo das massas? Além disso, a exposição dos pontos de vista sobre o caráter e o conteúdo da agitação política converteu-se na explicação da diferença entre a política trade-unionista e a política social-democrata; e a exposição dos pontos de vista sobre as tarefas de organização, na explicação da diferença entre o caráter artesanal que satisfaz os "economistas" e, a nosso ver, a imprescindível organização dos revolucionários. Em seguida, insisto, mais uma vez, no "plano" de um jornal político comum a toda a Rússia, tanto mais que as objeções que têm sido feitas contra ele são inconsistentes e, menos ainda, não se deu uma resposta substancial à questão apresentada no artigo "Por onde começar?" sobre como podemos empreender, por todos os lados simultaneamente, a formação da organização de que necessitamos. Por fim, na parte conclusiva desta brochura, espero mostrar que fizemos tudo o que dependia de nós para evitar um rompimento definitivo com os "economistas", o qual, no entanto, se mostrou inevitável; que a *Rabótcheie Dielo* adquiriu um significado especial, "histórico", se preferirmos, porque refletiu da maneira mais completa, e com o maior relevo, não o "economismo" consequente, mas antes a dispersão e as vacilações que foram o traço característico *de todo um período* da história da social-democracia russa; e que, portanto, adquire importância, ainda que excessivamente detalhada à primeira vista, a polêmica com a *Rabótcheie Dielo*, já que não podemos avançar se não liquidarmos definitivamente este período.

N. Lênin[8]
fevereiro de 1902

[8] Uma das formas como Lênin assinava seu pseudônimo. (N. R. T.)

CAPÍTULO 1
DOGMATISMO E "LIBERDADE DE CRÍTICA"

A) O QUE SIGNIFICA "LIBERDADE DE CRÍTICA"?

"Liberdade de crítica" é, sem dúvida alguma, a palavra de ordem mais na moda no momento, empregada quase sempre nos debates entre socialistas e democratas de todos os países. À primeira vista, é difícil imaginar algo mais estranho do que as solenes referências de uma das partes em disputa à liberdade de crítica. Porventura, no interior dos partidos progressistas ouviram-se vozes contra a lei constitucional que, na maior parte dos países europeus, garante a liberdade da ciência e da pesquisa científica? "Há algo errado aqui", dirá qualquer pessoa alheia à questão que tenha ouvido essa palavra de ordem da moda repetida em cada esquina, mas que ainda não tenha penetrado na essência das divergências. "Essa palavra de ordem é, pelo visto, uma daquelas frasezinhas convencionais que, como os apelidos, se consagram pelo uso e se tornam quase nomes comuns."

Com efeito, não é segredo para ninguém que na social-democracia internacional* contemporânea formaram-se duas tendências, cuja luta ora se

---

* A propósito, é um fato talvez único na história do socialismo moderno, e, no seu gênero, extremamente consolador, que, pela primeira vez, uma disputa entre tendências diferentes no interior do socialismo tenha se convertido de nacional em internacional. Anteriormente, os debates entre lassalianos e eisenachianos, entre guesdistas e possibilistas, entre fabianos e sociais-democratas, entre os membros do Naródnaia Vólia e sociais-democratas eram debates puramente nacionais, refletiam particularidades nitidamente nacionais, desenvolviam-se, por assim dizer, em planos diferentes. Atualmente (o que agora já é claramente visível), os fabianos ingleses, os ministerialistas franceses, os bernsteinianos alemães, os críticos russos constituem uma única família, elogiam-se mutuamente, aprendem uns com os outros e, em comum, levantam-se contra o marxismo "dogmático". Será que, neste primeiro embate verdadeiramente internacional contra o oportunismo socialista, a social-democracia revolucionária internacional conseguirá fortalecer-se o bastante para pôr fim à reação política que desde há muito reina na Europa?

reaviva e irrompe em chamas, ora abranda e arde lentamente sob as cinzas de imponentes "resoluções de tréguas". Em que consiste a "nova" tendência que assume uma atitude "crítica" em relação ao "velho, dogmático" marxismo, *disse-o* Bernstein e *mostrou-o* Millerand com bastante clareza.

A social-democracia deve, de um partido da revolução social, transformar-se em um partido democrático de reformas sociais. Essa exigência política, Bernstein equipou-a com toda uma bateria de "novos" argumentos e considerações orquestrados de maneira bastante harmoniosa. Foi negada a possibilidade de fundamentar cientificamente o socialismo e de demonstrar, do ponto de vista da concepção materialista da história, a sua necessidade e a sua inevitabilidade; foi negado o fato da miséria crescente, da proletarização e da exacerbação das contradições capitalistas; foi declarado inconsistente o próprio conceito de "objetivo final" e rejeitada categoricamente a ideia da ditadura do proletariado; foi negada a oposição de princípio entre o liberalismo e o socialismo; foi negada *a teoria da luta de classes*, por pretensamente não ser aplicável a uma sociedade estritamente democrática, governada de acordo com a vontade da maioria etc.

Dessa maneira, a exigência de uma virada decisiva da social-democracia revolucionária em direção ao social-reformismo burguês veio acompanhada de uma virada não menos decisiva em direção à crítica burguesa de todas as ideias fundamentais do marxismo. E como essa última crítica era, desde havia muito, dirigida contra o marxismo da tribuna política e da cátedra universitária, tanto em numerosas brochuras quanto em uma série de tratados científicos, assim como toda a nova geração das classes cultas foi educada sistematicamente, durante décadas, com base nessa crítica, não é de se estranhar que a "nova" tendência "crítica" na social-democracia tenha surgido, de repente, plenamente acabada, exatamente como Minerva da cabeça de Júpiter. Pelo seu conteúdo, essa tendência não teve de se desenvolver nem de se formar, foi transplantada diretamente da literatura burguesa para a literatura socialista.

Adiante. Se a crítica teórica de Bernstein e as suas ambições políticas ainda permaneciam, de algum modo, obscuras a alguns, os franceses tiveram o cuidado de fazer uma demonstração prática do "novo método". Mais uma vez, a França justificou a sua velha reputação de "país em que cada uma das lutas de classe históricas foi travada até a decisão final" (Engels, prefácio à obra de Marx *O 18 de brumário*)[1]. Os socialistas franceses não se puseram a teorizar, mas agiram diretamente; as condições políticas da França, mais desenvolvidas no sentido democrático, permitiram-lhes passar de vez ao "bernsteinianismo prático" com todas as suas consequências. Millerand deu uma amostra brilhante desse bernsteinianismo prático; não foi sem motivo que Bernstein e Vollmar se apressaram a defender e a elogiar tão zelosamente Millerand! Com efeito, se a social-democracia não é, em essência, nada mais que um partido de reformas, e deve ter a coragem de o reconhecer abertamente, um socialista não só tem o direito de entrar para um ministério burguês como deve sempre aspirar a isso. Se a democracia significa, em essência, a extinção do domínio de classe, por que motivo, então, um ministro socialista não encantaria todo o mundo burguês com os seus discursos sobre a colaboração das classes? Por que não conservaria o ministério, mesmo depois de os assassinatos de operários pelos gendarmes terem mostrado, pela centésima e milésima vez, o verdadeiro caráter da colaboração democrática das classes? Por que não participaria pessoalmente da saudação ao tsar, a quem os agora socialistas franceses não dão outro nome senão herói do chicote, da forca e da deportação (*knouteur, pendeur et déportateur*)? E a recompensa por essa infinita humilhação e autoaviltamento do socialismo perante o mundo inteiro, pela corrupção da consciência socialista das massas operárias – a única base que pode nos assegurar a vitória –, como recompensa por tudo isso, grandiosos *projetos* de reformas miseráveis, tão miseráveis, que de governos burgueses se teria conseguido mais!

Aquele que não fecha os olhos deliberadamente não pode deixar de notar que a nova tendência "crítica" do socialismo não é outra coisa senão uma nova variedade de *oportunismo*. E se julgarmos as pessoas não pelo brilhante uniforme com que elas próprias se vestem, nem pelo título de efeito que atribuem a si próprias, mas pela maneira como procedem e pelas ideias que de fato propagam, ficará claro que a "liberdade de crítica" é a liberdade da tendência

---

[1] Friedrich Engels, "Prefácio à 3ª edição [de 1885]", em Karl Marx, *O 18 de brumário de Luís Bonaparte* (trad. Nélio Schneider, São Paulo, Boitempo, 2011), p. 22. (N. E.)

oportunista na social-democracia, a liberdade de transformar a democracia em um partido democrático de reformas, a liberdade de introduzir no socialismo ideias burguesas e elementos burgueses.

Liberdade é uma palavra grandiosa, mas foi sob a bandeira da liberdade de indústria que se fizeram as piores guerras de pilhagem, sob a bandeira da liberdade de trabalho espoliaram-se os trabalhadores. A mesma falsidade interna reside no emprego contemporâneo da expressão: "liberdade de crítica". Pessoas realmente convencidas de terem feito a ciência avançar não reclamariam a liberdade das novas concepções ao lado das antigas, mas a substituição destas últimas por aquelas primeiras. E os gritos atuais de "Viva a liberdade de crítica!" lembram demasiadamente a fábula do tonel vazio[2].

Vamos em grupo cerrado por um caminho íngreme e difícil, de mãos firmemente dadas. Estamos cercados de inimigos e temos de caminhar sob seu fogo. Estamos unidos por uma decisão tomada livremente, justamente para lutar contra os inimigos e não cair no pântano vizinho, cujos habitantes desde o início nos condenam por termos constituído um grupo à parte e por termos escolhido o caminho da luta e não o caminho da conciliação. E eis que alguns de nós começam a gritar: "Vamos para o pântano!". E quando começam a se envergonhar, protestam: "Que pessoas atrasadas são vocês! E como não se envergonham de nos negar a liberdade de convidá-los a seguir por um caminho melhor!". Ó, sim, senhores, vocês são livres não só para nos convidar, mas também para ir aonde bem quiserem, ainda que para um pântano; achamos até que o verdadeiro lugar de vocês é justamente o pântano, e estamos prontos, na medida das nossas possibilidades, a lhes prestar assistência na *sua* mudança para lá. Mas antes larguem as nossas mãos, não se agarrem a nós e não manchem a grandiosa palavra liberdade, porque nós também somos "livres" para ir aonde quisermos, livres para combater não só o pântano, mas também aqueles que se desviam para o pântano!

---

[2] Referência à fábula de Ivan Krylov, Две бочки/*Dvê bótchki* [Os dois barris]. (N. R. T.)

B) OS NOVOS DEFENSORES DA "LIBERDADE DE CRÍTICA"

E eis a palavra de ordem ("liberdade de crítica") que a *Rabótcheie Dielo*, órgão da União dos Sociais-Democratas Russos no Estrangeiro, formulou solenemente pouco tempo atrás, não como postulado teórico, mas como reivindicação política, em resposta à pergunta "É possível a união das organizações social-democratas que atuam no estrangeiro?": "Para uma união sólida, é indispensável a liberdade de crítica" (*Rabótcheie Dielo*, n. 10, p. 36).

Dessa declaração decorrem duas conclusões bem definidas: 1) a *Rabótcheie Dielo* assume a defesa da tendência oportunista na social-democracia internacional em geral; 2) a *Rabótcheie Dielo* exige a liberdade de oportunismo no interior da social-democracia russa. Examinemos essas conclusões.

O que desagrada "acima de tudo" à *Rabótcheie Dielo* é a "tendência do *Iskra* e da *Заря*/*Zariá* [Aurora] a prognosticar o rompimento entre a Montanha e a Gironda[3] na social-democracia internacional"*.

> Em geral [escreve B. Kritchévski, diretor da *Rabótcheie Dielo*], falar em Montanha e Gironda nas fileiras da social-democracia parece-nos uma analogia histórica superficial, estranha na pena de um marxista: a Montanha e a Gironda não representavam dois temperamentos ou correntes intelectuais diferentes como pode parecer aos historiadores-ideólogos, mas classes ou camadas diferentes: a média burguesia, de um lado, a pequena burguesia e o proletariado, de outro. Mas, no movimento socialista contemporâneo, não há choques de interesses

---

[3] Denominação de dois grupos políticos da burguesia durante a revolução burguesa francesa do fim do século XVIII. Chamavam-se Montanha – jacobinos – os representantes mais decididos da burguesia, a classe revolucionária daquele tempo, que defendia a necessidade de destruir o absolutismo e o feudalismo. Os girondinos, ao contrário dos jacobinos, vacilaram entre a revolução e a contrarrevolução e seguiram a via do compromisso com a monarquia. Lênin chamou Gironda socialista a corrente oportunista da social-democracia e Montanha, ou jacobinos proletários, os sociais-democratas revolucionários. Depois da cisão do POSDR em bolcheviques e mencheviques, Lênin sublinhou repetidas vezes que os mencheviques representavam a corrente girondina no movimento operário. (N. E. R.)

* A comparação das duas correntes existentes no proletariado revolucionário (a revolucionária e a oportunista) com as duas correntes da burguesia revolucionária do século XVIII (a jacobina – a "Montanha" – e a girondina) foi feita no artigo de fundo do número 2 do *Iskra* (fevereiro de 1901). O autor desse artigo é Plekhánov. Os democratas-constitucionalistas, os "sem-título" e os mencheviques gostam ainda hoje de falar do "jacobinismo" na social-democracia russa. Mas já preferem calar ou... esquecer que Plekhánov lançou esse conceito pela primeira vez contra a ala direita da social-democracia. [Nota à edição de 1907.]

de classe; em *todas* [grifo de B. Kritchévski] as suas variedades, incluindo os bernsteinianos mais empedernidos, coloca-se inteiramente no terreno dos interesses de classe do proletariado, da sua luta de classes pela emancipação política e econômica. (*Rabótcheie Dielo*, n. 10, p. 32-3)

Afirmação ousada! Não teria B. Kritchévski ouvido falar do fato, há muito observado, de que foi precisamente a participação ampla da camada dos "acadêmicos" no movimento socialista dos últimos anos que assegurou uma difusão tão rápida do bernsteinianismo? E o principal: em que fundamenta o nosso autor a sua opinião de que também os "bernsteinianos mais empedernidos" se colocam no terreno da luta de classes pela emancipação política e econômica do proletariado? Não se sabe. A defesa resoluta dos bernsteinianos mais empedernidos não é comprovada por nenhum argumento, por nenhuma razão. O autor, pelo visto, acredita que, repetindo o que de si mesmos dizem os bernsteinianos mais empedernidos, deixa de ser necessário apresentar provas da sua afirmação. Mas pode-se imaginar algo mais "superficial" que essa maneira de julgar toda uma tendência com base no que dizem de si mesmos seus próprios representantes? Pode-se imaginar algo mais superficial que a "moral" subsequente em relação à dos dois tipos ou caminhos diferentes, e até diametralmente opostos, de desenvolvimento do partido (*Rabótcheie Dielo*, n. 10, p. 34-5)? Os sociais-democratas alemães, vejam vocês, reconhecem a plena liberdade de crítica; já os franceses, não, e é justamente o seu exemplo que demonstra todo o "mal da intolerância".

Justamente o exemplo de B. Kritchévski – a isso nós respondemos – mostra que há pessoas que, intitulando-se por vezes marxistas, consideram a história exatamente "à *la* Ilováiski"[4]. Para explicar a unidade do partido socialista alemão e a fragmentação do francês, não é preciso, em absoluto, escavar particularidades da história de um ou de outro país; comparar as condições do semiabsolutismo militar e do parlamentarismo republicano; examinar as consequências da Comuna e as da lei de exceção contra os socialistas; comparar a situação econômica e o desenvolvimento econômico;

---

[4] Referência a Dmítri Ilováiski, historiador russo, publicista e autor de *A história da Rússia*, obra em cinco tomos. (N. R. T.)

recordar que o "crescimento sem precedentes da social-democracia alemã" foi acompanhado por uma luta de energia sem precedentes na história do socialismo, não só contra os erros teóricos (Mühlberger, Dühring*, os socialistas de cátedra⁵), mas também contra os erros táticos (Lassalle) etc. etc. Tudo isso é supérfluo! Os franceses brigam entre si porque são intolerantes; os alemães estão unidos porque são bons moços.

E notem que, por meio dessa incomparável profundidade de pensamento, "recusa-se" um fato que refuta completamente a defesa dos bernsteinianos. Se eles se *colocam* no terreno da luta de classes do proletariado é uma questão que pode ser resolvida definitiva e irrevogavelmente pela experiência histórica. Como consequência, um significado mais importante nesse sentido é justamente o exemplo da França, por ser este o único país onde os bernsteinianos tentaram *agir* independentemente, com a aprovação calorosa dos seus colegas alemães (e, em parte, dos oportunistas russos; ver *Rabótcheie Dielo*, n. 2-3, p. 83-4). Fazer referência à "intransigência" dos franceses – além do seu significado "histórico" (no sentido de Nozdriov)⁶ – é apenas uma tentativa de dissimular, sob palavras fortes, fatos muito desagradáveis.

---

*   Quando Engels atacou Dühring, muitos representantes da social-democracia alemã inclinavam-se para as opiniões deste último e acusaram Engels, até mesmo em público, num congresso do partido, de aspereza, de intolerância, de polêmica imprópria entre camaradas etc. Most e seus camaradas propuseram (no Congresso de 1877) eliminar do *Vorwärts* os artigos de Engels "por não apresentarem interesse para a enorme maioria dos leitores", e Vahlteich declarou que a publicação desses artigos tinha prejudicado muito o partido, que também Dühring tinha prestado serviços à social-democracia: "devemos aproveitá-los todos no interesse do partido, e se os professores discutem, o *Vorwärts* não tem de modo algum de servir para campo de tais disputas" (*Vorwärts*, n. 65, 6 jun. 1877). Como se vê, também este é um exemplo da defesa da "liberdade de crítica", sobre o qual fariam bem em refletir os nossos críticos legais e oportunistas ilegais, que gostam tanto de se referir ao exemplo dos alemães!

5   Representantes de uma das correntes da economia política burguesa dos anos 1870 e 1880, que, do alto das cátedras universitárias, defendiam o reformismo liberal burguês, fazendo-o passar por socialismo. Defendiam que o Estado burguês estava "acima das classes", que era capaz de reconciliar as classes antagônicas e de introduzir o "socialismo" paulatinamente, mas sem que fossem afetados os interesses dos capitalistas e, na medida do possível, tendo em conta as reivindicações dos trabalhadores. Na Rússia, eram os "marxistas legais" que difundiam os pontos de vista dos socialistas de cátedra. (N. E. R.)

6   Referência a Nozdriov, uma das personagens da maior obra satírica do escritor russo Nikolai Gógol, *Almas mortas* [ed. bras.: trad. Rubens Figueiredo, São Paulo, Editora 34, 2018]. Nozdriov personifica o tipo de indivíduo presunçoso, sem cerimônia e falso. Gógol chamava Nozdriov de "homem histórico", porque onde quer que aparecesse surgiam escândalos e "histórias". (N. E. P.)

Aliás, não temos a intenção de dar de presente os alemães a B. Kritchévski e aos outros numerosos defensores da "liberdade de crítica". Se os "bernsteinianos mais empedernidos" ainda são tolerados nas fileiras do partido alemão, é apenas na medida em que eles *se submetem* à resolução de Hanôver, que rejeitou decididamente as "emendas" de Bernstein[7], bem como à de Lübeck[8], que contém (apesar de toda a sua diplomacia) uma advertência direta a Bernstein. Pode-se discutir, do ponto de vista dos interesses do partido alemão, qual a relevância da diplomacia, e se, no caso dado, valeria mais um mau acordo do que uma boa briga; pode-se divergir, em resumo, quanto à avaliação sobre a utilidade de uma ou de outra *maneira* de repudiar o bernsteinianismo, mas não se pode deixar de ver que o partido alemão *repudiou* o bernsteinianismo duas vezes. Por isso, crer que o exemplo dos alemães confirma a tese de que "os bernsteinianos mais empedernidos se colocam no terreno da luta de classes do proletariado pela sua emancipação econômica e política" significa não compreender absolutamente nada do que se passa diante dos olhos de todos*.

---

[7] Lênin refere-se à resolução do Congresso de Hanôver do Partido Social-Democrata da Alemanha, realizado de 9 a 14 de outubro de 1899: "Ataques aos pontos de vista fundamentais e à tática do partido". Na resolução, foram censuradas as tentativas da ala oportunista da social-democracia alemã, cujo dirigente ideológico era Eduard Bernstein, de rever as teses fundamentais do marxismo e conseguir a modificação da tática do partido social-democrata, convertendo-o num partido de reformas democráticas. O fato de a resolução mencionar a crítica clara ao revisionismo e aos seus representantes concretos provocou o descontentamento dos sociais-democratas de esquerda (Rosa Luxemburgo e outros), mas levou os adeptos de Bernstein a votarem a favor dela. (N. E. R.)

[8] Lênin refere-se à resolução do Congresso de Lübeck do Partido Social-Democrata da Alemanha (22-28 de setembro de 1901), dirigida contra Bernstein, que, depois do Congresso de Hanôver de 1899, não só não cessou os seus ataques contra o programa e a tática da social-democracia, como, pelo contrário, intensificou-os e, ainda mais, levou-os para fora do partido. No decorrer dos debates e na resolução apresentada por August Bebel e aprovada pela esmagadora maioria do congresso, foi feita a Bernstein uma advertência direta. Contudo, no Congresso de Lübeck não se colocou de maneira intransigente a questão da incompatibilidade da revisão do marxismo com a filiação ao partido social-democrata. (N. E. R.)

* Há de se notar que, ao tratar da questão do bernsteinianismo no seio do partido alemão, a *Rabótcheie Dielo* se limitou sempre a um mero relato dos fatos, "abstendo-se" por completo de fazer a sua própria apreciação. Ver, por exemplo, o n. 2-3 (p. 66) sobre o Congresso de Stuttgart; todas as divergências são reduzidas a problemas de "tática", e afirma-se apenas que a imensa maioria se mantém fiel à tática revolucionária anterior. Ou o n. 4-5 (p. 25 e ss.), que é uma simples repetição dos discursos pronunciados no Congresso de Hanôver, com a resolução de Bebel; a exposição das concepções de Bernstein, bem como sua crítica, são de novo adiadas (como no n. 2-3) para um "artigo especial".

E mais ainda. A *Rabótcheie Dielo*, como ora notamos, apresenta à social-democracia russa a reivindicação da "liberdade de crítica" e defende o bernsteinianismo. Pelo visto, deve ter se convencido de que os nossos "críticos" e os nossos bernsteinianos foram injustamente ofendidos. Mas quais exatamente? Por quem? Onde? Quando? Em que exatamente consistiu a injustiça? Sobre isso a *Rabótcheie Dielo* se cala; nem uma única vez menciona um crítico ou um bernsteiniano russo! Só nos resta escolher uma de duas hipóteses possíveis. *Ou* a parte injustamente ofendida não é senão a própria *Rabótcheie Dielo* (confirma-o o fato de nos dois artigos do seu número 10 ela se referir unicamente às ofensas dirigidas contra si pela *Zariá* e pelo *Iskra*). Senão como explicar o fato muito estranho de que a *Rabótcheie Dielo*, que sempre negou tão obstinadamente qualquer solidariedade com o bernsteinianismo, não tenha sido capaz de se defender sem intervir a favor dos "bernsteinianos mais empedernidos" e da liberdade de crítica? *Ou* foram terceiros os injustamente ofendidos. Então quais poderiam ser os motivos para eles não serem mencionados?

Vemos, desse modo, que a *Rabótcheie Dielo* continua a brincar de esconde-esconde, do que se ocupa (como mostraremos mais adiante) desde que existe. Além disso, prestem atenção nesta primeira aplicação prática da tão famosa "liberdade de crítica". De fato, essa liberdade se reduziu imediatamente não só à falta de qualquer crítica, mas também à ausência de qualquer juízo independente em geral. A mesma *Rabótcheie Dielo*, que evita mencionar, como se fosse uma doença secreta (segundo a feliz expressão de Starover)[9], o bernsteinianismo russo, propõe como tratamento para essa doença *copiar pura e simplesmente* a última receita alemã contra a variedade alemã da doença! Em vez de liberdade de crítica, imitação servil... e pior:

O curioso é que na p. 33 do n. 4-5, lemos: "[...] as concepções expostas por Bebel contam com o apoio da enorme maioria do congresso", e um pouco mais adiante: "[...] David defendia as opiniões de Bernstein [...]. Em primeiro lugar procurava demonstrar que [...] Bernstein e os seus amigos, apesar de tudo, colocavam-se no campo da luta de classe [...]". Isso foi escrito em dezembro de 1899 e, em setembro de 1901, a *Rabótcheie Dielo* já não acredita, provavelmente, que Bebel tivesse razão e repete como sua a opinião de David!

[9] Trata-se do artigo "O que aconteceu?", de Aleksandr Potriéssov (Starover), publicado na revista *Zariá*, n. 1, abr. 1901. (N. E. R.)

simiesca! O idêntico conteúdo social e político do oportunismo internacional contemporâneo manifesta-se numas ou noutras variedades, de acordo com as particularidades nacionais. Em um país, um grupo de oportunistas atua, desde há muito, sob uma bandeira separada; em outro, os oportunistas desdenham da teoria, seguindo na prática a política dos socialistas radicais; em um terceiro, alguns membros do partido revolucionário desertam para o lado do oportunismo e buscam alcançar os seus objetivos não por meio de uma luta aberta a favor dos princípios e da nova tática, mas valendo-se de uma corrupção gradual, imperceptível e, se se pode usar esta expressão, impunível do seu partido; em um quarto país, esses mesmos desertores empregam os mesmos processos nas trevas da escravidão política, com uma relação completamente original entre a atividade "legal" e a "ilegal", e assim por diante. Pôr-se a falar da liberdade de crítica e do bernsteinianismo como uma condição para a união dos sociais-democratas *russos*, e com isso não se dar o trabalho de examinar em que exatamente se manifestou e que frutos particulares deu o bernsteinianismo *russo*, significa pôr-se a falar para nada dizer.

Tentemos, então, dizer nós mesmos, ainda que em poucas palavras, o que não quis dizer (ou talvez não tenha sido capaz sequer de compreender) a *Rabótcheie Dielo*.

C) A CRÍTICA NA RÚSSIA

A particularidade fundamental da Rússia, sob o aspecto que analisamos, consiste em que já o *próprio começo* do movimento operário espontâneo, por um lado, e a virada da opinião pública progressista para o marxismo, por outro, distinguiram-se pela união de elementos notoriamente heterogêneos sob uma bandeira comum e para lutar contra o inimigo comum (as concepções sociopolíticas caducas). Estamos falando da lua de mel do "marxismo legal". Tratou-se, no geral, de um fenômeno extraordinariamente original, em cuja possibilidade ninguém teria sequer acreditado nos anos 1880 ou no início dos anos 1890. Num país autocrático, com uma imprensa completamente subjugada, numa época de reação política encarniçada, que reprimia as mínimas manifestações de inconformismo político e de protesto, a teoria do marxismo revolucionário, de repente, abriu caminho na literatura que era o próprio *alvo da censura*, expondo-se numa linguagem esópica, mas compreensível a todos os "interessados". O governo acostumara-se a considerar perigosa apenas a teoria (revolucionária) do Народная воля/Naródnaia Vólia [Vontade do Povo], sem perceber, como sempre acontece, a sua evolução interna, regozijando-se com *qualquer* crítica dirigida contra ela. Antes que o governo se desse conta, antes que o pesado exército de censores e gendarmes descobrisse o novo inimigo e despencasse sobre ele, já havia se passado um bocado de tempo (na nossa medida russa). Entrementes, era editada uma obra marxista atrás da outra, fundavam-se jornais e revistas marxistas, todo mundo se tornava marxista, os marxistas eram bajulados, adulavam-se os marxistas, os editores estavam entusiasmados com a extraordinária velocidade de venda das obras marxistas. É plenamente compreensível que entre os marxistas principiantes, cercados por essa atmosfera inebriante, tenha havido mais de um "escritor que se envaideceu"[10]...

Hoje em dia pode-se falar tranquilamente desse período como sendo passado. Não é segredo para ninguém que o florescimento efêmero do marxismo na superfície da nossa literatura foi suscitado pela união de pessoas radicais com pessoas deveras moderadas. Em essência, estas últimas eram democratas burgueses, e essa conclusão (comprovada com toda a evidência por seu desenvolvimento "crítico" ulterior) impôs-se a algumas pessoas ainda na época da integridade da "união"*.

Mas, nesse caso, não serão os sociais-democratas revolucionários, que fizeram essa aliança com os futuros "críticos", os maiores responsáveis pela "confusão" subsequente? Essa pergunta, seguida de uma resposta afirmativa, às vezes sai da boca de pessoas que veem as coisas de maneira demasiado retilínea. Mas essas pessoas estão absolutamente erradas. Só podem recear

---

[10] Lênin cita o título do conto de Maksim Górki, *О писателе, который зазнался*/*O pissátelia katóri zazná'ssia* [Sobre o escritor que se envaideceu], de 1900. (N. R. T.)

* Referimo-nos ao artigo de K. Tuline contra Struve [em Vladímir Ilitch Lênin, *Sotchinénia*, cit., t. 1, p. 347-534 – N. E.], redigido a partir da conferência intitulada "O reflexo do marxismo na literatura burguesa". Ver prólogo. [Nota à edição de 1907.]

as alianças temporárias, mesmo com pessoas pouco confiáveis, aqueles que não têm confiança em si próprios; e nenhum partido político poderia existir sem tais alianças. Ora, a união com os marxistas legais foi uma espécie de primeira aliança verdadeiramente política realizada pela social-democracia russa. Graças a essa aliança obteve-se uma vitória surpreendentemente rápida sobre o populismo, assim como uma difusão extremamente ampla das ideias do marxismo (ainda que sob uma forma vulgarizada). Além disso, a aliança não foi concluída completamente sem certas "condições". A prova: a coletânea marxista *Materiais sobre a questão do desenvolvimento econômico da Rússia*, queimada pela censura em 1895. Se é possível comparar o acordo literário com os marxistas legais a uma aliança política, esse livro pode ser comparado a um pacto político.

O rompimento não se deveu, evidentemente, ao fato de os "aliados" terem se revelado democratas burgueses. Pelo contrário, os representantes dessa última tendência são aliados naturais e desejáveis da social-democracia, contanto que se trate das suas tarefas democráticas, colocadas em primeiro lugar pela situação atual da Rússia. Mas é condição indispensável para essa aliança que os socialistas tenham plena possibilidade de revelar à classe operária a oposição hostil entre os seus interesses e os interesses da burguesia. Quanto ao bernsteinianismo e a tendência "crítica", para a qual evoluiu em geral a maior parte dos marxistas legais, eles eliminavam essa possibilidade e corrompiam a consciência socialista rebaixando o marxismo, pregando a teoria da atenuação das contradições sociais, proclamando que é absurda a ideia da revolução social e da ditadura do proletariado, reduzindo o movimento operário e a luta de classes a um trade-unionismo estreito e à luta "realista" por reformas pequenas, graduais. Era exatamente como se a democracia burguesa negasse o direito do socialismo à independência e, consequentemente, o seu direito à existência; na prática, significava o desejo de transformar o nascente movimento operário em uma rabeira dos liberais.

Nessas condições, evidentemente, o rompimento foi necessário. Mas a particularidade "original" da Rússia manifestou-se no fato de que esse rompimento significou a simples eliminação dos sociais-democratas da literatura "legal", a mais acessível a todos e a mais amplamente difundida.

Nela entrincheiraram-se os "antigos marxistas", agrupados "sob o signo da crítica" e contando com o quase monopólio da "distribuição" do marxismo. As palavras de ordem "Contra a ortodoxia!" e "Viva a liberdade de crítica!" (repetidas agora pela *Rabótcheie Dielo*) tornaram-se imediatamente palavras da moda; e que não tenham conseguido resistir a essa moda nem mesmo os censores e os gendarmes, mostram-no as três edições russas do livro do famoso (famoso à *la* Heróstrato) Bernstein[11] ou a recomendação de Zubátov dos livros de Bernstein, do sr. Prokopóvitch e outros (*Iskra*, n. 10). A tarefa dos sociais-democratas já era difícil por si só e ainda foi inacreditavelmente dificultada por obstáculos puramente exteriores: a tarefa de combater a nova corrente. Pois essa corrente não se limitou ao terreno da literatura. A virada em direção à "crítica" foi acompanhada de um movimento em sentido contrário dos sociais-democratas práticos em direção ao "economismo".

Como surgiu e se estreitou a ligação e a interdependência entre a crítica legal e o "economismo" ilegal é uma questão de interesse e poderia servir de tema para um artigo especial. Aqui é suficiente assinalar a existência incontestável dessa ligação. O notório *Крeдо/Kredo* [Credo] adquiriu tão merecida celebridade tanto porque formulou abertamente essa ligação quanto porque tagarelou sobre a tendência política fundamental do "economismo": deixem que os operários travem a luta econômica (seria mais correto dizer "a luta trade-unionista", pois esta também abrange a política especificamente operária) e que a intelectualidade marxista se funda com os liberais para a "luta" política. O trabalho trade-unionista "no povo" foi a realização da primeira metade dessa tarefa; a crítica legal, da segunda metade. A declaração foi uma arma tão excelente contra o "economismo" que, se o *Credo* não existisse, valeria a pena inventá-lo.

O *Credo* não foi inventado, mas sim publicado sem o consentimento dos seus autores, e talvez até contra a sua vontade. Pelo menos no caso do autor

---

[11] O livro de Bernstein *Die Voraussetzungen des Sozialismus und die Aufgaben der Sozialdemokratie* [Premissas do socialismo e as tarefas da social-democracia] foi publicado em russo, em 1901, com diferentes títulos: 1) *Materialismo histórico*, 2) *Problemas sociais*, 3) *Problemas do socialismo e tarefas da social-democracia*. (N. E. R.)

destas linhas, que contribuiu para que viesse à luz o novo "programa"*, ele teve de ouvir lamentações e censuras porque o resumo dos pontos de vista dos oradores foi divulgado em cópias e rotulado com o nome de *Credo*, e até porque foi publicado na imprensa junto com um protesto! Referimos esse episódio porque ele revela um traço muito curioso do nosso "economismo": o medo da transparência. Essa é uma característica não só dos autores do *Credo*, mas do "economismo" em geral: manifestaram-no tanto o *Рабочая Мысль/Rabótchaia Misl* [Pensamento Operário] – o adepto mais franco e mais honesto do "economismo" – como a *Rabótcheie Dielo* (ao indignar-se com a publicação de documentos "economistas" no *Vademecum*)[12], tanto o Comitê de Kiev, que há cerca de dois anos não quis autorizar a publicação da sua *Profession de foi*[13] em conjunto com a refutação dirigida a ele**, como muitos e muitos representantes isolados do "economismo".

Esse medo da crítica manifestado pelos adeptos da liberdade de crítica não pode ser explicado como simples astúcia (ainda que, sem dúvida, as coisas de vez em quando não aconteçam sem astúcia: é um desperdício expor aos ataques do adversário os rebentos ainda frágeis da nova tendência!). Não, a maioria dos "economistas", com absoluta sinceridade, vê com má vontade (e, pela própria essência do "economismo", tem de desaprovar) qualquer debate teórico, divergências faccionárias, amplas questões políticas, projetos de organização dos revolucionários etc. "Seria melhor deixar tudo isso no estrangeiro!", disse-me uma vez um "economista" bastante

---

* Trata-se do *Protesto dos 17* contra o *Credo*. O autor destas linhas participou da redação desse protesto (fins de 1899). O protesto e o *Credo* foram publicados juntos no estrangeiro, na primavera de 1900. [Ver Vladímir Ilitch Lênin, *Sotchinénia*, cit., t. 4, p. 163-76 – N. E.] Hoje já se sabe, pelo artigo da sra. Kuskova (publicado, creio, na revista *Biloie*), que foi ela a autora do *Credo* e que, entre os "economistas" de então no estrangeiro, o sr. Prokopóvitch desempenhava um papel proeminente. [Nota à edição de 1907.]

[12] O *Vademecum para a redação da Rabótcheie Dielo: compilações de materiais editadas pelo grupo Osvobojdiénie Truda, com prefácio de G. Plekhánov* (Genebra, fev. 1900) era dirigido contra o oportunismo nas fileiras do POSDR, e em primeiro lugar contra o "economismo" da União dos Sociais-Democratas Russos no Estrangeiro e do seu órgão, a revista *Rabótcheie Dielo*. (N. E. R.)

[13] *Profession de foi* [Profissão de fé]: panfleto no qual eram expostos os pontos de vista oportunistas no Comitê de Kiev do POSDR; foi redigido no fim de 1899. Coincidia em muitos dos pontos com o *Credo* dos "economistas". (N. E. R.)

** Pelo que sabemos, a composição do Comitê de Kiev foi modificada posteriormente.

consequente, exprimindo assim essa opinião muito difundida (e também puramente trade-unionista) de que a nossa causa é o movimento operário, as organizações operárias que temos aqui na nossa localidade, e o resto são invenções dos doutrinários, uma "supervalorização da ideologia", segundo a expressão dos autores da carta publicada no número 10 do *Iskra*, em uníssono com o número 10 da *Rabótcheie Dielo*.

Agora cabe perguntar: dadas essas particularidades da "crítica" russa e do bernsteinianismo russo, em que deveria consistir a tarefa dos que na prática, e não apenas nas palavras, queriam ser adversários do oportunismo? Primeiro, era preciso ter o cuidado de retomar o trabalho teórico, que mal havia começado na época do marxismo legal e já recaía sobre os militantes ilegais; sem um trabalho desse tipo, não seria possível um crescimento eficaz do movimento. Segundo, era necessário avançar ativamente na luta contra a "crítica" legal, que corrompia profundamente os espíritos. Terceiro, era preciso avançar ativamente contra a dispersão e as vacilações no movimento prático, denunciando e refutando qualquer tentativa de rebaixar, consciente ou inconscientemente, o nosso programa e a nossa tática.

Que a *Rabótcheie Dielo* não cumpriu nem a primeira, nem a segunda, nem a terceira tarefa é fato conhecido, e mais adiante teremos de esclarecer, em pormenores e nos seus mais diversos aspectos, essa verdade bem conhecida. Agora queremos apenas mostrar a flagrante contradição entre a reivindicação da "liberdade de crítica" e as particularidades da nossa crítica nacional e do "economismo" russo. Com efeito, lancemos um olhar sobre o texto da resolução com o qual a União dos Sociais-Democratas Russos no Estrangeiro corroborou o ponto de vista da *Rabótcheie Dielo*:

> No interesse do subsequente desenvolvimento ideológico da social-democracia, reconhecemos que a liberdade de criticar a teoria social-democrata nas publicações do partido é absolutamente necessária, desde que essa crítica não contradiga o caráter de classe e o caráter revolucionário dessa teoria. (*Dois congressos*, p. 10)

E a motivação: a resolução "coincide na sua primeira parte com a resolução do Congresso do Partido em Lübeck a propósito de Bernstein"... Em sua simplicidade, os "aliados" nem sequer notam que tipo de *testimonium paupertatis* (atestado de indigência) assinam para si mesmos com essa cópia! "Mas [...] na sua segunda parte, limita a liberdade de crítica mais estritamente do que o fez o Congresso de Lübeck."

Assim, a resolução da União dirige-se contra os bernsteinianos russos? De outra maneira, seria um completo absurdo a referência a Lübeck! Mas não é verdade que "limita [...] mais estritamente" a "liberdade de crítica". Os alemães, na resolução de Hanôver, rejeitaram, ponto por ponto, justamente as emendas apresentadas por Bernstein e, na de Lübeck, fizeram uma advertência *pessoal a Bernstein*, mencionando-o na resolução. Entretanto, nossos "livres" imitadores não fazem *sequer uma única alusão* a *uma* que seja das manifestações da "crítica" especialmente russa e do "economismo" russo; diante desse silêncio, a mera alusão ao caráter de classe e ao caráter revolucionário da teoria deixa muito mais espaço para falsas interpretações, sobretudo se a União se recusa a classificar de oportunismo "o assim chamado economismo" (*Dois congressos*, p. 8, parágrafo 1). Isso, contudo, dizemos de passagem. O principal é que as posições dos oportunistas em relação aos sociais-democratas revolucionários são, na Alemanha e na Rússia, diametralmente opostas. Na Alemanha, os sociais-democratas revolucionários, como se sabe, são pela manutenção do que existe: pelo antigo programa e pela antiga tática, conhecidos de todos e explicados em todos os seus pormenores pela experiência de dezenas e dezenas de anos. Já os "críticos" querem introduzir modificações, e como são uma ínfima minoria e suas aspirações revisionistas são muito tímidas, compreendem-se os motivos por que a maioria se limita a rejeitar pura e simplesmente as "inovações". Na Rússia, todavia, são os críticos e os "economistas" que querem manter aquilo que existe: os "críticos" querem continuar a ser considerados marxistas e que lhes seja assegurada a "liberdade de crítica" de que gozavam em todos os sentidos (porque, em essência, nunca reconheceram qualquer laço de *partido**;

---

* Essa ausência de laços públicos de partido e de tradições de partido constitui já por si só uma diferença tão fundamental entre a Rússia e a Alemanha que deveria ter posto em guarda todo o socialismo sensato contra qualquer imitação cega. Mas aqui está uma amostra do ponto a que chegou a "liberdade de crítica" na Rússia. Um crítico russo, o sr. Bulgákov, faz ao crítico austríaco Hertz esta reprimenda: "Apesar de toda a independência das suas conclusões, Hertz neste ponto [acerca das cooperativas], pelo visto, permanece demasiado ligado à opinião do seu partido e, embora em desacordo além disso, não tínhamos um órgão de partido que todos reconhecessem e fosse capaz de "limitar" a liberdade de crítica, mesmo que por meio de um conselho); os "economistas" querem que os revolucionários reconheçam "a plenitude de direitos do movimento no presente" (*Rabótcheie Dielo*, n. 10, p. 25), ou seja, a "legitimidade" de existência daquilo que existe; que os "ideólogos" não procurem "desviar" o movimento do caminho "determinado pela interação dos elementos materiais e do meio material" ("Carta" no n. 12 do *Iskra*); que se reconheça como desejável travar a luta "que é possível para os operários nas circunstâncias presentes" e, como possível, a luta "que travam realmente no momento presente" (*Suplemento* do *Rabótchaia Misl*, p. 14). Pelo contrário, nós, sociais-democratas revolucionários, não nos contentamos com esse culto da espontaneidade, ou seja, com o que existe "no momento presente"; exigimos que seja modificada a tática que prevaleceu nos últimos anos, declaramos que "antes de nos unirmos e para nos unirmos é necessário começar por nos demarcarmos clara e resolutamente" (ver anúncio da publicação do *Iskra*). Em resumo, os alemães conformam-se com o que existe, rejeitando as modificações; quanto a nós, rejeitando a submissão e a resignação com o estado de coisas atual, exigimos a modificação do que existe.

É precisamente essa "pequena" diferença que não notaram os nossos "livres" copiadores das resoluções alemãs!

D) ENGELS SOBRE A IMPORTÂNCIA DA LUTA TEÓRICA

"Dogmatismo, doutrinarismo", "calcificação do partido, castigo inevitável de se espartilhar com violência o pensamento", tais são os inimigos contra os quais arremetem cavalheirescamente os campeões da "liberdade de crítica"

em pormenores, não se decide a abandonar o princípio geral" (*O capitalismo e a agricultura*, t. 2, p. 287). Um súdito de um Estado politicamente escravizado, no qual 999/1.000 da população está corrompida até a medula dos ossos pelo servilismo político e pela absoluta incompreensão da honra de partido e dos laços de partido, repreende com arrogância um cidadão de um Estado constitucional por estar demasiado "ligado à opinião do partido"! Nada mais resta às nossas organizações ilegais do que redigir resoluções sobre a liberdade de crítica...

na *Rabótcheie Dielo*. Ficamos muito contentes que a questão tenha sido colocada na ordem do dia e propomos apenas completá-la com outra questão:

E os juízes, quem são?

Temos diante de nós os anúncios de duas publicações. Uma é o "Programa do órgão periódico da União dos Sociais-Democratas Russos, *Rabótcheie Dielo*" (uma separata do n. 1 da *Rabótcheie Dielo*). A outra é o "Anúncio sobre o recomeço das publicações do grupo Освобождение труда/Osvobojdiénie Truda [Emancipação do Trabalho]". Ambos datam de 1899, quando a "crise do marxismo" já estava, havia muito, na ordem do dia. Pois bem, e então? Em vão procuraríamos na primeira obra uma alusão a esse fenômeno e uma exposição definida da atitude que, perante ele, o novo órgão pensa tomar. Sobre o trabalho teórico e os seus objetivos imediatos para o momento presente, não há uma palavra, nem nesse programa nem em seus suplementos, aprovados pelo III Congresso da União em 1901[14] (*Dois congressos*, p. 15-8). Durante todo esse tempo, a redação da *Rabótcheie Dielo* deixou de lado as questões teóricas, apesar de serem elas uma preocupação dos sociais-democratas do mundo inteiro.

O outro anúncio, pelo contrário, assinala, antes de tudo, que durante esses últimos anos tem-se observado um interesse menor pela teoria, exige com insistência "uma atenção vigilante para o aspecto teórico do movimento revolucionário do proletariado" e invoca "a crítica implacável às tendências bernsteinianas e outras tendências antirrevolucionárias" no nosso movimento. Os números da *Zariá* publicados mostram como esse programa foi cumprido.

Assim, vemos que as frases altissonantes contra a calcificação do pensamento, e assim por diante, dissimulam o desinteresse e a impotência no desenvolvimento do pensamento teórico. O exemplo dos sociais-democratas

---

[14] O III Congresso da União dos Sociais-Democratas Russos realizou-se na segunda metade de setembro de 1901, em Zurique; suas decisões foram um testemunho da vitória definitiva do oportunismo nas fileiras da União. O congresso aprovou emendas e aditamentos aos projetos de acordo sobre a unificação das organizações dos sociais-democratas russos no estrangeiro, elaborados na conferência de Genebra, em junho de 1901, e que tiveram um caráter abertamente oportunista. Tudo isso predeterminou o fracasso do congresso "de unificação" das organizações do POSDR no estrangeiro, que foi realizado alguns dias depois do III Congresso da União. O congresso aprovou também as instruções para a redação da *Rabótcheie Dielo*, que de fato constituíam um estímulo para os revisionistas. (N. E. R.)

russos ilustra com particular evidência um fenômeno europeu geral (já notado há muito pelos marxistas alemães), que a famosa liberdade de crítica não significa a substituição de uma teoria por outra, mas a liberdade de prescindir de toda teoria coerente e refletida, que significa ecletismo e falta de princípios. Quem conhece, por pouco que seja, a situação real do nosso movimento não pode deixar de ver que a ampla difusão do marxismo foi acompanhada por um certo rebaixamento do nível teórico. Graças a seus êxitos práticos e a seu significado prático, ao movimento aderiram muitas pessoas muito pouco preparadas teoricamente e até mesmo sem qualquer preparação. Pode-se julgar por isso qual é a falta de tato demonstrada pela *Rabótcheie Dielo* quando lança com ar triunfante esta sentença de Marx: "Cada passo do movimento real é mais importante do que uma dúzia de programas"[15]. Repetir essas palavras numa época de dissensões teóricas é a mesma coisa que gritar "Que não lhe falte carga a carregar"[16] diante de um cortejo fúnebre. Além disso, essas palavras de Marx foram tiradas da sua carta sobre o Programa de Gotha, na qual *condena categoricamente* o ecletismo na formulação dos princípios: já que é necessário unir-se – escreveu Marx aos dirigentes do partido –, então que se façam os acordos para atingir os objetivos práticos do movimento, mas não se permitam o tráfico com os princípios nem se façam "concessões" teóricas. Esse era o pensamento de Marx, e eis que há entre nós pessoas que, em seu nome, procuram diminuir a importância da teoria!

Sem teoria revolucionária, não pode haver movimento revolucionário. Nunca se insistirá o bastante nessa ideia num momento em que a pregação da moda do oportunismo abraça a fascinação pelas formas mais estreitas da atividade prática. E para a social-democracia russa, a importância da teoria é ainda maior por três razões, muito frequentemente esquecidas, a saber:

---

[15] "Carta de Karl Marx a Wilhelm Bracke", em Karl Marx, *Crítica do Programa de Gotha* (trad. Rubens Enderle, São Paulo, Boitempo, 2012), p. 20. (N. R. T.)

[16] Frase do conto popular russo *Набитый дурак/Nabityy durak* [Um tolo rematado]. A história é construída por meio de uma série de trocadilhos e ditos populares que o tolo aprende com sua mãe, mas emprega-os em situações impróprias. A expressão é usada para caracterizar ironicamente uma pessoa estúpida que faz tudo errado e não sabe como usar conselhos bem-intencionados. (N. R. T.)

primeiro, porque o nosso partido apenas começou a se formar, apenas começou a elaborar sua fisionomia, e está muito longe de ter ajustado contas com as outras tendências do pensamento revolucionário que ameaçam desviar o movimento do caminho correto. Pelo contrário, os últimos tempos se distinguiram (como Axelrod há muito predissera aos "economistas")[17] precisamente por um reavivamento das tendências revolucionárias não social-democratas. Nessas condições, um erro "sem importância" à primeira vista pode levar às consequências mais lamentáveis, e é preciso ser míope para considerar como inoportunas ou supérfluas as discussões de facção e a delimitação rigorosa dos matizes. Da consolidação deste ou daquele "matiz" pode depender o futuro da social-democracia russa por muitos longos anos.

Em segundo lugar, o movimento social-democrata é, pela sua própria essência, internacional. Isso não significa apenas que devemos combater o chauvinismo nacional. Significa também que um movimento incipiente num país jovem somente pode ter sucesso com a execução da experiência de outros países. E para tal realização não basta simplesmente conhecer essa experiência ou simplesmente copiar as últimas resoluções. Para isso, é preciso saber assumir uma atitude crítica perante essa experiência e comprová-la por si próprio. Quem consiga apenas imaginar como cresceu e se ramificou em proporções gigantescas o movimento operário contemporâneo compreenderá que reserva de forças teóricas e de experiência política (assim como revolucionária) é necessária para o cumprimento dessa tarefa.

Em terceiro lugar, a social-democracia russa tem tarefas nacionais como nunca teve nenhum outro partido socialista do mundo. Mais adiante falaremos dos deveres políticos e de organização que nos impõe essa tarefa de libertar todo o povo do jugo da autocracia. Agora gostaríamos apenas de indicar que *somente um partido guiado por uma teoria de vanguarda pode desempenhar o papel de combatente de vanguarda*. E, para se fazer uma ideia um pouco concreta do que significa isso, que o leitor recorde os precursores da social-democracia russa, como Herzen, Belínski, Tchernyschévski e a

---

[17] Trata-se da brochura de Pável B. Axelrod, *A propósito das tarefas atuais e da tática dos sociais-democratas russos* (Genebra, 1898). (N. E. R.)

brilhante plêiade de revolucionários da década de 1870; que pense na importância universal que atualmente a literatura russa vai adquirindo; que... Mas basta disso!

Citaremos as observações feitas por Engels em 1874 sobre a importância da teoria no movimento social-democrata. Engels reconhece na grande luta da social-democracia *não duas* formas (a política e a econômica) – como se faz entre nós –, *mas três, colocando a seu lado a luta teórica*. As suas recomendações ao movimento operário alemão, já fortalecido prática e politicamente, são tão instrutivas do ponto de vista das questões e dos debates atuais que o leitor, esperamos, não se queixará se transcrevermos uma longa passagem do prefácio do livro *Der deutsche Bauernkrieg* [A guerra dos camponeses na Alemanha], que se tornou há muito uma raridade bibliográfica:

> Os operários alemães têm duas vantagens fundamentais sobre os operários do resto da Europa. A primeira é que pertencem ao povo mais teórico da Europa e conservaram em si esse sentido teórico quase já completamente perdido pelas chamadas classes "cultas" da Alemanha. Sem a filosofia alemã que o precedeu, sobretudo sem a filosofia de Hegel, o socialismo científico alemão, o único socialismo científico que alguma vez existiu, nunca se teria constituído. Se os operários não tivessem tido esse sentido teórico, esse socialismo científico nunca teria se tornado, tanto como se tornou hoje, a carne da sua carne, o sangue do seu sangue. E que essa vantagem é imensa demonstra-o, por um lado, a indiferença a toda teoria, que é uma das principais razões por que o movimento operário inglês avança tão lentamente, apesar da excelente organização dos diferentes ofícios, e, por outro, demonstram-no a perturbação e a confusão semeadas pelo proudhonismo, em sua forma inicial, entre os franceses e os belgas, e, em sua forma caricatural, que lhe deu Bakúnin, entre os espanhóis e os italianos.
>
> A segunda vantagem consiste no fato de os alemães terem sido quase os últimos a integrar-se no movimento operário. Do mesmo modo como o socialismo teórico alemão nunca esquecerá que assenta nos ombros de Saint-Simon, Fourier e Owen – três pensadores que, apesar de todo o caráter fantasista e de todo o utopismo de suas doutrinas, contam-se entre os maiores cérebros de todos os tempos e anteciparam-se genialmente a uma infinidade de verdades cuja exatidão agora estamos a demonstrar cientificamente –, também assim o movimento operário da Alemanha nunca deve esquecer que se desenvolveu sobre os ombros

do movimento inglês e francês, que teve a possibilidade de simplesmente tirar partido de sua experiência custosa, de evitar no presente os erros que então, na maior parte dos casos, não era possível evitar. Onde estaríamos agora sem o precedente das *trade-unions* inglesas e da luta política dos operários franceses, sem esse impulso colossal que deu especialmente a Comuna de Paris?

Há de se fazer justiça aos operários alemães por terem aproveitado, com rara inteligência, as vantagens de sua situação. Pela primeira vez desde que o movimento operário existe, a luta é conduzida metodicamente em suas três direções, coordenadas e ligadas entre si: teórica, política e econômico-prática (resistência aos capitalistas). É nesse ataque concêntrico, por assim dizer, que reside precisamente a força e a invencibilidade do movimento alemão.

Essa situação vantajosa, por um lado, e as particularidades insulares do movimento inglês e a repressão violenta do movimento francês, por outro, fazem com que os operários alemães se encontrem agora à frente da luta proletária. Não é possível prever durante quanto tempo os acontecimentos lhes permitirão ocupar esse posto de honra. Mas, enquanto o ocuparem, é de se esperar que cumprirão devidamente as obrigações que se lhes impõem. Para isso, terão de redobrar seus esforços em todos os domínios da luta e da agitação. Em particular, os dirigentes deverão instruir-se cada vez mais em todas as questões teóricas, libertar-se cada vez mais da influência da fraseologia tradicional, própria da antiga concepção do mundo, e ter sempre presente que o socialismo, desde que se tornou uma ciência, exige ser tratado como uma ciência, isto é, ser estudado. A consciência assim alcançada, e cada vez mais lúcida, deve ser difundida entre as massas operárias com zelo cada vez maior, deve consolidar-se cada vez mais fortemente a organização do partido e a dos sindicatos [...]

Se os operários alemães continuam a avançar assim, não digo que marcharão à frente do movimento – não convém de modo algum ao movimento que os operários de uma nação em especial marchem a sua frente –, mas que ocuparão um posto de honra na primeira linha de combate e se encontrarão bem apetrechados para isso se, de repente, duras provas ou grandes acontecimentos exigirem deles maior coragem, maior decisão e energia.[18]

Essas palavras de Engels revelaram-se proféticas. Alguns anos mais tarde, os operários alemães foram inesperadamente submetidos a duras provas ao ser decretada a lei de exceção contra os socialistas. E, com efeito, os

---

[18] Friedrich Engels, *Der deutsche Bauernkrieg* (3. ed., Leipzig, Verlag der Genossenschaftsbuchdruckerei, 1875). (N. E. R.)

operários alemães enfrentaram-nas com todas as armas e souberam sair vitoriosos dessas provas.

O proletariado russo terá de sofrer provas ainda imensuravelmente mais duras, terá de combater um monstro em comparação com o qual a lei de exceção num país constitucional parece um verdadeiro pigmeu. A história nos coloca hoje uma tarefa imediata, que é *a mais revolucionária* de todas as tarefas *imediatas* do proletariado de qualquer outro país. O cumprimento dessa tarefa, a destruição do baluarte mais poderoso, não só da reação europeia, mas também (agora já podemos dizer) da reação asiática, tornaria o proletariado russo a vanguarda do proletariado revolucionário internacional. E temos o direito de esperar que obteremos esse título de honra, merecido já pelos nossos precursores, os revolucionários da década de 1870, se soubermos animar o nosso movimento, mil vezes mais vasto e mais profundo, com a mesma decisão abnegada e a mesma energia.

CAPÍTULO 2
A ESPONTANEIDADE DAS MASSAS E A CONSCIÊNCIA DA SOCIAL-DEMOCRACIA

Dissemos que deve inspirar o nosso movimento, muito mais vasto e profundo que o movimento da década de 1870, a mesma decisão abnegada e a mesma energia daquela época. Com efeito, parece que até agora ninguém ainda havia duvidado de que a força do movimento contemporâneo consistia no despertar das massas (e, principalmente, do proletariado industrial), enquanto a sua debilidade, na falta de consciência e de espírito de iniciativa dos dirigentes revolucionários.

Contudo, nestes últimos tempos, foi feita uma descoberta espantosa que ameaça subverter todas as ideias até agora dominantes sobre esse ponto. A descoberta foi feita pela *Rabótcheie Dielo*, que, polemizando com o *Iskra* e a *Zariá*, não se limitou a objeções particulares, mas tentou reduzir o "desacordo geral" a sua raiz mais profunda: à "apreciação diferente do significado *relativo* do elemento espontâneo e do elemento conscientemente 'planejado'". A tese de acusação da *Rabótcheie Dielo* afirma: "*subestimar o significado do elemento objetivo ou espontâneo do desenvolvimento*"*. Sobre isso nós dizemos: se a polêmica do *Iskra* e da *Zariá* não tivesse outro resultado além de levar a *Rabótcheie Dielo* a descobrir esse "desacordo geral", esse resultado, por si só, nos daria grande satisfação: a tal ponto é significativa essa tese, a tal ponto ilustra claramente toda a essência das divergências teóricas e políticas atuais entre os sociais-democratas russos.

Eis por que a questão das relações entre o caráter consciente e o caráter espontâneo apresenta um enorme interesse geral, e sobre essa questão é preciso se deter em todos os detalhes.

---

* *Rabótcheie Dielo*, n. 10, set. 1901, p. 17-8. (Grifo no original.)

A) O COMEÇO DA ASCENSÃO ESPONTÂNEA

Destacamos, no capítulo anterior, a atração *geral* da juventude instruída russa pela teoria do marxismo em meados dos anos de 1890. Por volta daquela época, também adquiriram um caráter geral as greves operárias, depois da famosa guerra industrial de 1896[1], em Petersburgo. A sua extensão por toda a Rússia testemunhava claramente como era profundo o movimento popular que tornava a renascer, e já que estamos falando do "elemento espontâneo", certamente esse movimento grevista deve ser considerado, em primeiro lugar, como espontâneo. Mas, afinal, há espontaneidade e espontaneidade. Também houve greves na Rússia durante as décadas de 1870 e de 1860 (e até na primeira metade do século XIX), greves acompanhadas de destruição "espontânea" de máquinas etc. Comparadas a esses "motins", as greves da década de 1890 poderiam mesmo ser qualificadas de "conscientes", tão significativo foi o passo adiante que o movimento operário deu naquele período. Isso nos mostra que o "elemento espontâneo", em essência, não representa nada mais do que uma *forma embrionária* do caráter consciente. E os motins primitivos já expressavam um certo despertar do caráter consciente: os operários perdiam a fé tradicional na imobilidade do regime que os oprimia, começavam a... eu não diria compreender, mas sentir a necessidade de uma resistência coletiva e rompiam resolutamente com a submissão servil às autoridades. Mas isso, todavia, era mais uma manifestação de desespero e de vingança do que uma *luta*. As greves dos anos 1890 nos dão muitos mais vislumbres do caráter consciente: formulam-se reivindicações precisas, calcula-se antecipadamente o momento mais favorável, discutem-se os casos e exemplos de outras localidades etc. Se os motins eram simplesmente

---

[1] Lênin, ao falar da "famosa guerra industrial de 1896, em Petersburgo", refere-se à greve de massas dos operários têxteis de Petersburgo que ocorreu em maio-junho de 1896. A greve foi dirigida pela União de Luta pela Emancipação da Classe Operária de Petersburgo, que distribuiu panfletos incentivando os operários a defender, unidos e com firmeza, os seus direitos. A União de Luta imprimiu e espalhou as principais reivindicações dos operários: redução da jornada de trabalho para dez horas e meia, aumento dos salários, pagamento pontual etc. As greves de Petersburgo contribuíram para o desenvolvimento do movimento grevista em toda a Rússia e obrigaram o governo tsarista a acelerar a revisão das leis fabris e a promulgar uma nova lei em 2 (14) de junho de 1897, reduzindo a jornada de trabalho nas fábricas e oficinas para onze horas e meia. (N. E. R.)

revolta de oprimidos, as greves sistemáticas já representavam embriões da luta de classes, mas apenas embriões, justamente. Em si mesmas, essas greves eram luta trade-unionista, não eram ainda uma luta social-democrata; assinalavam o despertar do antagonismo entre os operários e os patrões, mas os operários não tinham, nem podiam ter, a consciência da oposição irreconciliável entre os seus interesses e todo o regime político e social existente, ou seja, não tinham a consciência social-democrata. Nesse sentido, as greves dos anos 1890, apesar do imenso progresso que representavam em relação aos "motins", permaneciam um movimento nitidamente espontâneo.

Dissemos que a consciência social-democrata, os operários *nem sequer a podiam ter*. Esta só podia ser introduzida de fora. A história de todos os países testemunha que a classe operária, exclusivamente a partir de suas próprias forças, é capaz de desenvolver apenas uma consciência trade-unionista, ou seja, a convicção de que é necessário agrupar-se em sindicatos, lutar contra os patrões, exigir do governo estas ou aquelas leis necessárias aos operários etc.*. A doutrina do socialismo nasceu de teorias filosóficas, históricas e econômicas elaboradas por representantes instruídos das classes possuidoras, a *intelligentsia*. Os próprios fundadores do socialismo científico moderno, Marx e Engels, devido a sua situação social, pertenciam à *intelligentsia* burguesa. Da mesma maneira, na Rússia, a doutrina teórica da social-democracia surgiu completamente independente da ascensão espontânea do movimento operário, surgiu como resultado natural e inevitável do desenvolvimento do pensamento da *intelligentsia* revolucionário-socialista. Da época da qual estamos tratando, ou seja, meados dos anos de 1890, essa doutrina não só já constituía um programa plenamente formado do grupo Osvobojdiénie Truda, como havia conquistado a maioria da juventude revolucionária da Rússia.

Dessa maneira, existiam, ao mesmo tempo, o despertar espontâneo das massas operárias, o despertar para a vida consciente e para a luta consciente e uma juventude revolucionária que, armada com a teoria social-democrata,

---

* O trade-unionismo não exclui de modo algum toda a "política", como por vezes se pensa. As *trade-unions* conduziram sempre certa agitação e luta políticas (mas não social-democratas). No próximo capítulo, trataremos da diferença entre política trade-unionista e política social-democrata.

orientava-se com todas as suas forças para os operários. Além disso, é de especial importância destacar o fato, com frequência esquecido (e relativamente pouco conhecido), de que os *primeiros* sociais-democratas desse período, *ocupando-se com ardor da agitação econômica* (e tendo bem presentes nesse sentido as indicações realmente úteis da brochura *Sobre a agitação*[2], ainda um manuscrito), nem de longe a consideravam sua única tarefa, mas, pelo contrário, desde o início estabeleceram para a social-democracia russa as tarefas históricas mais amplas em geral, e a tarefa de derrubar a autocracia em particular. Assim, por exemplo, o grupo de sociais-democratas de Petersburgo que fundou a União de Luta pela Emancipação da Classe Operária redigiu, já em fins de 1895, o primeiro número de um jornal intitulado *Rabótcheie Dielo*. Pronto para ser impresso, esse número foi apreendido pelos gendarmes numa busca na noite de 8 para 9 de dezembro de 1895 na casa de um dos membros do grupo, A. A. Vanéiev*, e o primeiro número da *Rabótcheie Dielo* do primeiro período não teve a sorte de ver a luz do dia. O editorial desse jornal (que talvez dentro de trinta anos uma revista como a *Русская Старина/Rússkaia Stariná* [Antiguidade Russa] exumará dos arquivos do departamento de polícia) esboçava as tarefas históricas da classe operária da Rússia, pondo em primeiro plano a conquista da liberdade política[3]. Seguia-se o artigo "Em que pensam os nossos ministros?" sobre a dissolução violenta pela polícia dos Comitês de Instrução Elementar, bem como uma série de artigos de correspondentes, não só de Petersburgo, mas

---

[2] A brochura *Sobre a agitação* foi escrita em 1894. Ela sintetizava a experiência do trabalho social-democrata em Vilno. Continha, além do mais, os apelos para que se renunciasse à propaganda em círculos restritos e se passasse à agitação de massas entre os operários, com base nas suas necessidades e reivindicações quotidianas. No entanto, o exagero do papel e o significado da luta puramente econômica, em prejuízo da agitação política exigindo direitos e liberdades de caráter democrático geral, foi o germe do futuro "economismo". (N. E. R. A.)

* A. A. Vanéiev morreu em 1899, na Sibéria Oriental, de uma tuberculose contraída quando se encontrava incomunicável, em prisão preventiva. Por isso consideramos possível publicar a informação que figura no texto, cuja autenticidade garantimos, porque provém de pessoas que conheceram A. A. Vanéiev pessoal e intimamente.

[3] O editorial "Aos operários russos", escrito por Lênin para a revista *Rabótcheie Dielo*, até hoje não foi encontrado. A revista *Rússkaia Stariná* era uma revista de história publicada mensalmente, de 1870 a 1918, em Petersburgo. (N. E. R.)

também de outras localidades da Rússia (por exemplo, sobre o massacre de operários na província de Iaroslavl)[4]. Desse modo, esse "primeiro ensaio", se não nos enganamos, dos sociais-democratas russos da década de 1890, não era um jornal de caráter estreitamente local e ainda menos de caráter "economista"; visava unir a luta grevista ao movimento revolucionário contra a autocracia e levar todas as vítimas da opressão política do obscurantismo reacionário a apoiar a social-democracia. E quem quer que conheça, por pouco que seja, o estado do movimento naquela época, não poderá duvidar de que um tal jornal teria sido acolhido com plena simpatia tanto pelos operários da capital quanto pela *intelligentsia* revolucionária e teria tido a mais vasta difusão. O fracasso desse empreendimento provou simplesmente que os sociais-democratas de então não tinham condições de satisfazer as exigências vitais do momento por falta de experiência revolucionária e de preparação prática. O mesmo se deve dizer do *СПБ. Рабочий Листок/ Sankt-Peterbúrgski Rabótchi Listok* [Boletim Operário de Petersburgo] e, sobretudo, do *Rabótchaia Gazeta* e do *Manifesto* do Partido Operário Social- -Democrata da Rússia, fundado na primavera de 1898. Subentende-se que nem sequer nos passa pela cabeça a ideia de censurar os dirigentes de então por essa falta de preparação. Mas para aproveitar a experiência do movimento e dela tirar lições práticas é preciso compreender completamente as causas e o significado deste ou daquele defeito. Por isso é de extrema importância afirmar que uma parte (talvez mesmo a maioria) dos sociais-democratas que atuaram no período de 1895 a 1898 considerava possível, com toda a razão, já naquela época, nos primórdios do movimento "espontâneo", defender o mais amplo programa e uma tática de combate*. A falta de preparação da

---

[4] Alusão à repressão de que foram vítimas os operários grevistas da Grande Manufatura de Iaroslavl em 27 de abril (9 de maio) de 1895. A greve, da qual participaram mais de 4 mil operários, foi causada pela introdução por parte do governo de novas taxas que reduziam o salário dos operários. A greve foi ferozmente reprimida. O artigo sobre a greve de Iaroslavl de 1895 escrito por Lênin não foi encontrado até hoje. (N. E. R.)

* "Ao manter uma atitude negativa em relação à atividade dos sociais-democratas nos fins dos anos 1890, o *Iskra* não levou em conta que então não existiam condições para um trabalho que não fosse a luta por pequenas reivindicações", dizem os "economistas" na sua "Carta aos órgãos social-democratas russos" (*Iskra*, n. 12). Os fatos citados no texto demonstram que essa afirmação sobre a "inexistência de condições" é diametralmente oposta à verdade. Não só em fins, mas mesmo em meados da década

maioria dos revolucionários, sendo um fenômeno perfeitamente natural, não podia causar nenhuma apreensão particular. A partir do momento em que as tarefas fossem definidas corretamente, a partir do momento em que houvesse energia suficiente para repetidas tentativas de realizar tais tarefas, os reveses temporários seriam apenas um meio mal. A experiência revolucionária e a capacidade de organização são coisas que se adquirem. Seria necessário apenas o desejo de desenvolver em si as qualidades necessárias! Seria necessário apenas ter consciência dos seus defeitos, o que, no trabalho revolucionário, é já mais do que meio caminho andado para os corrigir!

Mas o que era um meio mal tornou-se um verdadeiro mal quando essa consciência começou a se obscurecer (e é preciso notar que ela era muito viva nos militantes dos grupos ora mencionados), quando apareceram pessoas – e mesmo órgãos social-democratas – dispostas a converter os defeitos em virtudes, e tentaram até dar um fundamento *teórico* à sua *submissão servil* e ao seu *culto da espontaneidade*. É tempo de fazer o balanço dessa tendência, muito inexatamente caracterizada pela palavra "economismo", termo demasiado estreito para exprimir o seu conteúdo.

B) O CULTO DA ESPONTANEIDADE. O *RABÓTCHAIA MISL*

Antes de passar às manifestações literárias desse culto, assinalaremos o seguinte fato característico (comunicado pela fonte supracitada), que lança uma certa luz sobre a forma como surgiu e cresceu, entre os camaradas que atuavam em Petersburgo, o desacordo das duas futuras tendências da social-democracia russa. No início de 1897, A. A. Vanéiev e alguns dos seus camaradas chegaram a participar, antes de sua deportação, de uma reunião

---

de 1890 existiam todas as condições para outro trabalho, além da luta por pequenas reivindicações; todas as condições, salvo uma preparação suficiente dos dirigentes. E eis que, em vez de reconhecer francamente essa falta de preparação da nossa parte, da parte dos ideólogos, dos dirigentes, os "economistas" querem lançar toda a responsabilidade sobre a "inexistência de condições", a influência do meio material que determina o caminho do qual nenhum ideólogo conseguirá desviar o movimento. O que é isso, senão submissão servil perante a espontaneidade, admiração dos "ideólogos" por seus próprios defeitos?

privada em que se encontraram "velhos" e os "jovens" membros da União de Luta pela Emancipação da Classe Operária. A conversa versou principalmente sobre a organização e, em particular, sobre os *Estatutos das Caixas Operárias*, publicados em sua forma definitiva no número 9-10 da *Листка "Работника"/Listok "Rabótnika"* [Folha do "Trabalhador"] (p. 46). Entre os "velhos" (os "dezembristas"[5], como lhes chamavam, em tom de gracejo, os sociais-democratas de Petersburgo) e alguns dos "jovens" (que mais tarde colaboraram ativamente com o *Rabótchaia Misl*), imediatamente se manifestou uma divergência muito nítida e se estabeleceu uma polêmica acalorada. Os "jovens" defendiam os princípios essenciais dos estatutos tal qual haviam sido publicados. Os "velhos" diziam que não era isso o que era necessário em primeiro lugar, mas sim consolidar a União de Luta, transformando-a numa organização de revolucionários à qual deveriam subordinar-se as diversas Caixas Operárias, os círculos de propaganda da juventude estudantil etc. Evidentemente, as duas partes estavam longe de ver nessa divergência o germe de um desacordo, consideravam-na, pelo contrário, isolada e acidental. Mas esse fato mostra que, também na Rússia, o "economismo" não surgiu nem se difundiu sem uma luta contra os "velhos" sociais-democratas (o que os "economistas" de hoje com frequência esquecem). E se essa luta não deixou, na sua maior parte, vestígios "documentais", isso se deve *unicamente* ao fato de que a composição dos círculos mudava com incrível velocidade, não havia nenhuma continuidade e, portanto, as divergências não ficaram registradas em nenhum tipo de documento.

O aparecimento do *Rabótchaia Misl* trouxe o "economismo" para a luz do dia, mas não de uma vez. É preciso ter uma ideia concreta das condições de trabalho e da brevidade da vida de numerosos círculos russos (e só pode ter essa ideia quem as viveu) para compreender quanto foi fortuito o sucesso ou o fracasso da nova tendência nas diferentes cidades, e quão longo foi o tempo durante o qual nem os partidários nem os adversários dessa "nova" tendência puderam determinar, nem tiveram literalmente qualquer possibilidade de o

---

[5] Referência à Revolta dos Dezembristas, que ocorreu no Império Russo em 14 de dezembro de 1825. (N. R. T.)

fazer, se aquilo era realmente uma tendência distinta ou se refletia simplesmente a falta de preparação de pessoas isoladas. Por exemplo, os primeiros números policopiados do *Rabótchaia Misl* não chegaram às mãos da imensa maioria dos sociais-democratas e, se temos agora a possibilidade de nos referirmos ao editorial do seu primeiro número, é apenas porque foi reproduzido no artigo de V. I. (*Listok "Rabótnika"*, n. 9-10, p. 47 e ss.), que, evidentemente, não deixou de louvar com empenho – um empenho inconsiderado – o novo jornal, que se distinguia tão marcadamente dos jornais e dos projetos de jornais anteriormente citados*. Esse editorial exprime com tanto relevo *todo o espírito* do *Rabótchaia Misl* e do "economismo", em geral, que vale a pena analisá-lo.

Depois de ter indicado que o braço de manga azul[6] não poderia deter o progresso do movimento operário, o editorial prossegue: "O movimento operário deve essa vitalidade ao fato de que o próprio operário toma, finalmente, o seu destino em suas próprias mãos, arrancando-o das dos dirigentes"; essa tese fundamental é desenvolvida, em seguida, de maneira detalhada. Na realidade, os dirigentes (ou seja, os sociais-democratas, organizadores da União de Luta) foram arrancados pela polícia, pode-se dizer, das mãos dos operários**; mas as coisas são apresentadas como se os operários tivessem lutado contra esses dirigentes e tivessem se libertado do seu jugo! Em vez de convocar a marchar adiante, consolidar a organização revolucionária e ampliar a atividade política, puseram-se a convocar uma volta para *trás*, para uma luta trade-unionista. Proclamou-se que "a base econômica do movimento é obscurecida pela aspiração constante de não esquecer o ideal político", que o lema do movimento operário deve ser a "luta pela situação econômica" (!)

---

* Diga-se de passagem que esse elogio do *Rabótchaia Misl*, em novembro de 1898, quando o "economismo", sobretudo no estrangeiro, já estava plenamente definido, partiu do próprio V. L., que pouco depois passou a fazer parte da redação do *Rabótchaia Misl*. E o *Rabótchaia Misl* continuou a negar a existência de duas tendências no seio da social-democracia russa, como continua a negar atualmente!

[6] Os gendarmes tsaristas vestiam uniformes azuis. (N. E. P.)

** O seguinte fato característico mostra que essa comparação é correta. Quando, após a prisão dos "dezembristas", espalhou-se entre os operários da estrada de Schlisselburg a notícia de que a polícia havia sido ajudada pelo provocador N. N. Mikháilov (um dentista), relacionado com um grupo que estava em contato com os "dezembristas", aqueles operários ficaram tão indignados que decidiram matar Mikháilov.

ou, melhor ainda, "os operários para os operários"; declarou-se que as caixas de greve "valem mais para o movimento do que uma centena de outras organizações" (comparem essa afirmação de outubro de 1897 com a discussão entre os "dezembristas" e os "jovens" no início de 1897) etc. Frases do gênero: é preciso colocar em primeiro lugar não a "nata" dos operários, mas o operário "médio", o da massa, ou então: "a política segue sempre de maneira obediente a economia"* etc. etc. entraram na moda e adquiriram uma influência irresistível sobre a massa da juventude atraída para o movimento, juventude que na maioria dos casos não conhecia mais do que fragmentos do marxismo na sua exposição legal.

Isso era suprimir por completo a consciência pela espontaneidade – pela espontaneidade dos "sociais-democratas" que repetiam as "ideias" do sr. V. V.; pela espontaneidade dos operários que se deixavam arrastar pelo argumento de que um aumento de um copeque por rublo valia mais do que todo o socialismo e toda a política, que deviam "lutar sabendo que o faziam, não para vagas gerações futuras, mas para eles próprios e para os seus próprios filhos" (editorial do número l do *Rabótchaia Misl*). Frases semelhantes foram sempre a arma preferida dos burgueses da Europa Ocidental, os quais, no seu ódio ao socialismo, procuravam (como o "social-político" alemão Hirsch) transplantar para os seus países o trade-unionismo inglês, dizendo aos operários que somente a luta sindical** é uma luta para eles próprios e para os seus filhos, e não para gerações futuras quaisquer com um socialismo futuro qualquer. E agora os "V. V. da social-democracia russa" puseram-se a repetir essa fraseologia burguesa. É importante assinalar aqui três circunstâncias que serão de grande utilidade para a subsequente análise das divergências *atuais****.

---

* Do mesmo editorial do primeiro número do *Rabótchaia Misl*. Pode-se julgar, por aqui, a preparação teórica desses "V. V. da social-democracia russa", que repetiam essa grosseira vulgarização do "materialismo econômico", enquanto os marxistas, nas suas publicações, faziam guerra ao verdadeiro sr. V. V., havia muito apelidado de "mestre em assuntos reacionários" por conceber desse mesmo modo a relação entre a política e a economia.

** Os alemães possuem até uma palavra especial, *Nur-Gewerkschafter*, para designar os partidários da luta "somente sindical".

*** Sublinhamos *atuais* para os que encolhem farisaicamente os ombros e dizem: agora é muito fácil repartir c *Rabótchaia Misl*, mas tudo isso pertence a um passado longínquo. *Mutato nomine de te fabula*

Em primeiro lugar, a supressão ora indicada da consciência pela espontaneidade também percorreu *um caminho espontâneo*. Parece até um trocadilho, mas – ai de mim! – é uma verdade amarga. Essa supressão não percorreu o caminho da luta aberta entre duas concepções diametralmente opostas e da vitória de uma sobre a outra, mas o da "extirpação" pelos gendarmes de um número cada vez maior de "velhos" revolucionários e da entrada em cena cada vez maior dos "jovens" "V. V. da social-democracia russa". Qualquer um que tenha, não direi já participado do movimento russo *contemporâneo*, mas apenas respirado seus ares, sabe muito bem que é exatamente esse o caso. E se, entretanto, insistimos sobretudo para que o leitor compreenda plenamente esse fato de conhecimento geral, se, para maior evidência, por assim dizer, inserimos dados sobre a *Rabótcheie Dielo* da primeira formação e sobre as discussões entre os "velhos" e os "jovens" no início de 1897, é porque, contando com a ignorância do grande público (ou dos muito jovens) sobre esse fato, pessoas que se gabam do seu "democratismo" tecem especulações. Mais adiante voltaremos a esse ponto.

Em segundo lugar, já na primeira manifestação literária do "economismo", podemos observar um fenômeno demasiado original e sobremaneira característico para a compreensão de todas as divergências entre os sociais-democratas contemporâneos: os partidários do "movimento operário puro", os adeptos da ligação mais estreita e mais "orgânica" (expressão da *Rabótcheie Dielo*) com a luta proletária, os adversários de qualquer *intelligentsia* não trabalhadora (ainda que sejam da *intelligentsia* socialista) veem-se obrigados, para defender sua posição, a recorrer aos argumentos dos "somente trade-unionistas" *burgueses*. Isso nos mostra que, desde o seu princípio, o *Rabótchaia Misl* começara – de maneira inconsciente – a realizar o programa do *Credo*. Isso mostra (o que nunca poderá compreender a *Rabótcheie Dielo*) que *qualquer* culto da espontaneidade do movimento operário, qualquer depreciação do papel do "elemento consciente", do papel da social-democracia, *significa – independentemente se o desejam ou não*

---

narratur [Sob outro nome, a fábula fala de ti], responderemos a esses atuais fariseus, cuja completa submissão servil às ideias do *Rabótchaia Misl* será demonstrada mais adiante.

esses depreciadores – fortalecer a influência da ideologia burguesa sobre os operários. Todos aqueles que falam de "supervalorização da ideologia"*, de exagero do papel do elemento consciente** etc., imaginam que o movimento operário puro é, por si só, capaz de elaborar e elaborará uma ideologia independente desde que os operários "arranquem o seu destino das mãos dos dirigentes". Mas isso é um erro profundo. Para completar o que dissemos anteriormente, citaremos ainda as seguintes palavras profundamente justas e importantes de K. Kautsky a propósito do projeto do novo programa do Partido Social-Democrata Austríaco***:

> Muitos dos nossos críticos revisionistas entendem ter Marx afirmado que o desenvolvimento econômico e a luta de classes, além de criarem condições para a produção socialista, engendram diretamente a *consciência* [grifo de K. K.] da sua necessidade. E eis que esses críticos objetam que a Inglaterra, país de maior desenvolvimento capitalista, é mais alheio do que qualquer outro a essa consciência. A julgar pelo projeto, poder-se-ia crer que essa pretensa concepção marxista ortodoxa, refutada do modo indicado, é também compartilhada pela comissão que redigiu o programa austríaco. O projeto afirma: "Quanto mais o proletariado aumenta em consequência do desenvolvimento capitalista, tanto mais se vê obrigado a lutar contra o capitalismo e tanto mais capacitado está para o fazer. O proletariado adquire a consciência" da possibilidade e da necessidade do socialismo. Nessa ordem de ideias, a consciência socialista aparece como resultado necessário e direto da luta de classe do proletariado. Mas isso é completamente falso. Como doutrina, é evidente que o socialismo tem as suas raízes nas relações econômicas atuais, exatamente do mesmo modo que a luta de classe do proletariado, e, tal como esta, o socialismo deriva da luta contra a pobreza e a miséria das massas, pobreza e miséria geradas pelo capitalismo. Mas o socialismo e a luta de classes surgem um ao lado do outro e não derivam um do outro; surgem de premissas diferentes. A consciência socialista moderna não pode surgir senão na base de profundos conhecimentos científicos. Com efeito, a ciência econômica contemporânea é tanto uma condição da produção socialista como, por exemplo, a técnica moderna, e o proletariado, por mais que

---

* Carta dos "economistas", *Iskra*, n. 12.
** *Rabócheie Dielo*, n. 10.
*** *Neue Zeit*, XX, I, n. 3, 1901-1902, p. 79. O projeto da comissão de que fala Karl Kautsky foi aprovado pelo Congresso de Viena (no fim do ano passado) sob uma forma um pouco modificada.

o deseje, não pode criar nem uma nem outra; ambas surgem do processo social contemporâneo. Mas o portador da ciência não é o proletariado, e sim a *intelectualidade burguesa* [grifo de K. K.]: foi do cérebro de alguns membros dessa camada que surgiu o socialismo moderno e foram eles que o transmitiram aos proletários intelectualmente mais desenvolvidos, os quais por sua vez o introduzem na luta de classe do proletariado onde as condições o permitem. Desse modo, a consciência socialista é algo introduzido de fora [*von aussen Hineintragenes*] na luta de classe do proletariado e não algo que surgiu espontaneamente [*urwüchsig*] no seu seio. De acordo com isso, já o velho programa de Heinfeld dizia, com toda a razão, que a tarefa da social-democracia é levar ao proletariado a [literalmente: encher o proletariado da] consciência da sua situação e da sua missão. Não haveria necessidade de o fazer se essa consciência derivasse automaticamente da luta de classes. O novo projeto transcreveu essa tese do antigo programa e juntou-a à tese citada mais atrás. Mas isso interrompeu completamente o curso do pensamento [...]

Uma vez que nem sequer se pode falar de uma ideologia independente, elaborada pelas próprias massas operárias ao longo do seu movimento*, o problema se coloca *somente da seguinte maneira*: ou ideologia burguesa ou ideologia socialista. Não há meio-termo (porque a humanidade não elaborou nenhuma "terceira" ideologia; além disso, em geral, na sociedade dilacerada pelas contradições de classe, jamais poderá existir uma ideologia extraclasses ou supraclasses). Por isso, *qualquer* rebaixamento da ideologia socialista, *qualquer afastamento* dela significa fortalecer a ideologia burguesa. Fala-se de espontaneidade. Mas o desenvolvimento *espontâneo* do movimento operário vai justamente na direção da sua subordinação à ideologia burguesa, *vai justamente em direção ao* programa do *Credo*, pois o movimento operário

---

* Isso não significa, é claro, que os operários não participem dessa elaboração. Mas participam não como operários, participam como teóricos do socialismo, como os Proudhon e os Weitling; em outras palavras, só participam no momento e na medida em que conseguem dominar, em maior ou menor grau, a ciência da sua época e fazê-la progredir. E para que os operários o consigam com maior frequência, é preciso esforçar-se o mais possível para elevar o nível de consciência dos operários em geral; é preciso que os operários não se confinem no quadro artificialmente restrito da "literatura para operários", mas aprendam a assimilar cada vez mais a literatura geral. Seria mesmo mais justo dizer, em vez de "não se confinem", "não sejam confinados", porque os próprios operários leem e querem ler tudo quanto se escreve também para a *intelligentsia*, e só alguns (maus) intelectuais pensam que "para os operários" basta falar das condições nas fábricas e repisar aquilo que já sabem há muito tempo.

espontâneo é trade-unionismo, é *Nur-Gewerkschafterei*, e o trade-unionismo implica precisamente a escravização ideológica dos operários pela burguesia. Por isso a nossa tarefa, a tarefa da social-democracia, consiste em *combater a espontaneidade*, em fazer com que o movimento operário *se desvie* dessa tendência espontânea do trade-unionismo de se recolher debaixo da asa da burguesia e em atraí-lo para debaixo da asa da social-democracia revolucionária. A frase dos autores da carta "economista" publicada no número 12 do *Iskra* de que nenhum esforço dos ideólogos mais inspirados poderá desviar o movimento operário do caminho determinado pela ação recíproca entre os elementos materiais e o meio material, *equivale exatamente*, portanto, à *renúncia do socialismo*, e se esses autores fossem capazes de refletir sobre o que dizem, de refletir até às últimas consequências, corajosa e logicamente, como é dever de todos os que intervêm na atividade literária e pública, não lhes restaria nada a não ser "cruzar seus braços inúteis sobre o peito vazio" e... ceder o campo de ação aos senhores Struve e Prokopóvitch, que arrastam o movimento operário "pela linha da menor resistência", ou seja, pela linha do trade-unionismo burguês, ou aos senhores Zubátov, que o arrastam pela linha da "ideologia" clérigo-policial.

Lembremos o exemplo da Alemanha. Em que consistiu o mérito histórico de Lassalle em relação ao movimento operário alemão? Em ter *desviado* esse movimento do caminho do trade-unionismo progressista e do cooperativismo, para o qual ele se encaminhava espontaneamente (*com a ajuda benévola dos Schulze-Delitzsch e consortes*). Para cumprir essa tarefa foi necessário algo completamente diferente do palavreado sobre a subestimação do elemento espontâneo, sobre a tática-processo, sobre a ação recíproca dos elementos e do meio etc. Para isso foi necessário *travar uma luta encarniçada contra a espontaneidade*, e foi só como resultado dessa luta, que durou longos e longos anos, que se conseguiu, por exemplo, que a população de Berlim, de baluarte do partido progressista, passasse a uma das melhores fortalezas da social-democracia. E até agora essa luta ainda não terminou, longe disso (como poderiam supor os que estudam a história do movimento alemão de acordo com Prokopóvitch, e a sua filosofia, de acordo com Struve). E no presente, a classe operária alemã está dividida, se assim podemos nos exprimir, em várias ideologias: uma parte dos operários está agrupada nos sindicatos operários católicos e monárquicos; outra nos sindicatos de Hirsch-Duncker[7], fundados pelos admiradores burgueses do trade-unionismo inglês; uma terceira nos sindicatos social-democratas. A última é incomparavelmente maior do que todas as outras, mas essa supremacia a ideologia social-democrata só pôde conquistar e essa supremacia ela só poderá conservar por meio de uma luta incansável contra todas as outras ideologias.

Mas por que – perguntará o leitor – o movimento espontâneo, o movimento pela linha da menor resistência, conduz precisamente ao domínio da ideologia burguesa? Pela simples razão de que a ideologia burguesa é muito mais antiga que a ideologia socialista, está elaborada de forma mais abrangente e possui meios de difusão *incomparavelmente* mais numerosos*. E quanto mais jovem é o movimento socialista num país, tanto mais enérgica deve ser, por isso mesmo, a luta contra todas as tentativas de consolidar a ideologia não socialista, tanto mais resolutamente se deve prevenir os operários contra os maus conselheiros que gritam contra o "exagero do elemento consciente" etc. Os autores da carta "economista", fazendo coro com a *Rabótcheie Dielo*, arremetem contra a intransigência própria do período infantil do movimento. A isso responderemos: sim, o nosso movimento realmente se encontra ainda em sua infância, e para que atinja mais rapidamente a

---

[7] Organizações sindicais reformistas da Alemanha, fundadas em 1868 pelos militantes do partido progressista burguês M. Hirsch e F. Duncker. Pregando a ideia da "harmonia" dos interesses do trabalho e do capital, os organizadores dos sindicatos de Hirsch-Duncker admitiam a possibilidade de os capitalistas serem membros dos sindicatos juntamente com os operários e negavam a necessidade da luta grevista. Afirmavam que a libertação dos operários do jugo do capital é possível no quadro da sociedade capitalista, mediante a legislação do Estado burguês e com a ajuda da organização sindical. Consideravam que a tarefa principal dos sindicatos consistia em servir de intermediários entre os operários e os empresários e em acumular recursos pecuniários. A sua atividade limitava-se principalmente a organizar caixas de auxílio mútuo e o trabalho cultural e educativo. (N. E. P.)

* Diz-se com frequência: a classe operária tende espontaneamente ao socialismo. Isso é perfeitamente justo no sentido de que a teoria socialista, com mais profundidade e exatidão do que qualquer outra, determina as causas dos males de que padece a classe operária e é precisamente por isso que os operários a assimilam com tanta facilidade, desde que essa teoria não retroceda ante a espontaneidade, desde que submeta a si mesma a espontaneidade. Habitualmente isso é subentendido, mas a *Rabótcheie Dielo* esquece-o e deturpa-o. A classe operária tende espontaneamente ao socialismo, mas a ideologia burguesa, a mais difundida (e constantemente ressuscitada sob as formas mais diversas), é aquela que mais se impõe espontaneamente aos operários.

maturidade deve justamente imbuir-se de intransigência contra aqueles que retardam seu desenvolvimento com o culto da espontaneidade. Não há nada mais ridículo e mais nocivo do que fingir-se de velho militante que, há muito, já passou por todas as fases decisivas da luta!

Em terceiro lugar, o primeiro número do *Rabótchaia Misl* nos mostra que a denominação de "economismo" (à qual, evidentemente, não temos intenção de renunciar, pois, de um modo ou de outro, essa designação já está estabelecida) não exprime com suficiente exatidão a essência da nova corrente. O *Rabótchaia Misl* não nega completamente a luta política: nos estatutos das caixas, publicados no seu primeiro número, fala-se de luta contra o governo. O *Rabótchaia Misl* considera somente que a "política segue sempre de maneira obediente a economia" (enquanto a *Rabótcheie Dielo* apresenta uma variante dessa tese, afirmando no seu programa que "na Rússia, mais que em qualquer outro país, a luta econômica é inseparável da luta política"). Essas posições do *Rabótchaia Misl* e da *Rabótcheie Dielo* estão completamente incorretas *se, por política, entende-se a política social-democrata*. Com muita frequência, a luta econômica dos operários, como já vimos, está ligada (ainda que não de maneira inseparável) à política burguesa, clerical etc. As posições da *Rabótcheie Dielo* estão corretas se, por política, entendermos a política trade-unionista, ou seja, a aspiração comum a todos os operários de conseguir do Estado estas ou aquelas medidas capazes de remediar os males inerentes à sua situação, mas que ainda não acabam com essa situação, ou seja, não eliminam a submissão do trabalho ao capital. Essa aspiração é efetivamente comum tanto aos trade-unionistas ingleses hostis ao socialismo quanto aos operários católicos, aos operários "de Zubátov" etc. Há política e política. Dessa maneira, vemos que o *Rabótchaia Misl*, também no que se refere à luta política, manifesta não tanto negação, mas admiração diante da sua espontaneidade, da sua falta de consciência. Reconhecendo plenamente a luta política que surge espontaneamente do próprio movimento operário (ou, mais corretamente, os anseios e as reivindicações políticas dos operários), recusa por completo a *elaboração independente* de uma *política social-democrata* específica que corresponda aos objetivos gerais do socialismo e às condições atuais da Rússia. A seguir, mostraremos que a *Rabótcheie Dielo* cai no mesmo erro.

C) O GRUPO DE AUTOEMANCIPAÇÃO E A *RABÓTCHEIE DIELO*

Analisamos de maneira tão detalhada o pouco conhecido e hoje quase esquecido editorial do primeiro número do *Rabótchaia Misl* porque exprimiu, antes e com maior relevo do que todos, essa corrente geral que mais tarde viria à luz sob a forma de uma infinidade de riachos. V. I. tinha plena razão quando, ao louvar esse primeiro número e o editorial do *Rabótchaia Misl*, disse que havia sido escrito "com energia e com ardor" (*Listok "Rabótnika"*, n. 9-10, p. 49). Qualquer pessoa convencida de suas opiniões, que pensa, que oferece algo novo, escreve com "ardor" e escreve de maneira a dar relevo a seu ponto de vista. Somente pessoas acostumadas a estar sentadas entre duas cadeiras não têm nenhum "ardor"; só essas pessoas, depois de louvar ontem o ardor do *Rabótchaia Misl*, são capazes de atacar hoje o "ardor polêmico" de seus adversários.

Sem nos determos no *Suplemento* do *Rabótchaia Misl* (mais adiante teremos, por diferentes motivos, de nos referir a essa obra que expõe do modo mais consequente as ideias dos "economistas"), vamos nos limitar a referir sumariamente o "Apelo do Grupo de Autoemancipação dos Operários" (março de 1899, reproduzido na Накануне/*Nakanune* [A Véspera] de Londres, n. 7, julho de 1899). Os autores desse apelo dizem com toda a razão que "a Rússia operária *está apenas começando a despertar*, a olhar a sua volta, e *apega-se instintivamente aos primeiros* meios de luta *que encontra ao seu alcance*", mas tiram disso a mesma conclusão errada que o *Rabótchaia Misl*, esquecendo-se de que o instintivo é precisamente o inconsciente (o espontâneo), em ajuda do qual devem ir os socialistas, que "os primeiros" meios de luta "que encontram ao seu alcance" serão sempre, na sociedade moderna, os meios de luta trade-unionistas e que "a primeira" ideologia "que encontram ao seu alcance" será a ideologia burguesa (trade-unionista). Esses autores também não "negam" a política, mas, seguindo o sr. V. V., apenas (apenas!) dizem que a política é uma superestrutura e, por isso, "a agitação política deve ser a superestrutura da agitação a favor da luta econômica, deve surgir na base dessa luta e seguir atrás dela".

No que se refere à *Rabótcheie Dielo*, ela começou sua atividade diretamente pela "defesa" dos "economistas". Depois de ter afirmado com uma *falsidade evidente* no seu primeiro número (p. 141-2) que "ignorava a que jovens camaradas se referia Axelrod" quando este, na sua conhecida brochura*, fazia uma advertência aos "economistas", a *Rabótcheie Dielo* teve de reconhecer, na polêmica com Axelrod e Plekhánov em torno daquela falsidade, que, "fingindo não saber de quem se tratava, queria defender todos os emigrados social-democratas mais jovens daquela acusação injusta" (Axelrod acusava os "economistas" de estreiteza de visão)[8]. Na realidade, essa acusação era completamente justa, e a *Rabótcheie Dielo* sabia muito bem que se referia, entre outros, a V. I., membro da sua redação. Noto, inclusive, que, na referida polêmica, Axelrod estava coberto de razão e a *Rabótcheie Dielo* estava inteiramente equivocada na interpretação da minha brochura *As tarefas dos sociais-democratas russos*[9]. Essa brochura foi escrita em 1897, antes ainda do aparecimento do *Rabótchaia Misl*, quando eu considerava, e com toda a razão eu considerava, que a tendência *inicial* da União de Luta de São Petersburgo era predominante. Efetivamente, essa tendência foi predominante pelo menos até meados de 1898. Por isso a *Rabótcheie Dielo* não tinha o menor direito de invocar, para refutar a existência e o perigo do "economismo",

---

* *Em torno da questão das tarefas atuais e da tática dos sociais-democratas russos* (Genebra, 1898). Duas cartas ao *Rabótchaia Gazeta*, escritas em 1897.

[8] A polêmica entre o grupo Osvobojdiénie Truda e a redação da *Rabótcheie Dielo* surgiu em razão da publicação no número 1 da *Rabótcheie Dielo*, em abril de 1899, de uma recensão da brochura de Lênin, *As tarefas dos sociais-democratas russos* (Genebra, 1898). A redação da *Rabótcheie Dielo*, negando o caráter oportunista da União dos Sociais-Democratas Russos no Estrangeiro e a crescente influência dos "economistas" nas organizações social-democratas da Rússia, afirmava nessa recensão que "o conteúdo da brochura coincide plenamente com o programa da redação da *Rabótcheie Dielo*" e que a redação ignorava a "que camaradas 'jovens' se referia Axelrod" no prefácio da brochura. Na carta à redação da *Rabótcheie Dielo*, escrita em agosto de 1899, Axelrod provou a inconsistência das tentativas da *Rabótcheie Dielo* para identificar a posição da social-democracia revolucionária, exposta por Lênin na brochura *As tarefas dos sociais-democratas russos*, com a posição dos "economistas" russos e estrangeiros. Em fevereiro de 1900, o grupo Osvobojdiénie Truda publicou a coletânea *Vademecum* para a redação da *Rabótcheie Dielo*, com prefácio de Plekhánov. Este último refutou as afirmações da redação da *Rabótcheie Dielo* e provou o domínio real dos elementos oportunistas e das ideias do "economismo" no seio da emigração social-democrata russa que se agrupava em torno da União dos Sociais-Democratas Russos e da revista *Rabótcheie Dielo*. Posteriormente, a polêmica com a *Rabótcheie Dielo* continuou nas páginas do *Iskra* e da *Zariá*. (N. E. R.)

[9] Ver Vladímir Ilitch Lênin, Сочинения/*Sotchinénia* [Obras] (5. ed., Moscou, Издательство Политической Литературы/Izdátelstvo Polititcheskoi Literatúry, 1967), t. 2, p. 433-70. (N. E. R.)

uma brochura que expunha concepções que foram *suplantadas*, em Petersburgo, em 1897-1898, pelas concepções "economistas"*.

Mas a *Rabótcheie Dielo* não só "defendia" os "economistas", como continuamente incorria ela mesma nos seus principais erros. A fonte dessa inconsistência recaía no modo ambíguo de interpretar a seguinte tese do seu próprio programa: "O *movimento operário de massas* [grifo da *Rabótcheie Dielo*] que surgiu nestes últimos anos constitui, na nossa opinião, um fenômeno da maior importância na vida russa, chamado principalmente a *determinar as tarefas* [grifo nosso] e o caráter da atividade literária da União". Que o movimento de massas é um fenômeno da maior importância não há dúvidas. Mas a questão está em saber como interpretar a "determinação das tarefas" por esse movimento de massas. Pode ser interpretada de duas maneiras: *ou* no sentido do culto da espontaneidade desse movimento, ou seja, reduzindo o papel da social-democracia ao de simples servidor do movimento operário como tal (assim o entendem o *Rabótchaia Misl*, o Grupo de Autoemancipação e os outros "economistas"); *ou* no sentido de que o movimento de massas nos coloca novas tarefas teóricas, políticas e de organização, muito mais complexas do que aquelas com as quais podíamos nos contentar no período anterior ao surgimento do movimento de massas. A *Rabótcheie Dielo* sempre tendeu, e tende, justamente para a primeira interpretação, porque nunca disse nada de concreto acerca das novas tarefas e sempre raciocinou como se o "movimento de massas" nos *eximisse* da necessidade de conceber com clareza e de cumprir as tarefas que ele impõe. Basta lembrar que a *Rabótcheie Dielo* considerava impossível estabelecer para o movimento operário

---

* A *Rabótcheie Dielo*, defendendo-se, completou a sua primeira falsidade ("Ignoramos a que jovens camaradas se referia P. B. Axelrod") com uma segunda, quando escreveu na sua resposta: "Desde o aparecimento da recensão de *As tarefas*, surgiram ou se definiram mais ou menos claramente entre alguns sociais-democratas russos tendências para a unilateralidade econômica, que significam um passo atrás em comparação com o estado do nosso movimento esboçado em *As tarefas*" (p. 9). Isso é dito na resposta, que apareceu em 1900. Ora, o primeiro número da *Rabótcheie Dielo* (com a recensão) apareceu em abril de 1899. Será que o "economismo" só apareceu em 1899? Não, foi em 1899 que se fez ouvir pela primeira vez a voz de protesto dos sociais-democratas russos contra o "economismo" (protesto contra o *Credo*). Mas o "economismo" apareceu em 1897, como sabe perfeitamente a *Rabótcheie Dielo*, pois V. I., já em novembro de 1898 (*Listok "Rabótnika"*, n. 9-10), desmanchava-se em elogios ao *Rabótchaia Misl*.

de massas a derrubada da autocracia como *primeira* tarefa, rebaixando essa tarefa (em nome do movimento de massas) à tarefa de luta por reivindicações políticas imediatas ("Resposta", p. 25).

Deixando de lado o artigo de B. Kritchévski, diretor da *Rabótcheie Dielo*, "A luta econômica e política no movimento russo", publicado no número 7, em que repete esses mesmos erros*, passemos diretamente ao número 10 da *Rabótcheie Dielo*. É claro que não nos deteremos na análise das objeções isoladas de B. Kritchévski e de Martínov contra a *Zariá* e o *Iskra*. A única coisa que nos interessa aqui é a posição de princípio adotada pela *Rabótcheie Dielo* no seu número 10. Não nos deteremos, por exemplo, na análise do curioso caso de a *Rabótcheie Dielo* ver uma "contradição flagrante" entre a posição: "A social-democracia não ata as próprias mãos, não limita a sua atividade a um plano qualquer preconcebido ou a um processo de luta política preestabelecido; antes admite como bons todos os meios de luta que correspondam às forças de que o partido dispõe etc." (*Iskra*, n. 1) e a posição: "Se não existe uma organização forte, experiente em travar a luta política em qualquer circunstância e em qualquer período, não se pode sequer falar de um plano de atividade sistemático, baseado em princípios firmes e aplicado rigorosamente, único plano que merece o nome de tática" (*Iskra*, n. 4).

---

* A "teoria das fases", ou teoria dos "tímidos zigue-zagues" na luta política, é exposta nesse artigo, por exemplo, do seguinte modo: "As reivindicações políticas, que pelo seu caráter são comuns a toda a Rússia, devem, todavia, durante os primeiros tempos [isso foi escrito em agosto de 1900!] corresponder à experiência adquirida por uma determinada camada [sic!] de operários na luta econômica. Só [!] com base nessa experiência se pode e se deve iniciar a agitação política" etc. (p. 11). Na página 4, o autor, indignado com as acusações de heresia economista, na sua opinião absolutamente infundadas, exclama em tom patético: "Qual é o social-democrata que ignora que, de acordo com a doutrina de Marx e Engels, os interesses econômicos das diferentes classes desempenham um papel decisivo na história e que, *portanto* [grifado por mim], a luta do proletariado por seus interesses econômicos deve, em particular, ter uma importância primordial para o seu desenvolvimento como classe e para a sua luta de libertação?". Esse "portanto" está absolutamente deslocado. Do fato de que os interesses econômicos desempenham um papel decisivo não se segue de maneira alguma que a luta econômica (= sindical) tenha uma importância primordial, porque os interesses mais essenciais, "decisivos", das classes só podem ser satisfeitos, em geral, por transformações políticas radicais; em particular, o interesse econômico fundamental do proletariado só pode ser satisfeito por meio de uma revolução política que substitua a ditadura burguesa pela ditadura do proletariado. B. Kritchévski repete o raciocínio dos "V. V. da social-democracia russa" (a política segue a economia etc.) e dos bernsteinianos da social-democracia alemã (por exemplo, Woltmann alegava, precisamente com os mesmos argumentos, que os operários, antes de pensar numa revolução política, deviam adquirir uma "força econômica").

Confundir a admissão de *princípio* de todos os meios de luta, de todos os planos e processos, contanto que sejam convenientes, com a exigência de nos guiarmos *num dado momento político* por um plano rigorosamente aplicado, quando se quer falar de tática, equivale a confundir o fato de a medicina reconhecer todos os sistemas de tratamento com a exigência de ter de seguir um sistema determinado no tratamento de uma dada doença. Mas do que se trata é que a própria *Rabótcheie Dielo*, que sofre da doença que denominamos de culto da espontaneidade, não quer reconhecer nenhum "sistema de tratamento" para curar a doença. Por isso, fez a descoberta notável de que "a tática-plano está em contradição com o espírito fundamental do marxismo" (n. 10, p. 118), que a tática é "*um processo de crescimento das tarefas do partido, que crescem ao mesmo tempo que o partido*" (p. 11, grifo da *Rabótcheie Dielo*). A última sentença tem toda a chance de se tornar célebre, um monumento indestrutível à "tendência" da *Rabótcheie Dielo*. À pergunta "*para onde ir?*", esse órgão dirigente responde: o movimento é um processo de mudança de distância entre o ponto de partida e os pontos seguintes do movimento. Esse pensamento, de incomparável profundidade, não é somente curioso (só por isso não valeria deter-se nele), mas representa, além disso, *o programa de toda uma tendência*, ou seja, o mesmo programa que R. M. (no *Suplemento* do *Rabótchaia Misl"*) exprimiu nestes termos: é desejada a luta possível e é possível aquela que se trava neste minuto. É essa precisamente a tendência do oportunismo ilimitado, que se adapta passivamente à espontaneidade. "A tática-plano está em contradição com o espírito fundamental do marxismo!" Mas isso é caluniar o marxismo, é convertê-lo numa caricatura análoga a que os populistas nos opunham em sua guerra contra nós. É justamente rebaixar a iniciativa e a energia dos que atuam conscientemente, enquanto o marxismo, pelo contrário, dá um impulso gigantesco à iniciativa e à energia dos sociais-democratas, abrindo-lhes as mais amplas perspectivas, pondo (se assim podemos nos exprimir) à sua disposição as poderosas forças de milhões e milhões de operários que se levantam "espontaneamente" para a luta! Toda a história da social-democracia internacional está cheia de planos, formulados por este ou aquele chefe político, planos que mostram a clarividência e a justeza das concepções políticas e de organização de uns ou revelam a miopia e os erros políticos de outros. Quando a Alemanha viveu uma das maiores viradas históricas – formação do Império, abertura do Reichstag, concessão do sufrágio universal –, Liebknecht tinha um plano de política e ação social-democrata em geral e Schweitzer tinha outro. Quando a lei de exceção se abateu sobre os socialistas alemães, Most e Hasselmann tinham um plano, dispostos a convocar pura e simplesmente à violência e ao terror, outro plano tinham Höchberg, Schramm e (em parte) Bernstein, que se puseram a pregar aos sociais-democratas, dizendo-lhes que com a sua insensata violência e o seu revolucionarismo haviam provocado essa lei, e que deviam agora obter o perdão por meio de uma conduta exemplar; existia ainda um terceiro plano, o daqueles que vinham preparando, e levaram a cabo, a publicação de um órgão ilegal[10]. Olhando para trás, muitos anos depois de ter terminado a luta pela escolha de um caminho e depois de a história ter pronunciado seu veredito sobre a conveniência do caminho escolhido, não é difícil, claro, manifestar profundidade de pensamento, declarando sentenciosamente que as tarefas do partido crescem ao mesmo tempo que ele. Mas, num momento de confusão*, quando os "críticos" e "economistas" russos rebaixam a social-democracia ao nível do trade-unionismo, enquanto os terroristas preconizam ardorosamente a adoção de uma "tática-plano" que repete os erros antigos, limitar-se, num momento desses, a pensamentos profundos desse tipo é passar a si próprio um "atestado de indigência". Num momento em que muitos sociais-democratas russos carecem precisamente de iniciativa e energia, falta "amplitude na propaganda, na agitação e na organização políticas", faltam "planos" para uma organização mais ampla do trabalho revolucionário, num momento desses, dizer que "a tática-plano está

---

[10] Trata-se do jornal *Der Sozialdemokrat*, órgão central do Partido Social-Democrata da Alemanha na época da lei de exceção contra os socialistas. Foi editado em Zurique de 28 de setembro de 1879 a 22 de setembro de 1888, e em Londres de 1º de outubro de 1888 a 27 de setembro de 1890. Em 1879-1880 o jornal foi dirigido por G. Vollmar; a partir de janeiro de 1881, por E. Bernstein, que estava então sob a forte influência de F. Engels. A direção ideológica de Engels garantia a orientação marxista do *Der Sozialdemokrat*. Depois de a lei de exceção contra os socialistas ter sido abolida, o jornal deixou de ser publicado e o *Vorwärts* passou outra vez a ser o órgão central do partido. (N. E. R.)

* "Ein Jahr der Verwirrung" [Um ano de confusão] é o título dado por Mehring ao capítulo da sua *História da social-democracia alemã*, no qual descreve as hesitações e a indecisão manifestadas inicialmente pelos socialistas na escolha de uma "tática-plano" correspondente às novas condições.

em contradição com o espírito fundamental do marxismo" é não só vulgarizar teoricamente o marxismo, mas, na prática, *arrastar o partido para trás*.

> O social-democrata revolucionário tem como tarefa – ensina-nos mais adiante a *Rabótcheie Dielo* – apenas acelerar com o seu trabalho consciente o desenvolvimento objetivo e não o suprimir ou substituir por planos subjetivos. O *Iskra*, em teoria, sabe tudo isso. Mas a enorme importância que o marxismo atribui, com razão, ao trabalho revolucionário consciente leva-o, na prática, em consequência de sua concepção doutrinária da tática, a minimizar a importância do elemento objetivo ou espontâneo do desenvolvimento. (p. 18)

Mais uma vez, uma grande confusão teórica, digna do senhor V. V. e confrades. Gostaríamos de perguntar ao nosso filósofo: em que se pode traduzir a "minimização" do desenvolvimento objetivo por parte do autor de planos subjetivos? Pelo visto, em perder de vista que esse desenvolvimento objetivo cria ou consolida, destrói ou enfraquece estas ou aquelas classes, camadas, grupos, estas ou aquelas nações, grupos de nações etc., determinando assim um ou outro agrupamento político internacional de forças, uma ou outra posição dos partidos revolucionários e assim por diante. Mas o erro de tal autor não consistirá então em minimizar o elemento espontâneo, mas em minimizar, pelo contrário, o elemento *consciente*, uma vez que não terá suficiente "consciência" para uma compreensão correta do desenvolvimento objetivo. Por isso, a simples conversa de "apreciação da importância relativa" (grifo da *Rabótcheie Dielo*) do espontâneo e do consciente revela uma completa falta de "consciência". Se alguns "elementos espontâneos do desenvolvimento" são, em geral, acessíveis à consciência humana, a apreciação errada desses elementos equivalerá a "minimizar o elemento consciente". E se são inacessíveis à consciência, não os conhecemos e não podemos falar deles. Sobre o que tagarela, então, B. Kritchévski? Se ele considera errados os "planos subjetivos" do *Iskra* (e ele os declara precisamente errados), deveria mostrar quais são exatamente os fatos objetivos ignorados por esses planos, e por isso acusar o *Iskra* de falta de consciência, "de minimizar o elemento consciente", para usar a sua linguagem. Se ele, todavia, descontente com os planos subjetivos, não tem outro argumento que não seja invocar a "minimização do elemento espontâneo" (!!!), a única coisa que demonstra com isso é que: 1) em teoria, compreende o marxismo à *la* Karéiev e Mikhailóvski, suficientemente ridicularizados por Béltov; 2) na prática, contenta-se plenamente com os "elementos espontâneos de desenvolvimento" que arrastaram os nossos marxistas legais para o bernsteinianismo e os nossos sociais-democratas para o "economismo", e mostra uma "grande indignação" contra aqueles que decidiram *desviar*, a todo custo, a social-democracia russa do caminho do desenvolvimento "espontâneo".

E mais adiante aparecem coisas verdadeiramente divertidas. "Assim como as pessoas, apesar de todos os progressos das ciências naturais, continuarão a multiplicar-se por processos ancestrais, também o nascimento de uma nova ordem social, apesar de todos os progressos das ciências sociais e do aumento do número de lutadores conscientes, será também no futuro o resultado, *predominantemente*, de explosões espontâneas" (p. 19). Assim como diz o velho ditado: "Para ter filhos, a quem fará falta a inteligência?"[11], também diz a sabedoria dos "modernos socialistas" (à *la* Nartsisse Tuporílov)[12]: para participar no nascimento espontâneo de um novo sistema social, qualquer um tem inteligência o bastante. Nós também achamos que qualquer um tem o bastante. Para participar dessa maneira, basta *se deixar arrastar* pelo "economismo" quando reina o "economismo", e pelo terrorismo quando surge o terrorismo. Assim, na primavera deste ano, quando era tão importante prevenir contra a atração pelo terrorismo, a *Rabótcheie Dielo* estava perplexa diante dessa questão, "nova" para ela. E agora, depois de meio ano, quando a questão não está mais na ordem do dia, apresenta-nos ao mesmo tempo a seguinte declaração: "Pensamos que a tarefa da social-democracia não pode nem deve consistir em opor-se à ascensão das tendências terroristas" (*Rabótcheie Dielo*, n. 10, p. 23) e a resolução do congresso: "O congresso reconhece como inoportuno o terror agressivo sistemático" (*Dois congressos*, p. 18). Que clareza e coerência notáveis! Não nos opomos,

---

[11] Citação livre de um trecho de *Гope om yмa/ Gore ot uma* ["A desgraça da inteligência", também traduzido como "A desgraça de se ter espírito"], de Aleksandr Griboiédov (1795-1829). (N. R. T.)

[12] Trata-se da poesia satírica "Hino do moderno socialista russo", publicada no número 1 da *Zariá* (abril de 1901), assinado por Nartsisse Tuporílov. Nela os "economistas" eram ridicularizados por sua adaptação ao movimento espontâneo. O autor da poesia era L. Mártov. (N. E. R.)

mas declaramos inoportuno, e tanto o declaramos que o terror não sistemático e defensivo não está incluído na "resolução". Há de se reconhecer que tal resolução não corre nenhum perigo e fica garantida contra todos os erros, tal como aquele que fala para não dizer nada! E para redigir tal resolução, é preciso apenas: saber manter-se *na rabeira* do movimento. Quando o *Iskra* ridicularizou a *Rabótcheie Dielo* por esta ter declarado que a questão do terror era uma questão nova, a *Rabótcheie Dielo* acusou severamente o *Iskra* "de ter a pretensão verdadeiramente incrível de impor à organização do partido a solução de problemas táticos apresentada há mais de quinze anos por um grupo de escritores emigrados" (p. 24). Com efeito, que pretensão e que exagero do elemento consciente: resolver de antemão os problemas, em teoria, para depois convencer, tanto a organização quanto o partido e as massas, da correção dessa solução*! Outra coisa é repetir lugares-comuns e, sem "impor" nada a ninguém, submeter-se a cada "virada", seja para o "economismo", seja para o terrorismo. A *Rabótcheie Dielo* chega ao cúmulo de generalizar esse grande preceito da sabedoria humana, acusando o *Iskra* e a *Zariá* de "opor ao movimento o seu programa, como um espírito planando sobre o caos informe" (p. 29). Mas em que consiste o papel da social-democracia, senão no de ser o "espírito" que não só plana sobre o movimento espontâneo, mas *eleva* este último *ao nível de "seu programa"*? Não é, com certeza, o de se arrastar na rabeira do movimento, coisa inútil no melhor dos casos e, no pior, muito, muito nociva para o movimento. A *Rabótcheie Dielo*, porém, não apenas segue essa "tática-processo", como até a erige em princípio, pelo que seria mais correto chamar essa tendência não de oportunismo, mas de *rabeirismo*[13] (da palavra rabeira). E é impossível não reconhecer que aqueles que estão firmemente decididos a ir atrás do movimento na qualidade de rabeira

---

* Também não se deve esquecer que, ao resolver "em teoria" a questão do terror, o grupo Osvobojdiénie Truda sintetizou a experiência do movimento revolucionário anterior.

[13] Por vezes traduzido como "seguidismo" ou "caudismo", concepção já relativamente estabelecida no vocabulário político, este termo deriva da palavra russa хвост, que significa "rabo", "cauda", "rabeira"; ele aparece pela primeira vez na literatura marxista por meio de Lênin, que o emprega para caracterizar a política e a prática que se utilizam da tática oportunista de "pegar rabeira nos acontecimentos". (N. R. T.)

deste estão, absoluta e eternamente, garantidos contra o erro de "minimizar o elemento espontâneo de desenvolvimento".

* * *

Assim, estamos convencidos de que o erro fundamental da "nova tendência" da social-democracia russa consiste no culto da espontaneidade, em não compreender que a espontaneidade das massas exige de nós, sociais-democratas, uma consciência elevada. Quanto mais poderosa for a ascensão espontânea das massas, quanto mais amplo se tornar o movimento, tanto maior, incomparavelmente maior, será a rapidez com que aumenta a necessidade de uma consciência elevada, quer no trabalho teórico, quer no trabalho político e no de organização da social-democracia.

A ascensão espontânea das massas na Rússia foi (e continua a ser) tão rápida que a juventude social-democrata acabou por se revelar pouco preparada para cumprir essas tarefas gigantescas. Essa falta de preparação é a nossa infelicidade comum, a infelicidade de *todos* os sociais-democratas russos. A ascensão das massas chegou e se ampliou de forma ininterrupta e contínua, e não só não se interrompeu onde havia começado, como ainda se propagou a novas localidades e a novas camadas da população (sob a influência do movimento operário, reanimou-se a efervescência entre a juventude estudantil, entre os intelectuais em geral e mesmo entre os camponeses). Os revolucionários, porém, *atrasaram-se* em relação a essa ascensão, tanto em suas "teorias" quanto em sua atividade, não conseguiram criar uma organização permanente e consecutiva, capaz de *dirigir* todo o movimento.

No primeiro capítulo, constatamos o rebaixamento das nossas tarefas teóricas pela *Rabótcheie Dielo* e a repetição "espontânea" do grito da moda "liberdade de crítica": os que o repetem não tiveram "consciência" suficiente para compreender que as posições dos "críticos" oportunistas e dos revolucionários são diametralmente opostas na Alemanha e na Rússia.

Nos capítulos seguintes, analisaremos como se manifestou esse culto da espontaneidade no campo das tarefas políticas, bem como no trabalho de organização da social-democracia.

CAPÍTULO 3
POLÍTICA TRADE-UNIONISTA E POLÍTICA SOCIAL-DEMOCRATA

Comecemos mais uma vez por um elogio à *Rabótcheie Dielo*. "Literatura de denúncia e luta proletária" foi como Martínov intitulou seu artigo no número 10 da *Rabótcheie Dielo* sobre as divergências com o *Iskra*. "Não podemos nos limitar a denunciar o estado de coisas que se colocava no caminho do seu desenvolvimento [do partido operário]. Devemos atender igualmente aos interesses imediatos e cotidianos do proletariado" (p. 63) – assim ele formulou a essência dessas divergências. "O *Iskra* [...] é de fato um órgão de oposição revolucionária que denuncia o estado de coisas entre nós e, principalmente, o estado de coisas político [...]. Trabalhamos, todavia, e trabalharemos, pela causa operária, em estreita ligação orgânica com a luta proletária" (idem). É impossível não agradecer a Martínov por essa formulação. Ela adquire um relevante interesse geral, porque, em essência, não só abarca as nossas divergências com a *Rabótcheie Dielo*, mas também, de maneira geral, todas as divergências entre nós e os "economistas" no que diz respeito à luta política. Já demonstramos que os "economistas" não negam incondicionalmente a "política", mas desviam-se regularmente da concepção social-democrata para a concepção trade-unionista da política. Pois é assim que se desvia Martínov, e por isso achamos por bem tomá-lo justamente como *amostra* dos equívocos dos "economistas" na presente questão. Por essa escolha – tentaremos demonstrar – ninguém terá o direito de reclamar, nem os autores do *Suplemento* do *Rabótchaia Misl*, nem os autores da proclamação do Grupo de Autoemancipação, nem os autores da carta "economista" publicada no número 12 do *Iskra*.

A) A AGITAÇÃO POLÍTICA E A SUA RESTRIÇÃO PELOS ECONOMISTAS

É fato conhecido que a ampla difusão e o fortalecimento da luta econômica* dos operários russos se deu de mãos dadas com a criação da "literatura" de denúncias econômicas (fabris e profissionais). O conteúdo principal das "folhas volantes" consistia em denunciar o estado de coisas nas fábricas, e logo irrompeu entre os operários uma verdadeira paixão por essas denúncias. Quando os operários viram que os círculos dos sociais-democratas queriam e podiam fornecer-lhes um novo tipo de folha volante, falando toda a verdade sobre sua vida miserável, seu trabalho incrivelmente penoso e sua situação de párias, começaram a chover, por assim dizer, cartas das fábricas e das indústrias. Essa "literatura de denúncias" produziu uma enorme sensação, não só nas fábricas cujo estado de coisas fustigava, mas ainda em todas as fábricas onde chegavam notícias dos fatos denunciados. E uma vez que as necessidades e os sofrimentos dos operários de diferentes empresas e ofícios têm muito em comum, a "verdade sobre a vida operária" entusiasmava a *todos*. Entre os operários mais atrasados se desenvolveu uma verdadeira paixão por "publicar-se"; paixão nobre por essa forma embrionária de guerra contra toda a ordem social moderna baseada na pilhagem e na opressão. E as "folhas volantes", na imensa maioria dos casos, eram realmente uma declaração de guerra, porque a denúncia exerce uma ação terrivelmente estimulante, levava todos os operários a exigir que se pusesse fim aos abusos mais flagrantes e dispunha-os a defender suas reivindicações por meio de greves. Os próprios donos das fábricas, no fim das contas, tiveram de reconhecer a importância dessas folhas volantes como declaração de guerra a tal ponto que muitas vezes nem sequer queriam aguardar a própria guerra. As denúncias, como sempre acontece, ganhavam força pelo simples fato de aparecerem, adquirindo o valor de uma poderosa pressão moral. Mais de uma vez, bastou o aparecimento de uma folha volante para que as reivindicações fossem

---

* A fim de evitar interpretações erradas, fazemos notar que, na exposição que se segue, entendemos sempre por luta econômica (segundo o uso estabelecido entre nós) a "luta econômica prática" que Engels, na citação que fizemos anteriormente, chamou de "resistência aos capitalistas" e que, nos países livres, chama-se luta profissional, sindical ou trade-unionista.

atendidas total ou parcialmente. Em resumo, as denúncias econômicas (fabris) foram e ainda hoje continuam sendo uma alavanca importante da luta econômica. E conservarão essa importância enquanto existir o capitalismo, que gera necessariamente a autodefesa dos operários. Nos países europeus mais progressistas, pode-se observar, ainda hoje, como a denúncia das condições escandalosas de trabalho em alguma "indústria artesanal" situada num lugar remoto, ou em algum ramo de trabalho em domicílio esquecido de todos, converte-se em ponto de partida para despertar a consciência de classe, para dar início à luta sindical e à difusão do socialismo*.

A esmagadora maioria dos sociais-democratas russos esteve nestes últimos tempos quase inteiramente absorvida pelo trabalho de organização das denúncias nas fábricas. Basta recordar o caso do *Rabótchaia Misl* para ver até que ponto chegou essa absorção e como se havia conseguido esquecer que essa atividade *por si só* não era ainda, em essência, social-democrata, mas apenas trade-unionista. As denúncias, em essência, diziam respeito apenas às relações dos operários *de uma dada profissão* com seus patrões e conseguiam somente ensinar aos vendedores da força de trabalho a vender mais vantajosamente essa "mercadoria", bem como a lutar contra os compradores no terreno de uma transação puramente comercial. Essas denúncias podiam converter-se (sob a condição de serem bem utilizadas pela organização dos revolucionários) em ponto de partida e elemento integrante da atividade social-democrata; mas também podiam conduzir (e com o culto da espontaneidade tinham forçosamente de conduzir) à luta "exclusivamente sindical" e a um movimento operário não social-democrata. A social-democracia

---

* Neste capítulo, falamos unicamente da luta política na sua concepção mais ampla ou mais restrita. Por isso assinalaremos apenas de passagem, e a título de curiosidade, a acusação lançada pela *Rabótcheie Dielo* contra o *Iskra* de "abstenção excessiva" em relação à luta econômica (*Dois congressos*, p. 27, repisada por Aleksandr Martínov na sua brochura A *social-democracia e a classe operária*). Se os senhores acusadores medissem (como gostam de fazer) em *puds* ou em folhas impressas a seção do *Iskra* dedicada à luta econômica durante o ano, e se a comparassem com a mesma seção da *Rabótcheie Dielo* e do *Rabótchaia Misl* reunidos, logo veriam que, mesmo nesse sentido, estão atrasados. É evidente que a consciência dessa simples verdade força-os a recorrer a argumentos que mostram nitidamente a sua confusão. "O *Iskra*", escrevem eles, "quer queira, quer não [!], é obrigado [!] a ter em conta as exigências imperiosas da vida, e a incluir pelo menos [!!!!] cartas sobre o movimento operário" (*Dois congressos*, p. 27). Esse, sim, de fato, é um argumento que nos deixa verdadeiramente aniquilados!

dirige a luta da classe operária não só por condições vantajosas de venda da força de trabalho, mas também pela extinção do regime social que obriga os não possuidores a se venderem aos ricos. A social-democracia representa a classe operária não só na sua relação com um dado grupo de patrões, mas também nas suas relações com todas as classes da sociedade contemporânea, com o Estado como força política organizada. Compreende-se daí que os sociais-democratas não só não podem se circunscrever à luta econômica, como também não podem admitir que a organização das denúncias econômicas constitua a sua atividade predominante. Devemos tomar ativamente o trabalho de educação política da classe operária, de desenvolvimento da sua consciência política. *Agora*, depois da primeira investida da *Zariá* e do *Iskra* contra o "economismo", "todos estão de acordo" com isso (embora alguns o estejam só nas palavras, como veremos a seguir).

Cabe perguntar: em que deve consistir a formação política? É possível limitá-la à propaganda da ideia de que a classe operária é hostil à autocracia? É claro que não. Não basta *explicar* a opressão política de que são objeto os operários (assim como não bastava lhes *explicar* o antagonismo entre os seus interesses e os dos patrões). É necessário fazer agitação a propósito de cada manifestação concreta dessa opressão (como começamos a fazer para as manifestações concretas de opressão econômica). E uma vez que as mais diversas classes da sociedade são vítimas *dessa* opressão, uma vez que ela se manifesta nos mais diferentes aspectos da vida e da atividade sindical, cívica, pessoal, familiar, religiosa, científica, e assim por diante, não é evidente que não *cumpriremos a nossa tarefa* de desenvolver a consciência política dos operários se não *nos comprometermos* a organizar uma campanha de *denúncias políticas* da autocracia *em todos os aspectos*? Pois, para fazer agitação a propósito das manifestações concretas de opressão, é necessário denunciar essas manifestações (como foi preciso denunciar os abusos cometidos nas fábricas para conduzir a agitação econômica).

Teria ficado claro assim? Mas o que precisamente se verifica é que só em palavras "todos" estão de acordo quanto à necessidade de desenvolver a consciência política *em todos os aspectos*. O que se verifica é que, por exemplo, a *Rabótcheie Dielo* não só não tomou a tarefa de organizar denúncias políticas *em todos os aspectos* (ou de começar a sua organização), como até começou a *arrastar para trás* o *Iskra*, que já tinha iniciado essa tarefa. Ouçam: "A luta política da classe operária é apenas [precisamente, não é apenas] a forma mais desenvolvida, ampla e efetiva de luta econômica" (programa da *Rabótcheie Dielo*; ver n. l, p. 3). "No presente, coloca-se aos sociais-democratas a tarefa de imprimir à própria luta econômica, na medida do possível, um caráter político" (Martínov, n. 10, p. 42). "A luta econômica é o meio mais amplamente aplicável para integrar as massas na luta política ativa" (resolução do Congresso da União e "emendas"; *Dois congressos*, p. 11 e 17). A *Rabótcheie Dielo*, como pode ver o leitor, desde o seu surgimento até as últimas "instruções à redação", é permeada dessas teses, que expressam, evidentemente, a mesma concepção da agitação e da luta políticas. Encaremos, pois, essa concepção do ponto de vista do critério dominante entre todos os "economistas" de que a agitação política deve *seguir* a agitação econômica. Será certo que a luta econômica é em geral* "o meio mais amplamente aplicável" para integrar as massas à luta política? Absolutamente errado. Medidas não menos "amplamente aplicáveis" para tal "integração" são *todas e quaisquer* manifestações da opressão policial e dos desmandos da autocracia e de modo algum apenas as manifestações ligadas à luta econômica. Por que razão os chefes do *zemstvo*[1] e os castigos corporais infligidos aos camponeses, a corrupção dos funcionários e a maneira como a polícia trata a "plebe" das cidades, a luta contra os famintos, a perseguição às aspirações do povo à cultura e ao saber, a cobrança de impostos, a perseguição dos membros das

---

* Dizemos "em geral", porque a *Rabótcheie Dielo* trata precisamente dos princípios gerais e das tarefas gerais de todo o partido. Certamente, na prática, ocorrem casos em que a política deve seguir de fato a economia, mas só os "economistas" podem dizer isso numa resolução destinada a toda a Rússia. Pois há também casos em que, "desde o próprio início", pode-se levar a cabo a agitação política "unicamente no terreno econômico", e, contudo, a *Rabótcheie Dielo* chegou por fim à conclusão de que isso "não era de maneira alguma necessário" (*Dois congressos*, p. 11). No capítulo seguinte, assinalaremos que a tática dos "políticos" e dos revolucionários, longe de desconhecer as tarefas trade-unionistas da social-democracia, é, pelo contrário, a única que assegura a sua realização consequente.

[1] Em russo: земский начальник/*zémski natchálnik*. Em 1899, com o propósito de reforçar o poder dos latifundiários sobre os camponeses, o governo tsarista instituiu o cargo administrativo de chefes do *zemstvo* (*zémski natchálnik*); designados entre os latifundiários nobres locais, tinham não só enormes atribuições administrativas, mas também direitos judiciais sobre os camponeses, inclusive o direito de os encarcerar e submeter a castigos corporais. (N. R. T.)

seitas religiosas, a dura disciplina do chicote imposta aos soldados e o regime de caserna a que são obrigados os estudantes e a *intelligentsia* liberal, por que razão todas essas manifestações de opressão, assim como milhares de manifestações idênticas, que não têm ligação direta com a luta "econômica", vão representar, em geral, meios e motivos *menos* "amplamente aplicáveis" à agitação política para integrar as massas à luta política? Muito pelo contrário: no conjunto total dos casos cotidianos em que o operário sofre (ele próprio e as pessoas que lhe são próximas) privação de direitos, arbitrariedade e violência, é indiscutível que os casos de opressão policial precisamente no terreno da luta sindical não constituem senão uma pequena minoria. Para que então restringir de antemão a amplitude da agitação política, declarando como "mais amplamente aplicável" somente um dos meios, ao lado do qual, para um social-democrata, devem-se colocar outros que, falando em geral, não são menos "amplamente aplicáveis"?

Em tempos muito, muito remotos (já faz um ano!...), a *Rabótcheie Dielo* dizia: "As reivindicações políticas imediatas tornam-se acessíveis às massas depois de uma greve ou, no máximo, de várias greves [...] logo que o governo empregue a polícia e a gendarmaria" (n. 7, p. 15, ago. 1900). Agora essa teoria oportunista dos estádios foi rejeitada pela União, que nos faz uma concessão, declarando: "Não há qualquer necessidade de desenvolver desde o próprio início a agitação política exclusivamente no terreno econômico" (*Dois congressos*, p. 11). Só por esse repúdio da União de uma parte de seus antigos erros mostrará ao futuro historiador da social-democracia russa, melhor do que os mais longos raciocínios, até que ponto os nossos "economistas" reduziram o socialismo! Mas que ingenuidade a da União imaginar que, a troco dessa renúncia a uma forma de restrição da política, ela poderia nos levar a aceitar uma outra forma de restrição! Não teria sido mais lógico dizer, também aqui, que se deve desenvolver a luta econômica o mais amplamente possível, que é preciso utilizá-la sempre para a agitação política, mas que "não era de maneira alguma necessário" considerar a luta econômica o meio *mais* amplamente aplicável para integrar as massas a uma luta política ativa?

A União considera importante o fato de ter substituído pelas palavras "o meio mais amplamente aplicável" a expressão "o melhor meio", que figura na resolução correspondente do IV Congresso da União Operária Judaica (Bund). Na verdade, ficaríamos embaraçados se tivéssemos de dizer qual dessas duas resoluções é a melhor: em nossa opinião, *ambas são piores*. Tanto a União como o Bund caem, nesse caso (em parte, talvez mesmo inconscientemente, sob a influência da tradição), numa interpretação economista, trade-unionista da política. Em essência, a questão em nada se altera, quer se empregue a denominação "o melhor", quer se empregue a expressão "o mais amplamente aplicável". Se a União dissesse que "a agitação política no terreno econômico" é o meio mais amplamente aplicado (e não "aplicável"), teria razão em relação a certo período do desenvolvimento de nosso movimento social-democrata. Teria razão precisamente no que diz respeito aos economistas, no que diz respeito a muitos (se não à maior parte) dos militantes práticos de 1898-1901, uma vez que esses militantes prático-"*economistas*" aplicaram, de fato, a agitação política (tanto quanto, em geral, a aplicavam!) *quase exclusivamente no terreno econômico. Tal* agitação política era aceita e até recomendada, como vimos, tanto pelo *Rabótchaia Misl* como pelo Grupo de Autoemancipação! A *Rabótcheie Dielo* devia ter *condenado decididamente* o fato de a obra útil de agitação econômica ter sido acompanhada de uma restrição nociva da luta política, mas, em vez de o fazer, declara que o meio mais aplicado (pelos "*economistas*") é o meio mais *aplicável*! Não surpreende que quando denominamos essas pessoas de "economistas" nada lhes resta a não ser nos insultar com a carapuça de "mistificadores", "desorganizadores", "arautos do papa", "caluniadores"*, chorar diante de todos e de cada um, dizendo que lhes fizemos uma ofensa mortal, e declarar, quase sob juramento, que "nenhuma organização social-democrata padece hoje de 'economismo'". Ah, esses caluniadores, esses maus políticos! Não teriam eles inventado de propósito todo esse "economismo" para descarregar nas pessoas ofensas mortais, por simples ódio à humanidade?

Que sentido concreto, real, tem na boca de Martínov o fato de colocar à social-democracia a tarefa de "imprimir à própria luta econômica um caráter político"? A luta econômica é a luta coletiva dos operários contra os patrões

---

* Assim se exprime literalmente a brochura *Dois congressos*, p. 31, 32, 28 e 30.

pela conquista de condições vantajosas de *venda da força de trabalho*, pela melhora de suas condições de trabalho e de vida. Essa luta é necessariamente uma luta profissional, porque as condições de trabalho são extremamente variadas nas diferentes profissões e, portanto, a luta pela melhoria dessas condições deve forçosamente ser travada por profissões (por sindicatos no Ocidente, por associações profissionais de caráter provisório, por intermédio de folhas volantes na Rússia etc.). Imprimir "à própria luta econômica um caráter político" significa, consequentemente, procurar a satisfação dessas mesmas reivindicações profissionais, dessa mesma melhora das condições de trabalho em cada profissão por intermédio de "medidas legislativas e administrativas" (como se exprime Martínov na página seguinte, 43, do seu artigo). É justamente o que fazem e sempre fizeram todos os sindicatos operários. Examinem a obra do casal Webb[2], sólidos conhecedores (e "sólidos" oportunistas), e verão que os sindicatos operários ingleses desde há muito compreenderam e cumprem a tarefa de "imprimir à própria luta econômica um caráter político"; que desde há muito lutam pela liberdade de greve, pela supressão de todos os obstáculos jurídicos que se opõem ao movimento cooperativo e sindical, pela promulgação de leis de proteção à mulher e à criança, pela melhoria das condições de trabalho por meio de uma legislação sanitária e industrial e assim por diante.

Desse modo, a pomposa frase "imprimir à *própria* luta econômica um caráter político", que soa de maneira "terrivelmente" profunda e revolucionária, dissimula, em essência, a tendência tradicional de rebaixar a política social-democrata ao nível da política trade-unionista! Sob o pretexto de corrigir a unilateralidade do *Iskra*, que considera mais importante – vejam só – "revolucionar o dogma do que revolucionar a vida"*, oferecem-nos, como algo novo, a luta pelas reformas econômicas. Com efeito, não há nada além de luta pelas reformas econômicas na frase "imprimir à própria luta econômica

---

[2] Referência a Sidney Webb (1859-1947) e Beatrice Webb (1858-1943). (N. R. T.)

* *Rabótcheie Dielo*, n. 10, p. 60. Esta é a variante martinoviana da aplicação ao atual estado caótico do nosso movimento da tese "cada passo do movimento real é mais importante do que uma dúzia de programas", aplicação que já analisamos anteriormente. Em essência, não é mais do que a tradução russa da famosa frase de Bernstein: "O movimento é tudo, o objetivo final não é nada".

um caráter político". E o próprio Martínov poderia ter chegado a essa simples conclusão se tivesse refletido devidamente sobre o significado de suas próprias palavras. "O nosso partido", diz ele, apontando a sua artilharia mais pesada contra o *Iskra*, "poderia e deveria apresentar ao governo reivindicações concretas de medidas legislativas e administrativas contra a exploração econômica, contra o desemprego, contra a fome etc." (*Rabótcheie Dielo*, n. 10, p. 42-3). Reivindicar medidas concretas não seria, por acaso, reivindicar reformas sociais? E perguntamos uma vez mais aos leitores imparciais se estaríamos caluniando os rabotchedielenistas (perdoem-me esse vocábulo pouco feliz em voga!) ao classificá-los de bernsteinianos enrustidos quando avançam, como divergência com o *Iskra*, a tese da necessidade da luta por reformas econômicas?

A social-democracia revolucionária sempre incluiu e continua a incluir no quadro das suas atividades a luta pelas reformas. Mas usa a agitação "econômica" não só para exigir do governo toda a espécie de medidas, mas também (e antes de mais nada) para exigir que ele deixe de ser um governo autocrático. Além disso, considera seu dever apresentar ao governo essa exigência, *não só* no terreno da luta econômica, mas também no terreno de todas as manifestações em geral da vida político-social. Em resumo, subordina, como a parte ao todo, a luta pelas reformas à luta revolucionária pela liberdade e pelo socialismo. Martínov, porém, ressuscita sob uma forma diferente a teoria dos estágios ao receitar necessariamente a via econômica, por assim dizer, de desenvolvimento para a luta política. Preconizando, num momento de ascensão revolucionária, a luta pelas reformas como uma pretensa "tarefa" em particular, arrasta o partido para trás e faz o jogo do oportunismo tanto "economista" quanto liberal.

Adiante. Depois de ter ocultado vergonhosamente a luta pelas reformas sob a tese retórica: "imprimir à própria luta econômica um caráter político", Martínov apresenta, como algo particular, *única e tão somente as reformas econômicas* (e mesmo unicamente as reformas fabris). Não sabemos por que o fez. Talvez por descuido? Mas se ele não tivesse levado em conta somente as reformas "fabris", toda a sua tese, que acabamos de expor, perderia completamente o sentido. Talvez porque considere possível e provável que o governo faça "concessões" apenas no domínio econômico*? Se é assim, estamos diante de uma estranha confusão: as concessões são possíveis e se fazem no domínio da legislação sobre os castigos corporais, passaportes, pagamento de resgates[3], seitas religiosas, censura etc. As concessões "econômicas" (ou pseudoconcessões) são, entende-se, os meios mais baratos e mais vantajosos para o governo, porque espera ganhar com eles a confiança das massas operárias. Mas, justamente por isso, nós, sociais-democratas, *não devemos* de modo algum e absolutamente por nenhum motivo dar ensejo à opinião (ou ao mal-entendido) de que apreciamos mais as reformas econômicas, de que consideramos de particular importância justamente essas reformas etc. "Essas reivindicações", diz Martínov, referindo-se às reivindicações concretas de medidas legislativas e administrativas de que fala anteriormente, "não seriam um simples gesto, uma vez que, ao prometer certos resultados tangíveis, poderiam ser apoiadas ativamente pela massa operária"... Nós não somos "economistas", ah, não! Apenas nos arrastamos muito servilmente diante da "tangibilidade" dos resultados concretos, tanto quanto o fazem os senhores Bernstein, Prokopóvitch, Struve, R. M. e *tutti quanti*! Somente damos a entender (com Nartsisse Tuporílov) que tudo o que não "promete resultados tangíveis" não é mais que um "som vazio"! Não fazemos mais do que nos exprimir como se a massa operária não fosse capaz (e como se não houvesse provado a sua capacidade, apesar de todos os que lhe atribuem seu próprio filistinismo) de apoiar ativamente todo protesto contra a autocracia, inclusive *o que não lhe promete absolutamente nenhum resultado tangível*!

---

* "Naturalmente, se recomendamos aos operários que formulem ao governo certas reivindicações econômicas, nós o fazemos porque no domínio econômico o governo autocrático está disposto, por necessidade, a fazer certas concessões" (*Rabótcheie* Dielo, n. 10. p. 43).

[3] Pagamentos que, segundo o "Regulamento" de 19 de fevereiro de 1861 sobre a abolição da servidão na Rússia, os camponeses tinham de fazer aos latifundiários pelos lotes de terra que recebiam. A soma dos pagamentos de resgastes superou em muito o valor real dos lotes de terra dos camponeses e atingiu aproximadamente 2 bilhões de rublos. Os camponeses, ao fazer os pagamentos de resgates, no fundo pagavam aos latifundiários não só a terra há muito lavrada por eles, mas também sua própria libertação. Os pesados pagamentos de resgates provocaram a ruína e a pauperização em massa dos camponeses. O movimento camponês no período da primeira revolução russa (1905-1907) obrigou o governo tsarista a abolir o pagamento de resgates a partir de janeiro de 1907. (N. E. P.)

Tomemos ao menos os mesmos exemplos citados pelo próprio Martínov sobre as "medidas" contra o desemprego e a fome. Enquanto a *Rabótcheie Dielo* se ocupa, segundo promete, em elaborar e desenvolver "reivindicações concretas (sob a forma de projeto de lei?) de medidas legislativas e administrativas" que "prometem resultados tangíveis", o *Iskra*, "que invariavelmente considera mais importante revolucionar o dogma do que revolucionar a vida", tratou de explicar a relação indissolúvel entre o desemprego e todo o regime capitalista, advertindo que "a fome está vindo", denunciando "a luta contra os famintos" por parte da polícia, bem como o escandaloso "regulamento provisório de trabalhos forçados", e a *Zariá* publicou como folheto de agitação uma parte da sua Внутреннего обозрения/*Vnutrennego obozreniya* [Revista da Situação Interna] dedicada à fome. Mas, meu Deus, como foram "unilaterais" esses ortodoxos incorrigivelmente estreitos, esses dogmáticos surdos aos imperativos da "própria vida"! Nem um único dos seus artigos contém – que horror! – *uma única*, imaginem só vocês, nem sequer uma única "reivindicação concreta" que "prometa resultados tangíveis"! Infelizes dogmáticos! Deveríamos enviá-los para aprender com os Kritchévski e os Martínov, para que se convençam de que a tática é o processo do crescimento, do que cresce etc., e que é preciso imprimir à *própria* luta econômica um caráter político!

"A luta econômica dos operários contra os patrões e contra o governo ['luta *econômica* contra o governo'!!!], além do seu sentido revolucionário direto, tem também ainda o sentido de levar os operários a pensar, constantemente, na sua falta de direitos políticos" (Martínov, p. 44). Inserimos essa citação não para repetir pela centésima ou milésima vez o que já dissemos anteriormente, mas para agradecer muito, em especial a Martínov, essa nova e excelente formulação: "A luta econômica dos operários contra os patrões e contra o governo". Formidável! Com que talento inimitável, com que magistral eliminação[4] de todas as divergências parciais e diferenças de matizes entre os "economistas", encontra-se aqui expressa, numa exposição concisa e clara, toda a essência do "economismo", começando com o apelo aos operários para a "luta política que travam em nome do interesse geral,

---

[4] No sentido de "resolução do problema". (N. R. T.)

para melhorar a situação de todos os operários"*, continuando depois com a teoria dos estágios e acabando na resolução do congresso sobre o "meio mais amplamente aplicável" e assim por diante. "A luta econômica contra o governo" é justamente a política trade-unionista que está a uma distância muito grande, mas muito grande mesmo, da política social-democrata.

B) A NOVELA DE COMO MARTÍNOV APROFUNDOU PLEKHÁNOV

"Quantos Lomonóssov social-democratas surgiram nos últimos tempos no nosso país!", observou certo dia um camarada, referindo-se à espantosa inclinação de muita gente, propensa ao "economismo", a querer chegar infalivelmente, por "sua própria inteligência", às grandes verdades (por exemplo, a de que a luta econômica leva os operários a refletir sobre sua falta de direitos), desconhecendo, com um soberano desprezo, próprio dos gênios autodidatas, tudo o que já foi produzido pelo desenvolvimento anterior do pensamento revolucionário e do movimento revolucionário. É justamente nesse tipo de autodidata que se inclui Lomonóssov-Martínov. Examinem seu artigo "Questões imediatas" e vejam como ele se *aproxima* por "sua própria inteligência" de coisas que, já há muito, foram ditas por Axelrod (sobre o qual, evidentemente, o nosso Lomonóssov guarda um silêncio absoluto); como *começa*, por exemplo, a compreender que não podemos ignorar o espírito de oposição dessas ou daquelas camadas da burguesia (*Rabótcheie Dielo*, n. 9, p. 61, 62 e 71; comparem com a resposta da redação da *Rabótcheie Dielo* a Axelrod, p. 22, 23 e 24) etc. Mas – ai de mim! – ele só "se aproxima" e só "começa", nada mais, porque, apesar de tudo, tanto não compreendeu ainda as ideias de Axelrod que fala de "luta econômica contra os patrões e contra o governo". Ao longo de três anos (1898-1901), a *Rabótcheie Dielo* vinha fazendo esforços para compreender Axelrod e, entretanto, não o compreendeu! Talvez isso aconteça também porque à social-democracia, "à semelhança da humanidade", colocam-se sempre as tarefas realizáveis?

* *Suplemento* do *Rabótchaia Misl*, p. 14.

Mas os Lomonóssov se destacam não só por ignorarem muitas coisas (e isso já seria meia vitória!), mas por ainda não terem consciência de sua ignorância. Isso já é uma verdadeira desgraça, e essa desgraça os leva a se lançar de vez na tarefa de "aprofundar" Plekhánov.

> Depois de Plekhánov ter escrito o livreto citado (*Sobre as tarefas dos socialistas na luta contra a fome na Rússia*), muita água correu – diz Lomonóssov-Martínov. Os sociais-democratas que durante dez anos dirigiram a luta econômica da classe operária [...] não tiveram ainda tempo de apresentar uma ampla fundamentação teórica da tática do partido. Atualmente essa questão está amadurecida e, se quiséssemos apresentar uma fundamentação teórica desse tipo, nós nos veríamos obrigados, sem dúvida, a aprofundar consideravelmente os princípios táticos que, em seu tempo, foram desenvolvidos por Plekhánov. [...] Nós agora nos veríamos obrigados a definir a distinção entre propaganda e agitação de maneira diferente da que foi feita por Plekhánov. [Martínov acaba de citar as palavras de Plekhánov: "O propagandista inculca muitas ideias a uma só pessoa ou a um pequeno número de pessoas, enquanto o agitador inculca uma só ideia ou um pequeno número de ideias, mas, em contrapartida, inculca-as a toda uma massa de pessoas".] Por propaganda entenderíamos a explicação revolucionária de todo o regime atual, ou de suas manifestações parciais, quer isso se faça de uma forma acessível somente a algumas pessoas, quer às grandes massas. Por agitação, no sentido estrito do termo [sic!], entenderíamos o apelo dirigido às massas para certas ações concretas, a promoção da intervenção revolucionária direta do proletariado na vida social.

Parabenizamos a social-democracia russa – e internacional – por essa nova terminologia martinoviana, mais rigorosa e mais profunda. Até agora, achávamos (com Plekhánov e com todos os líderes do movimento operário internacional) que um propagandista, ao tratar, por exemplo, da questão do desemprego, deve explicar a natureza capitalista das crises, assinalar a causa da sua inevitabilidade na sociedade atual, indicar a necessidade de transformar a sociedade capitalista em socialista etc. Em resumo, deve dar "muitas ideias", tantas que todas essas ideias, em seu conjunto, só poderão ser assimiladas no momento por (relativamente) poucas pessoas. O agitador, todavia, ao tratar do mesmo problema, tomará o exemplo mais flagrante e mais conhecido de sua audiência – digamos, o caso de uma família de desempregados morta de inanição, a miséria crescente etc. – e, aproveitando esse fato conhecido por todos, fará todos os esforços para inculcar nas "massas" *uma só ideia*: a ideia do absurdo da contradição entre o aumento da riqueza e o aumento da miséria, buscará *despertar* nas massas o descontentamento e a indignação contra essa flagrante injustiça, deixando ao propagandista o cuidado de dar uma explicação completa dessa contradição. O propagandista atua, portanto, sobretudo por meio da palavra *impressa*, enquanto o agitador atua pela palavra *viva*. Do propagandista exigem-se qualidades diferentes das do agitador. Diremos que Kautsky e Lafargue, por exemplo, são propagandistas, enquanto Bebel e Guesde são agitadores. Estabelecer um terceiro terreno ou uma terceira função da atividade prática, incluindo nessa função o "apelo dirigido às massas para certas ações concretas", é o maior dos absurdos, porque o "apelo", como ato isolado, ou é um complemento natural e inevitável do tratado teórico, da brochura de propaganda e do discurso de agitação, ou constitui puramente uma função executiva. Com efeito, tomemos, por exemplo, a luta em curso dos sociais-democratas alemães contra os direitos alfandegários sobre os cereais. Os teóricos escrevem estudos de investigação sobre a política aduaneira em que "apelam", digamos, a batalhar por tratados comerciais e liberdade de comércio; o propagandista faz o mesmo nas revistas e o agitador nos seus discursos públicos. A "ação concreta" das massas consiste, nesse caso, na assinatura de uma petição dirigida ao Reichstag exigindo que não sejam aumentados os direitos alfandegários sobre os cereais. O apelo para essa ação parte indiretamente dos teóricos, dos propagandistas e dos agitadores, e diretamente dos operários que percorrem as fábricas e as casas particulares com as listas de adesão à petição. A partir da "terminologia de Martínov", Kautsky e Bebel são ambos propagandistas, e os portadores das listas de adesão são agitadores, correto?

O exemplo dos alemães me fez lembrar da palavra alemã *Verballhornung*, literalmente "cacografia". Johann Ballhorn era um editor de Leipzig do século XVI; editou um alfabeto no qual, como era usual, estava desenhado um galo, mas, em lugar do galo vulgar com esporões, representou um sem esporões e com dois ovos ao lado. Na capa do alfabeto dizia: "Edição corrigida de Johann Ballhorn". Desde então, os alemães chamam *Verballhornung* a uma "correção" que de fato piora o corrigido. E, sem querer, você se lembra de Ballhorn quando vê como os Martínov "aprofundam" Plekhánov...

A fim de que o nosso Lomonóssov teria "inventado" essa confusão? Para demonstrar que o *Iskra*, "da mesma maneira que Plekhánov há já uns quinze anos, considera apenas um aspecto da questão" (p. 39). "Segundo o *Iskra*, pelo menos hoje em dia, as tarefas de propaganda relegam a segundo plano as de agitação" (p. 52). Se traduzirmos essa última frase da linguagem de Martínov para a linguagem humana corrente (pois a humanidade não teve ainda tempo de adotar a terminologia que acaba de ser descoberta), obteremos o seguinte: segundo o *Iskra*, as tarefas de propaganda e de agitação política relegam a segundo plano a tarefa de "apresentar ao governo reivindicações concretas de medidas legislativas e administrativas" que "prometem certos resultados tangíveis" (ou reivindicações de reformas sociais, se podemos, ainda mais uma vez, empregar a velha terminologia da velha humanidade, que não chegou ainda ao nível de Martínov). Que o leitor compare com essa tese a seguinte tirada:

> O que nos espanta nesses programas [os programas dos sociais-democratas revolucionários] é que coloquem sempre em primeiro plano as vantagens da atividade dos operários no Parlamento (inexistente no nosso país) e ignorem completamente (em consequência do seu niilismo revolucionário) a importância da participação dos operários nas assembleias legislativas dos industriais, existentes no nosso país, para a discussão de assuntos fabris [...] ou a importância da participação dos operários ainda que simplesmente na administração municipal urbana [...]

O autor dessa tirada exprime de um modo mais direto, claro e franco a ideia a que Lomonóssov-Martínov chegou por sua própria inteligência. Esse autor é R. M., no *Suplemento* do *Rabótchaia Misl* (p. 15).

C) AS DENÚNCIAS POLÍTICAS E A "EDUCAÇÃO DA ATIVIDADE REVOLUCIONÁRIA"

Ao lançar contra o *Iskra* a sua "teoria" da "elevação da atividade da massa operária", Martínov revelou, na realidade, sua tendência a *rebaixar* essa atividade, visto que declarou que o meio preferível, de particular importância, "mais amplamente aplicável" para a despertar e o campo dessa atividade eram a própria luta econômica, diante da qual rastejaram também todos os "economistas". Esse erro é característico justamente porque está longe de se tratar apenas de Martínov. Na realidade, *só* é possível "elevar a atividade da massa operária" nas condições em que *não estamos circunscritos* à "agitação política no terreno econômico". E uma das condições essenciais para essa extensão indispensável da agitação política é organizar denúncias políticas que abarquem *todos os lados*. De outra maneira que não seja com base nessas denúncias, *não se poderão* formar a consciência política e a atividade revolucionária das massas. Por isso, a atividade desse gênero constitui uma das mais importantes funções de toda a social-democracia internacional, pois mesmo a liberdade política não elimina de modo algum essas denúncias, mas apenas desloca um pouco a esfera a que são dirigidas. Por exemplo, o partido alemão reforça as suas posições e alarga a sua influência graças, justamente, à persistente energia das suas campanhas de denúncias políticas. A consciência da classe operária não pode ser uma verdadeira consciência política se os operários não estão acostumados a reagir contra *todo e qualquer* caso de arbitrariedade e opressão, de violências e abusos de toda a espécie, *quaisquer que sejam as classes* afetadas; e a reagir, além disso, do ponto de vista social-democrata, e não de um outro qualquer. A consciência das massas operárias não pode ser uma verdadeira consciência de classe se os operários não aprenderem, com base em fatos e acontecimentos políticos concretos e, além disso, necessariamente prementes (da atualidade), a observar *cada* uma das outras classes sociais em *todas* as manifestações da sua vida intelectual, moral e política; se não aprenderem a aplicar na prática a análise materialista e a apreciação materialista de *todos* os aspectos da atividade e da vida de *todas* as classes, camadas e grupos da população. Aquele que volta a atenção, o espírito de observação e a consciência exclusivamente à classe operária, ou ainda que prioritariamente a ela, não é um social-democrata, pois o autoconhecimento da classe operária está inseparavelmente ligado a uma clara compreensão não só dos conceitos teóricos... ou melhor dizendo, não tanto dos conceitos teóricos quanto das ideias elaboradas com base na experiência da vida política sobre as relações entre *todas* as classes da sociedade atual. É por essa razão que a defesa de nossos "economistas" da luta econômica como o meio mais amplamente aplicável para integrar as massas ao movimento político é, por seu significado prático, tão profundamente nociva e tão profundamente reacionária. Para se tornar um social-democrata, o operário deve ter uma ideia clara da natureza econômica e da fisionomia política e social do latifundiário e do padre, do dignitário e do camponês, do estudante e do vagabundo, conhecer seus pontos fortes e seus pontos fracos, saber orientar-se nas frases mais correntes e sofismas de toda a espécie com que cada classe e cada camada *encobre* seus apetites egoístas e suas verdadeiras "entranhas", saber distinguir que instituições e leis refletem e como precisamente refletem estes ou aqueles interesses. E não é nos livros que se pode obter essa "ideia clara": só a podem dar quadros vivos, denúncias sobre os acontecimentos, de tudo o que acontece num dado momento a nossa volta, do que todos estão falando ou, pelo menos, murmurando, à sua maneira, do que se manifesta em determinados acontecimentos, números, sentenças judiciais e assim por diante e adiante. Essas denúncias políticas que abarcam todos os aspectos da vida são uma condição indispensável e fundamental para educar a atividade revolucionária das massas.

Por que o operário russo manifesta ainda pouca atividade revolucionária diante da violência brutal da polícia com o povo, da perseguição das seitas, dos castigos corporais aos camponeses, dos abusos da censura, dos maus-tratos aos soldados, da perseguição das iniciativas culturais mais inofensivas etc.? Seria por que a "luta econômica" não o "leva" a isso, por que isso lhe "promete" poucos "resultados tangíveis", oferece poucos resultados "positivos"? Não, semelhante juízo, repetimos, não é outra coisa senão uma tentativa de lançar a culpa sobre os outros, de lançar seu próprio filistinismo (ou seja, o bernsteinianismo) sobre a massa operária. Devemos atribuir a culpa a nós próprios, a nosso atraso em relação ao movimento das massas, a não termos sido capazes, ainda, de organizar denúncias suficientemente amplas, convincentes e rápidas contra todas essas infâmias. Façamos isso (e devemos fazê-lo e podemos fazê-lo), e o operário mais atrasado compreenderá *ou sentirá* que o estudante e o membro de uma seita, o mujique e o escritor são vítimas dos abusos e do arbítrio dessa mesma força obscura que tanto o oprime e subjuga em cada passo da sua vida e, ao senti-lo, ele quererá, quererá de maneira irresistível, reagir, e então saberá: hoje, colocar um gato na tuba dos censores, amanhã, fazer uma manifestação em frente à casa do governador que sufocou uma revolta camponesa, depois de amanhã, dar uma lição aos gendarmes de batina que fazem o trabalho da santa inquisição etc. Até agora fizemos muito pouco, quase nada, para *lançar* entre as massas operárias denúncias sobre todos os assuntos atuais. Muitos de nós nem sequer têm ainda consciência dessa sua *obrigação* e arrastam-se espontaneamente atrás da "cinzenta luta cotidiana" nos limites estreitos da vida fabril. Nessas condições, dizer: "O *Iskra* tem tendência a subestimar o significado da marcha ascendente da cinzenta luta cotidiana, em comparação com a propaganda de ideias brilhantes e acabadas" (Martínov, p. 61) significa arrastar o partido para trás, significa defender e glorificar nossa falta de preparo, nosso atraso.

Quanto a convocar as massas para a ação, isso surgirá por si mesmo, desde que haja uma enérgica agitação política e denúncias vivas e incisivas. Pegar alguém em flagrante delito e estigmatizá-lo imediatamente diante de todos e em toda a parte tem mais efeito do que qualquer "convocação" e exerce muitas vezes uma influência tão grande que mais tarde nem sequer é possível determinar quem foi, precisamente, que "convocou" a multidão e quem foi, precisamente, que lançou este ou aquele plano de manifestação etc. Convocar – no sentido concreto da palavra e não no sentido geral – só é possível no próprio lugar da ação; só pode convocar os outros à ação aquele que se lança à ação. A nossa causa, a causa dos publicistas social-democratas, é aprofundar, alargar e intensificar as denúncias políticas e a agitação política.

A propósito dos "apelos". *O único órgão* que antes dos acontecimentos da Primavera[5] *convocou* a intervenção ativa dos operários numa questão que não *prometia* absolutamente nenhum *resultado tangível* aos operários, como era a do recrutamento militar dos estudantes, *foi o Iskra*. Imediatamente depois da publicação da ordem de 11 de janeiro sobre "a incorporação de 183

---

[5] Trata-se das ações revolucionárias de massa de estudantes e operários – manifestações políticas, comícios e greves – que ocorrem em fevereiro e março de 1901 em Petersburgo, Moscou, Kiev, Khárkov, Kazan, Tomsk e outras cidades da Rússia. (N. E. P.)

estudantes nas fileiras do Exército", o *Iskra* publicou um artigo sobre esse fato (n. 2, fev.) e, antes de começar qualquer manifestação, *convocou* diretamente "o operário a ir em auxílio do estudante", convocou abertamente o "povo" a responder ao insolente desafio do governo. Perguntamos a todos e a cada um: como explicar, ainda, o fato notável de que Martínov fale tanto de "convocação", e até destaque as "convocações" como uma forma particular de atividade, e não tenha dito nenhuma palavra sobre *essa* convocação? Depois disso, não será filistinismo da parte de Martínov declarar que o *Iskra* é *unilateral* por não "convocar" suficientemente para a luta por reivindicações "que prometam resultados tangíveis"?

Os nossos "economistas", entre eles a *Rabótcheie Dielo*, tiveram sucesso porque promoveram falsificações aos operários atrasados. Mas o operário social-democrata, o operário revolucionário (e o número desses operários aumenta dia após dia) repudiará com indignação todas essas considerações sobre a luta por reivindicações "que prometam resultados tangíveis" etc., porque ele compreenderá que não são mais do que variações da velha cantilena do aumento de um copeque por rublo. Esse operário dirá a seus conselheiros do *Rabótchaia Misl* e da *Rabótcheie Dielo*: arvoram-se em vão, senhores, intervindo com demasiado zelo em assuntos que nós mesmos resolvemos e esquivando-se ao cumprimento de suas verdadeiras obrigações. Não é, pois, muito inteligente dizer, como dizem vocês, que a tarefa dos sociais-democratas seja imprimir à própria luta econômica um caráter político; isso é só o começo, não é a tarefa principal dos sociais-democratas, pois no mundo inteiro, inclusive na Rússia, é a própria *polícia quem, muitas vezes, começa a imprimir* à luta econômica um caráter político, e os próprios operários estão aprendendo a compreender do lado de quem está o governo*.

---

* A exigência de "imprimir à própria luta econômica um caráter político" exprime com o maior relevo o culto da espontaneidade no domínio da atividade política. Muito frequentemente, a luta econômica adquire de maneira espontânea um caráter político, ou seja, sem intervenção desse "bacilo revolucionário que são os intelectuais", sem a intervenção dos sociais-democratas conscientes. Assim, a luta econômica dos operários na Inglaterra adquiriu também um caráter político sem a menor participação dos socialistas. Mas a tarefa dos sociais-democratas não se limita à agitação política no domínio econômico; a sua tarefa é transformar essa política trade-unionista numa luta política social-democrata, aproveitar os vislumbres de consciência política que a luta econômica fez penetrar no

Pois essa "luta econômica dos operários contra os patrões e contra o governo", que vocês ostentam como sua descoberta da América, é conduzida, em muitos rincões perdidos da Rússia, pelos próprios operários, que ouviram falar de greves, mas de socialismo, provavelmente, nunca ouviram falar. Pois essa nossa "atividade", de operários, que todos vocês querem apoiar apresentando reivindicações concretas que prometem resultados tangíveis, já existe entre nós e em nosso trabalho cotidiano, profissional, limitado, nós próprios apresentamos essas reivindicações concretas, a maior parte das vezes sem nenhuma ajuda dos intelectuais. Para nós, porém, *tal* atividade é pouco: não somos crianças que possam ser alimentadas apenas com a papinha da política "econômica"; queremos saber tudo o que os outros sabem, queremos conhecer em detalhes *todos* os aspectos da vida política e participar *ativamente* de todos e de cada um dos acontecimentos políticos. Para isso, é necessário que os intelectuais repitam menos aquilo que já sabemos* e nos deem mais aquilo que ainda não sabemos, aquilo que a nossa experiência "econômica" e fabril nunca nos ensinará: os conhecimentos políticos. Esses conhecimentos

---

espírito dos operários para elevá-los à consciência política social-democrata. Pois bem, os Martínov, em vez de elevar e fazer progredir a consciência política que desperta espontaneamente, fazem-na sucumbir diante da espontaneidade e repetem, repetem até a náusea, que a luta econômica "leva" os operários a pensar na sua falta de direitos políticos. É lamentável, senhores, que esse despertar espontâneo da consciência política trade-unionista não lhes "leve" a pensar sobre suas tarefas social-democratas!

* Para confirmar que todo esse discurso dos operários aos "economistas" não é fruto de nossa imaginação, estamos nos referindo a duas testemunhas que, sem dúvida, conhecem diretamente o movimento operário e que de modo algum são propensas a mostrar parcialidade por nós, "dogmáticos", pois uma delas é um "economista" (que considera até a *Rabótcheie Dielo* um órgão político!) e a outra é um terrorista. O primeiro é o autor de um notável artigo cheio de vida e verdade: "O movimento operário em Petersburgo e as tarefas políticas da social-democracia" (*Rabótcheie Dielo*, n. 6). O autor divide os operários em: 1) revolucionários conscientes; 2) camada intermédia; 3) o resto da massa. Ora, acontece que a camada intermédia "se interessa com mais frequência pelos problemas da vida política do que pelos seus interesses econômicos imediatos, cuja relação com as condições sociais gerais já foi, desde há muito, compreendida"... O *Rabótchaia Misl* é "duramente criticado": "sempre o mesmo, há muito que o sabemos, há muito que o lemos", "na crônica política outra vez nada traz de novo" (p. 30-1). Mas mesmo a terceira camada: "a massa operária mais sensível, mais jovem, menos corrompida pela taberna e pela igreja, que quase nunca tem possibilidade de arranjar um livro de conteúdo político, fala de qualquer maneira dos acontecimentos da vida política, medita sobre as notícias fragmentárias de um motim de estudantes" etc. Quanto ao terrorista, escreve: "Leem uma ou duas vezes as linhas que relatam pormenores da vida das fábricas em cidades distintas da sua e depois deixam de ler [...] Aborrece-os [...] Não falar sobre o Estado num jornal operário [...] é tratar o operário como uma criança [...] O operário não é uma criança". (*Svoboda*, ed. do Grupo Revolucionário-Socialista, p. 69-70.)

podem ser adquiridos apenas por vocês, intelectuais, e vocês são *obrigados* a nos fornecer cem e mil vezes mais do que fizeram até agora; além do mais, não é fornecer só na forma de reflexões, brochuras e artigos (os quais, com certa frequência, ocorre de serem – desculpem a franqueza! – entediantes), mas indispensavelmente na forma de *denúncias* vivas de tudo aquilo que nosso governo e nossas classes dominantes fazem atualmente em todos os aspectos da vida. Cumpram com o maior zelo essa obrigação e *tagarelem menos sobre "a elevação da atividade da massa operária"*. Temos muito mais atividade do que pensam vocês e sabemos apoiar, por meio de uma luta aberta nas ruas, mesmo as reivindicações que não prometem nenhum "resultado tangível"! E não serão vocês a "elevar" nossa atividade, pois *essa atividade é precisamente o que lhes falta*. Não sucumbam tanto diante da espontaneidade e pensem mais em elevar *sua própria* atividade, senhores!

D) O QUE O ECONOMISMO E O TERRORISMO TÊM EM COMUM?

Anteriormente, em uma nota[6], pusemos em confronto um "economista" e um terrorista não social-democrata que, por acaso, revelaram-se solidários. Mas, de uma maneira geral, existe entre eles uma ligação não casual, mas intrínseca e necessária, sobre a qual voltaremos ainda a falar e a que temos de nos referir precisamente ao tratar da educação da atividade revolucionária. Os "economistas" e os terroristas contemporâneos têm uma raiz comum, a saber: o *culto da espontaneidade*, do qual falamos no capítulo anterior como de um fenômeno geral e cuja influência no terreno da atividade política e da luta política examinaremos agora. À primeira vista, nossa afirmação pode parecer paradoxal: é tamanha, na aparência, a diferença entre as pessoas que sublinham a "cinzenta luta cotidiana" e aquelas que convocam a mais abnegada luta dos indivíduos isolados. Mas não é um paradoxo. Os "economistas" e os terroristas reverenciam dois polos distintos da corrente espontânea: os "economistas", a espontaneidade do "movimento operário puro", e os

---

[6] Ver, neste volume, p. 90. (N. E.)

terroristas, a espontaneidade da mais ardente indignação dos intelectuais, que não sabem ou não têm a possibilidade de ligar em um todo o trabalho revolucionário e o movimento operário. Para quem já perdeu a fé nessa possibilidade, ou nela nunca acreditou, é realmente difícil encontrar outra saída para sua indignação e energia revolucionária além do terror. Dessa maneira, o culto da espontaneidade nas duas tendências indicadas não é mais do que o *começo da realização* do famoso programa do *Credo*: os operários conduzem sua "luta econômica contra os patrões e contra o governo" (que o autor do *Credo* nos perdoe por exprimirmos seu pensamento pelas palavras de Martínov! Consideramos que temos o direito de fazê-lo, uma vez que no *Credo* também se fala de como os operários, na luta econômica, "entram em choque com o regime político"), enquanto os intelectuais conduzem a luta política com suas próprias forças, evidentemente por meio do terror! Essa é uma *conclusão* absolutamente lógica e inevitável, na qual não é demais insistir, *ainda que aqueles* que começam a realizar esse programa *não tenham eles mesmos a consciência* de sua inevitabilidade. A atividade política tem sua lógica, que não depende da consciência daqueles que, com as melhores intenções do mundo, convocam seja ao terror, seja a que se imprima à própria luta econômica um caráter político. De boas intenções o inferno está cheio e, no caso presente, as boas intenções não são suficientes para salvar as pessoas de serem espontaneamente arrastadas pela "linha do menor esforço", pela linha do programa *puramente burguês* do *Credo*. Não é por acaso, pois, que muitos liberais russos – tanto os liberais declarados quanto os que usam uma máscara marxista – simpatizam de todo o coração com o terror e procuram apoiar o crescimento do espírito terrorista no presente momento.

Eis que, quando surgiu o grupo revolucionário-socialista Свобода/Svoboda [Liberdade], que se colocou justamente a tarefa de cooperar em todas as frentes com o movimento operário, mas incluindo o terror *no programa* e emancipando-se, por assim dizer, da social-democracia, confirmou-se mais uma vez a notável perspicácia de P. B. Axelrod, que, *ainda no fim de 1897*, previu com toda a exatidão esse resultado das vacilações social-democratas (*A propósito das tarefas e da tática atuais*) e esboçou suas célebres "duas perspectivas". Todas as discussões e divergências posteriores entre os sociais-democratas russos estão contidas, como a planta na semente, nessas duas perspectivas*.

A partir do ponto de vista indicado, torna-se compreensível ainda que a *Rabótcheie Dielo*, não resistindo à espontaneidade do "economismo", tampouco resistiu à espontaneidade do terrorismo. É muito mais interessante assinalar aqui aquela argumentação original apresentada pelo Svoboda em defesa do terror. Ele "nega completamente" o papel de intimidação do terror (*Renascimento do revolucionarismo*, p. 64), mas, em compensação, sublinha o seu "significado como excitante [inspirador]". Trata-se de algo característico, em primeiro lugar, de uma das fases da decomposição e da decadência desse círculo de ideias tradicional (pré-social-democrata), que era obrigado a se manter pelo terror. Reconhecer que é impossível "intimidar" o governo – e, por consequência, desorganizá-lo – por meio do terror significa, em essência, condenar o terror como sistema de luta, como uma esfera da atividade consagrada por um programa. Em segundo lugar, isso é ainda mais característico como amostra da incompreensão de nossas tarefas imediatas no que se refere à "educação da atividade revolucionária das massas". O Svoboda faz propaganda do terror como meio para "inspirar" o movimento operário e imprimir-lhe "um forte impulso". É difícil imaginar uma argumentação que a si própria se refute com mais evidência! Será que, pergunta-se, há tão poucos abusos na vida russa que ainda seja necessário inventar meios "inspiradores" especiais? E, por outro lado, se há quem não se inspire e não seja inspirável nem sequer pela arbitrariedade russa, não seria evidente por acaso que

---

* Martínov "imagina um outro dilema, mais real" (?) (*A social-democracia e a classe operária*, p. 19): "Ou a social-democracia assume a direção imediata da luta econômica do proletariado e, por isso mesmo [!], a transforma em luta revolucionária de classe [...]" – e "por isso mesmo" quer dizer, evidentemente, pela direção imediata da luta econômica. Que Martínov nos mostre onde já se viu que, pelo único e simples fato de dirigir a luta sindical, se tenha conseguido transformar o movimento trade-unionista em movimento revolucionário de classe. Não perceberá que, para realizar essa "transformação", devemos nos encarregar ativamente da "direção imediata" da agitação política em todos os seus aspectos? – "Ou então esta outra perspectiva: a social-democracia abandona a direção da luta econômica dos operários e, com isso [...] fica com as asas cortadas". Segundo a opinião da *Rabótcheie Dielo*, já citada, é o *Iskra* que "abandona essa direção". Mas, como já vimos, o *Iskra* faz muito mais do que a *Rabótcheie Dielo* para dirigir a luta econômica e, além disso, não se limita a ela, nem restringe, em nome dela, as suas tarefas políticas.

continuará a contemplar o duelo entre o governo e um punhado de terroristas enquanto "cutuca o nariz"? Ocorre que as massas operárias se inspiram muito com as infâmias da vida russa, mas não sabemos reunir, se é possível nos exprimir dessa maneira, e concentrar todas as gotas e todos os filetes da inspiração popular que a vida russa destila em quantidade incomensuravelmente maior do que pensamos, mas que é preciso reunir em *uma única* e gigantesca torrente. De que essa é uma tarefa realizável dá provas irrefutáveis o enorme crescimento do movimento operário, bem como o anseio, como ora assinalado, dos operários pela literatura política. E convocações ao terror, bem como convocações a que se imprima à própria luta econômica um caráter político, representam formas diferentes *de fugir* ao dever mais imperioso dos revolucionários russos: organizar a agitação política em todas as frentes. O Svoboda quer *substituir* a agitação pelo terror, confessando abertamente que, "desde que comece a agitação intensa e enérgica entre as massas, seu papel excitante [inspirador] desaparecerá" (*Renascimento do revolucionarismo*, p. 68). Isso mostra precisamente que tanto os terroristas como os "economistas" *subestimam* a atividade revolucionária das massas, apesar da prova evidente que representam os acontecimentos da Primavera*, e uns lançam-se à procura de "inspiradores" artificiais, outros falam de "reivindicações concretas". Nem estes nem aqueles prestam suficiente atenção ao desenvolvimento *de sua própria atividade* em matéria de agitação política e de organização de denúncias políticas. E nem agora, nem em qualquer outro momento, existe algo que possa *substituir* essa atividade.

E) A CLASSE OPERÁRIA COMO COMBATENTE DE VANGUARDA PELA DEMOCRACIA

Já vimos que a realização da mais ampla agitação política e, por consequência, a organização de denúncias políticas em todas as frentes constituem uma tarefa absolutamente necessária, a tarefa *mais imperiosamente* necessária da

---

* Trata-se da primavera de 1901, quando começaram as grandes manifestações nas ruas. [Nota à edição de 1907.]

ação, se essa ação for verdadeiramente social-democrata. Mas chegamos a essa conclusão partindo *unicamente* da necessidade premente que a classe operária tem de conhecimentos políticos e de formação política. Entretanto, essa maneira de colocar o problema seria demasiado restrita, ignoraria as tarefas democráticas gerais de qualquer social-democracia em geral e da social-democracia russa atual em particular. Para explicar essa tese o mais concretamente possível, abordaremos o problema do ponto de vista mais "familiar" ao "economista", a saber, do ponto de vista prático. "Todos estão de acordo" que é necessário desenvolver a consciência política da classe operária. Pergunta-se: *como* fazê-lo e o que é necessário para fazê-lo? A luta econômica "induz" os operários a refletir apenas sobre a questão da relação do governo com a classe operária e, portanto, *por mais que nos esforcemos* na tarefa de "imprimir à própria luta econômica um caráter político", *nunca poderemos*, dentro dos limites de tal tarefa, desenvolver a consciência política dos operários (até o grau de consciência política social-democrata), pois *esses mesmos limites são estreitos*. A fórmula de Martínov é preciosa para nós não porque ela ilustra a confusão de Martínov, mas porque expressa com relevo o erro fundamental de todos os "economistas", a saber: a convicção de que se pode desenvolver a consciência política de classe dos operários *a partir de dentro*, por assim dizer, de sua luta econômica, ou seja, tomando apenas (ou pelo menos principalmente) essa luta como ponto de partida, baseando-se apenas (ou pelo menos principalmente) nessa luta. Tal opinião está radicalmente errada, e justamente porque os "economistas", furiosos com a nossa polêmica com eles, não querem refletir com seriedade sobre a origem das nossas divergências, resulta daí que, literalmente, não compreendemos uns aos outros, falamos línguas diferentes.

A consciência política de classe pode ser levada ao operário *somente a partir de fora*, ou seja, de fora da luta econômica, de fora da esfera das relações entre operários e patrões. O único campo em que se pode obter esse conhecimento é no campo das relações de *todas* as classes e camadas com o Estado e o governo, no campo das inter-relações entre *todas* as classes. Por isso, à pergunta "o que fazer para levar conhecimento político aos operários?" é impossível dar unicamente a resposta com que se contentam, na maioria dos casos, os militantes dedicados ao trabalho prático, sem falar dos que pendem para o "economismo", justamente a resposta: "Ir aos operários". Para levar aos *operários* conhecimento político, os sociais-democratas devem *ir a todas as classes da população*, devem enviar destacamentos de seu exército *para toda as frentes*.

Se empregamos deliberadamente essa formulação canhestra, se nos expressamos deliberadamente de forma simplificada e taxativa, não é de maneira alguma pelo desejo de dizer paradoxos, mas para "induzir" os "economistas" a pensar bem nas tarefas de que desdenham de maneira imperdoável, na diferença entre a política trade-unionista e a política social-democrata, a qual não querem compreender. Por isso, pedimos ao leitor que não se impaciente e nos ouça com atenção até o fim.

Tomemos o tipo de círculo social-democrata mais difundido nesses últimos anos e examinemos sua atividade. Ele tem "conexão com os operários" e contenta-se com isso, editando folhas volantes em que ataca os abusos cometidos nas fábricas, a parcialidade do governo a favor dos capitalistas, bem como as violências policiais; nas reuniões com os operários, é sobre esses assuntos que geralmente transcorre a conversa e quase não se sai deles; as conferências e os debates sobre a história do movimento revolucionário, sobre a política interna e externa de nosso governo, sobre a evolução econômica da Rússia e da Europa, sobre a situação das diferentes classes na sociedade contemporânea etc. são de uma raridade extrema e ninguém pensa em estabelecer e desenvolver, sistematicamente, relações com as outras classes da sociedade. Na essência, o ideal do militante, para os membros de tal círculo, parece-se, na maioria dos casos, muito mais com o de um secretário de *trade--union* do que com o de um dirigente político socialista. Efetivamente, o secretário de qualquer *trade-union* inglesa, por exemplo, ajuda constantemente os operários a lançar-se na luta econômica, organiza as denúncias dos abusos cometidos nas fábricas, explica a injustiça das leis e dos regulamentos que restringem a liberdade de greve e a liberdade de fazer piquetes perto das fábricas (para advertir a todos que foi declarada greve), explica a parcialidade dos juízes que pertencem às classes burguesas da população etc. etc. Em resumo, todo secretário de *trade-union* trava e ajuda a travar "a luta econômica contra os patrões e contra o governo". E nunca será demais insistir que *isso não é ainda* atividade social-democrata, que o ideal do social-democrata não deve ser o secretário de *trade-union*, mas o *tribuno do povo* que sabe reagir contra toda manifestação de arbitrariedade e de opressão, onde quer que se produza e qualquer que seja a camada ou a classe social atingida, que sabe sintetizar todos esses fatos para traçar um quadro de conjunto da brutalidade policial e da exploração capitalista, que sabe aproveitar cada detalhe para expor *perante todos* suas convicções socialistas e suas reivindicações democráticas, para explicar *a todos* e a cada um o alcance histórico-mundial da luta emancipadora do proletariado. Comparem, por exemplo, militantes como Robert Knight (secretário e dirigente bem conhecido da União dos Operários Caldeireiros, uma das mais poderosas *trade-unions* da Inglaterra) e Wilhelm Liebknecht e tentem aplicar os contrastes enumerados por Martínov na exposição de suas divergências com o *Iskra*. Vocês verão – começo a folhear o artigo de Martínov – que R. Knight "convocou muito mais as massas a ações concretas determinadas" (p. 39) e que W. Liebknecht se ocupou mais em "abordar, de um ponto de vista revolucionário, todo o regime atual ou suas manifestações parciais" (p. 38-9); que R. Knight "formulou as reivindicações imediatas do proletariado e indicou os meios de as satisfazer" (p. 41) e que W. Liebknecht, sem deixar de fazer isso, não renunciou a "dirigir ao mesmo tempo a enérgica atividade dos diferentes setores oposicionistas", a "ditar-lhes um programa positivo de ação"* (p. 41); que R. Knight se esforçou justamente para "imprimir, na medida do possível, à própria luta econômica um caráter político" (p. 42) e que soube perfeitamente "formular reivindicações concretas ao governo que prometiam certos resultados tangíveis" (p. 43), enquanto W. Liebknecht se ocupou muito mais, "de forma unilateral", em "denunciar os abusos" (p. 40); que R. Knight deu muito mais importância "à marcha progressiva da cinzenta luta cotidiana" (p. 61) e W. Liebknecht à "propaganda de ideias brilhantes e acabadas" (p. 61); que W. Liebknecht fez do jornal que dirigia, precisamente, um "órgão de oposição revolucionária que denuncia o estado de coisas

---

* Assim, durante a guerra franco-prussiana, Liebknecht ditou um programa de ação para toda a *democracia*, como fizeram, em escala ainda maior, Marx e Engels em 1848.

reinante em nosso país e, sobretudo, o estado de coisas político, na medida em que se opõe aos interesses das mais diversas camadas da população" (p. 63), enquanto R. Knight "trabalhou pela causa operária, em estreita ligação orgânica com a luta proletária" (p. 63) – se se entender por "estreita ligação orgânica" esse culto da espontaneidade que analisamos anteriormente tomando como exemplos Kritchévski e Martínov – e "restringiu sua esfera de influência", convencido, certamente, como Martínov, que "desse modo se acentuava essa influência" (p. 63). Em resumo, verão que Martínov rebaixa *de fato* a social-democracia ao nível do trade-unionismo, embora, está claro, de modo algum o faça por não querer o bem da social-democracia, mas simplesmente porque se apressou um pouco em aprofundar Plekhánov, em vez de se dar o trabalho de o compreender.

Mas voltemos a nossa exposição. Dissemos que o social-democrata, se é partidário, e não só em palavras, do desenvolvimento integral da consciência política do proletariado, deve "ir a todas as classes da população". Surgem estas perguntas: como fazê-lo? Temos forças suficientes para isso? Existe em todas as outras classes terreno para isso? Tal trabalho não implicará o abandono ou não levará a abandonar o ponto de vista de classe? Examinemos essas questões.

"Ir a todas as classes da população" nós devemos tanto na qualidade de teóricos quanto de propagandistas, agitadores e organizadores. De que o trabalho teórico dos sociais-democratas deve orientar-se para o estudo de todas as particularidades da situação social e política das diferentes classes ninguém duvida. Mas muito, muito pouco se faz nesse sentido, desproporcionalmente pouco se compararmos com o trabalho realizado para o estudo das particularidades do cotidiano das fábricas. Nos comitês e nos círculos podemos encontrar pessoas que até mesmo estudam a fundo um dado ramo da siderurgia, mas quase não se encontram exemplos de membros das organizações que (obrigados, como acontece por vezes, a deixar a ação prática por esta ou aquela razão) se ocupem especialmente da recolha de materiais sobre uma questão de atualidade da nossa vida social e política que pudesse dar motivo para um trabalho social-democrata entre outras camadas da população. Quando se fala da fraca preparação da maior parte dos atuais dirigentes do movimento operário, não se pode deixar de mencionar, igualmente, a preparação nesse aspecto, pois está também ligada à concepção "economista" da "estreita ligação orgânica com a luta proletária". Mas o principal, evidentemente, é a *propaganda* e a *agitação* entre todas as camadas da população. Para o social-democrata da Europa Ocidental, esse trabalho é facilitado pela existência de reuniões e assembleias populares, das quais participa *qualquer um* que assim desejar; pela existência do parlamento, onde o representante social-democrata fala perante os deputados de *todas* as classes. No nosso país, não temos parlamento nem liberdade de reunião, mas sabemos, no entanto, organizar reuniões com os operários que querem ouvir um *social-democrata*. Do mesmo modo, devemos saber organizar reuniões com representantes de todas as classes da população que queiram ouvir um *democrata*. Pois não é social-democrata aquele que, na prática, esquece que "os comunistas apoiam em toda parte qualquer movimento revolucionário"[7] e que devemos, portanto, expor e destacar *perante todo o povo as tarefas democráticas gerais*, sem dissimular um só instante as nossas convicções socialistas. Não é social-democrata aquele que, na prática, esquece que o seu dever consiste em ser *o primeiro* a levantar, acentuar e resolver todas as questões democráticas gerais.

"Mas todos, sem exceção, estão de acordo com isso!", interromperá o leitor impaciente, e as novas instruções à redação da *Rabótcheie Dielo*, adotadas no último congresso da União, dizem explicitamente: "Devem servir de motivos para a propaganda e a agitação políticas todos os fenômenos e acontecimentos da vida social e política que afetem o proletariado, seja diretamente, como classe particular, seja como vanguarda de todas as forças revolucionárias na luta pela liberdade" (*Dois congressos*, p. 17, grifo nosso). Sim, são palavras muito corretas e muito boas, e ficaríamos completamente satisfeitos se a *Rabótcheie Dielo* as tivesse *compreendido, se não emitisse, ao mesmo tempo, outras que as contradizem*. Porque não basta intitular-se "vanguarda", destacamento avançado: é preciso proceder de modo a que *todos*

---

[7] Karl Marx e Friedrich Engels, *Manifesto Comunista* (trad. Álvaro Pina e Ivana Jinkings, São Paulo, Boitempo, 2010), p. 69. (N. R. T.)

os outros destacamentos vejam e sejam obrigados a reconhecer que marchamos à frente. E nós perguntamos ao leitor: será que os representantes dos outros "destacamentos" são tão tontos que vão nos julgar "vanguarda" só porque o dizemos? Imaginem concretamente o seguinte quadro. Diante de um "destacamento" de radicais instruídos ou de constitucionalistas liberais russos aparece um social-democrata que diz: nós somos a vanguarda; "agora, a nossa tarefa consiste em imprimir, na medida do possível, um caráter político à própria luta econômica". Um radical ou um constitucionalista, por pouco inteligentes que sejam (e entre os radicais e os constitucionalistas russos há muitas pessoas inteligentes), ao ouvir essas palavras não poderão deixar de sorrir e dizer (para si, bem entendido, pois na maior parte das vezes são diplomatas experientes): "Eis uma 'vanguarda' bem simplória! Não compreende sequer que é a nós, representantes avançados da democracia burguesa, que compete a tarefa de imprimir à *própria* luta econômica dos operários um caráter político. Pois também nós, assim como todos os burgueses da Europa Ocidental, queremos integrar os operários à política, *mas só à política trade-unionista, e não à política social-democrata*. A política trade-unionista da classe operária é justamente *a política burguesa* da classe operária. E a formulação que essa 'vanguarda' faz da sua tarefa é justamente a formulação da política trade-unionista! Portanto, que se autointitulem sociais-democratas o quanto quiserem! Não sou criança, não vou me zangar por causa de um rótulo! Mas que não se deixem levar por esses nefastos dogmáticos ortodoxos, que deixem a 'liberdade de crítica' àqueles que arrastam, inconscientemente, a social-democracia para o caminho trade-unionista!".

E o ligeiro sorriso do nosso constitucionalista se transformará numa gargalhada homérica quando perceber que os sociais-democratas que falam da vanguarda da social-democracia, nesse momento, quando o elemento espontâneo prevalece quase absolutamente em nosso movimento, temem, acima de tudo, "minimizar o elemento espontâneo", temem "subestimar a importância da marcha progressiva e da cinzenta luta cotidiana em comparação com a propaganda de ideias brilhantes e acabadas", e assim por diante e adiante! Um destacamento de "vanguarda" que teme que o consciente prevaleça sobre o espontâneo, que teme apresentar um "plano" audacioso que obrigue à aceitação geral, mesmo por aqueles que pensam de outro modo! Será que não estão confundindo a palavra vanguarda com a palavra retaguarda?

Pensemos, com efeito, no seguinte raciocínio de Martínov. Na página 40 ele declara que a tática de denúncias do *Iskra* é unilateral, que "por mais que semeemos a desconfiança e o ódio contra o governo, não alcançaremos nosso objetivo enquanto não conseguirmos desenvolver uma energia social suficientemente ativa para sua derrubada". Esta é, diga-se entre parênteses, a preocupação, que já conhecemos, de intensificar a atividade das massas, tendendo, ao mesmo tempo, a restringir a sua própria. Mas agora não é disso que se trata. Martínov fala aqui, consequentemente, de energia *revolucionária* ("para a derrubada"). Mas a que conclusão chega? Como, em condições normais, as diferentes camadas sociais atuam inevitavelmente de forma dispersa,

> é claro, portanto, que nós, sociais-democratas, não podemos simultaneamente dirigir a atividade enérgica dos diferentes setores da oposição, não podemos lhes ditar um programa de ação positivo, não podemos indicar-lhes os processos com que há de lutar dia após dia para defender seus interesses [...]. Os setores liberais se preocuparão, eles próprios, com essa luta ativa por seus interesses imediatos, luta que os colocará frente a frente com nosso regime político. (p. 41)

Dessa maneira, depois de ter começado a falar de energia revolucionária, de luta ativa para o derrubamento da autocracia, Martínov desvia-se imediatamente para a energia sindical, para a luta ativa pelos interesses imediatos! É claro que não podemos dirigir a luta dos estudantes, dos liberais etc. pelos seus "interesses imediatos", mas não era disso que se tratava, respeitável "economista"! Tratava-se da possível e necessária participação das diferentes camadas sociais na derrubada da autocracia, e essa "atividade enérgica dos diferentes setores da oposição", não só *podemos*, mas devemos, sem falta, dirigi-la, se quisermos ser a "vanguarda". E quanto a levar nossos estudantes, nossos liberais etc. "a enfrentar nosso regime político", não só eles próprios se preocuparão com isso, mas, principalmente e sobretudo, se preocuparão com isso a própria polícia e os próprios funcionários do governo autocrático. Mas "nós", se queremos ser democratas de vanguarda, devemos nos preocupar em sugerir àqueles que estão descontentes apenas com o regime universitário ou com o do *zemstvo* etc. a ideia de que todo o regime político é impróprio. *Nós* devemos tomar a tarefa de organizar uma luta política em todas as frentes sob a direção do *nosso* partido, para que todas as camadas da oposição possam prover e realmente comecem a prover toda a ajuda possível a essa luta e a esse partido. *Nós* devemos fazer dos militantes práticos social-democratas dirigentes políticos capazes de dirigir todas as manifestações dessa luta em todas as frentes, que saibam, no momento necessário, "ditar um programa positivo de ação" aos estudantes em agitação, aos *zemtsi* descontentes, aos membros indignados das seitas, aos professores primários lesados em seus interesses e assim por diante. Por isso, é *completamente falsa* a afirmação de Martínov de que "só podemos desempenhar em relação a eles o papel negativo de denunciadores do regime [...]. *Só podemos dissipar suas esperanças nas diferentes comissões governamentais*" (grifo nosso). Ao dizer isso, Martínov mostra que não *compreende absolutamente nada* da questão do verdadeiro papel de uma "vanguarda" revolucionária. E se o leitor tomar isso em consideração, compreenderá o *verdadeiro sentido* das seguintes palavras de conclusão de Martínov:

> O *Iskra* é um órgão de oposição revolucionária que denuncia o estado de coisas reinante em nosso país e, sobretudo, o estado de coisas político, na medida em que se opõe aos interesses das mais diversas camadas da população. Quanto a nós, trabalhamos e trabalharemos pela causa operária em estreita ligação orgânica com a luta proletária. Ao restringir a esfera da nossa influência, a tornamos mais acentuada. (p. 63)

O verdadeiro sentido de tal conclusão é: o *Iskra* quer *elevar* a política trade-unionista da classe operária (política à qual, por mal-entendido, por falta de preparação ou por convicção, se limitam frequentemente entre nós os militantes práticos) ao nível da política social-democrata. Em contrapartida, a *Rabótcheie Dielo* quer *rebaixar* a política social-democrata ao nível da política trade-unionista. E, como se não bastasse, garante a todos e a cada um que "essas duas posições são perfeitamente compatíveis na causa comum" (p. 63). *O, sancta simplicitas*[8]!

---

[8] Ó, santa simplicidade! (N. E. R.)

Vamos adiante. Teríamos nós forças suficientes para levar nossa propaganda e nossa agitação a *todas* as classes da população? Claro que sim. Os nossos "economistas", que têm muitas vezes tendência a negá-lo, esquecem os gigantescos progressos realizados por nosso movimento de 1894 (mais ou menos) a 1901. Verdadeiros "rabeiristas", eles têm, com frequência, ideias próprias a respeito do período inicial de nosso movimento, já há muito ultrapassado. Na época, nossas forças eram assombrosamente poucas; na época, era natural e legítima a resolução de nos consagrarmos inteiramente ao trabalho entre os operários e de condenarmos severamente todo desvio dessa linha; na época, toda a tarefa consistia em nos consolidarmos na classe operária. Agora, ao movimento está integrada uma massa de forças gigantesca, vemos chegar até nós os melhores representantes da jovem geração das classes instruídas; em toda a parte e em cada canto das províncias, há pessoas que já tomaram ou querem tomar parte do movimento, e que tendem à social-democracia, obrigadas a esperar sentadas (enquanto em 1894 podiam-se contar nos dedos os sociais-democratas russos). Um dos defeitos fundamentais de nosso movimento, tanto do ponto de vista político quanto do de organização, é não sabermos empregar todas essas forças e atribuir-lhes o trabalho adequado (voltaremos com mais detalhes a esse assunto no capítulo seguinte). A imensa maioria dessas forças está completamente impossibilitada de "ir aos operários", de modo que não se põe o problema do perigo de desviar forças de nosso trabalho essencial. E para oferecer aos operários conhecimentos políticos verdadeiros, vivos, em todas as frentes, é necessário que tenhamos "pessoas nossas", sociais-democratas, em toda a parte, em todas as camadas sociais, em todas as posições que permitam conhecer as molas internas de nosso mecanismo estatal. E precisamos desses homens, não só para a propaganda e a agitação, mas ainda, e sobretudo, para a organização.

Existiria campo para atividade em todas as classes da população? Aqueles que não veem isso provam uma vez mais que sua consciência está atrasada em relação à ascensão espontânea das massas. O movimento operário suscitou e suscita o descontentamento de alguns; em outros, desperta a esperança no apoio da oposição; em terceiros, dá a consciência da impossibilidade do regime autocrático, da inevitabilidade de sua derrocada. Seríamos "políticos" e social-democratas apenas nas palavras (como muito frequentemente acontece, na realidade) se não tivéssemos consciência de nosso dever de utilizar todas as manifestações de descontentamento de qualquer gênero e reunir e elaborar todos os elementos de protesto, por embrionários que sejam. Sem falar no fato de que a massa de milhões de camponeses trabalhadores, de artesãos, de pequenos produtores etc. sempre escutará avidamente a propaganda de um social-democrata de algum modo hábil. Mas existirá uma só classe da população em que não haja indivíduos, grupos e círculos descontentes com a falta de direitos e com a arbitrariedade e, portanto, acessíveis à propaganda do social-democrata, como porta-voz que é das aspirações democráticas gerais mais urgentes? Quanto aos que querem ter uma ideia concreta dessa agitação política do social-democrata em *todas* as classes e camadas da população, indicaremos as *denúncias políticas*, no sentido amplo do termo, como principal meio (mas não o único, bem entendido) dessa agitação.

> Devemos – escrevi em meu artigo "Por onde começar?" (*Iskra*, n. 4, maio 1901), do qual teremos de falar com mais detalhes adiante – despertar, em todas as camadas do povo que tenham um mínimo de consciência, a paixão pelas denúncias *políticas*. Não devemos nos envergonhar se as vozes das denúncias políticas são hoje em dia tão frágeis, raras e tímidas. A razão desse fato não é, de forma alguma, uma resignação geral em face da arbitrariedade policial. A razão está em que as pessoas capazes de e dispostas a denunciar não têm uma tribuna de onde possam falar; não têm um auditório que escute apaixonadamente e encoraje os oradores; não veem em nenhum lugar no povo uma força tal que valha a pena dirigir uma queixa contra o "todo-poderoso" governo russo [...]. Agora, podemos e devemos criar uma tribuna para denunciar o governo tsarista diante de todo o povo; e essa tribuna deve ser um jornal social-democrata.[9]

Tal auditório ideal para as denúncias políticas é precisamente a classe operária, que tem necessidade, antes e sobretudo, de amplos e vivos conhecimentos políticos, e que é a mais capaz de transformar esses conhecimentos em luta ativa, mesmo que esta não prometa qualquer "resultado tangível". Quanto à tribuna para as denúncias a todo o povo, isso só pode fazer um jornal

---

[9] Ver Vladímir Ilitch Lênin, *Сочинения/Sotchinénia* [Obras] (5. ed., Moscou, Издательство Политической Литературы/Izdátelstvo Polytítcheskoi Literatúry, 1967), t. 5, p. 10-1. (N. E. R.)

destinado a toda a Rússia. "Sem um órgão político, seria inconcebível na Europa contemporânea um movimento que merecesse o nome de movimento político" e, nesse sentido, por Europa contemporânea é preciso entender também, sem dúvida alguma, a Rússia. Há muito a imprensa se tornou uma força em nosso país; se assim não fosse, o governo não gastaria dezenas de milhares de rublos para suborná-la e para subvencionar todas as espécies de Katkov e Meschérski. E não constitui novidade na Rússia autocrática a imprensa ilegal romper as barreiras da censura e obrigar os órgãos legais e conservadores a dela falar abertamente. Assim aconteceu nos anos 1870 e até nos anos 1850. E como são hoje mais amplos e profundos os setores populares dispostos a ler a imprensa ilegal e a nela aprender "a viver e a morrer", para empregar a expressão de um operário, autor da carta publicada no número 7 do *Iskra*[10]. As denúncias políticas são precisamente uma declaração de guerra ao *governo*, da mesma maneira que as denúncias de tipo econômico são uma declaração de guerra ao fabricante. E essa declaração de guerra terá um significado moral tanto maior quanto mais ampla e forte for a campanha de denúncias, quanto mais numerosa e decidida for a *classe* social que *declara a guerra para iniciá-la*. As denúncias políticas são, portanto, já por si, um dos meios mais poderosos para desagregar o regime adverso, separar o inimigo de seus aliados fortuitos ou temporários e semear a hostilidade e a desconfiança entre os que participam continuamente do poder autocrático.

Só um partido que *organize* campanhas de denúncias realmente dirigidas *a todo o povo* poderá tornar-se, em nossos dias, a vanguarda das forças revolucionárias. E as palavras "todo o povo" encerram um conteúdo muito grande. A imensa maioria dos denunciadores que não pertencem à classe operária (e para ser vanguarda é necessário, precisamente, atrair outras classes) são políticos realistas e pessoas sensatas e com sentido prático. Sabem muito bem que é perigoso "reclamar" até de um modesto funcionário, e mais ainda do "todo-poderoso" governo russo. E eles só se voltarão *a nós* com reclamações quando virem que estas podem ter efeito, que representamos

---

[10] No número 7 do *Iskra* (ago. 1901), na seção "Crônica do Movimento Operário e Cartas de Fábricas e Empresas", saiu uma carta de um operário tecelão de Petersburgo que testemunhava a enorme influência que o *Iskra* leninista exercia sobre os operários da vanguarda. (N. E. R.)

uma *força política*. Para chegar a ser uma força política aos olhos do público é necessário trabalhar muito e obstinadamente para elevar nosso grau de consciência, nosso espírito de iniciativa e nossa energia; para isso, não basta colar o rótulo de "vanguarda" numa teoria e numa prática de retaguarda.

Mas se devemos nos encarregar da organização de denúncias dos abusos cometidos pelo governo, dirigidas realmente a todo o povo, em que se expressará, então, o caráter de classe do nosso movimento? – nos perguntarão e já nos perguntam os partidários excessivamente zelosos da "estrita ligação orgânica com a luta proletária". Pois justamente no fato de sermos nós, os sociais-democratas, que organizaremos essas campanhas de denúncias dirigidas a todo o povo; no fato de que todas as questões levantadas em nossa agitação serão esclarecidas a partir de um ponto de vista invariavelmente social-democrata, sem a menor indulgência para com as deformações, intencionais ou não, do marxismo; no fato de que essa ampla agitação política em todas as frentes será realizada por um partido que reúne, num todo indivisível, a ofensiva em nome de todo o povo contra o governo, a educação revolucionária do proletariado, salvaguardando ao mesmo tempo a independência política deste, a direção da luta econômica da classe operária e a utilização de seus conflitos espontâneos com seus exploradores, conflitos que põem de pé e atraem sem cessar para nosso campo novas e novas camadas do proletariado!

Mas um dos aspectos mais característicos do "economismo" é precisamente não compreender essa relação; mais ainda, não compreender que a necessidade mais urgente do proletariado (educação política em todos os aspectos por meio da agitação política e das denúncias políticas) coincide com a idêntica necessidade do movimento democrático geral. Essa incompreensão manifesta-se não só nas frases "*à la* Martínov", mas também em diferentes passagens, de significado absolutamente idêntico, em que os "economistas" invocam um pretenso ponto de vista de classe. Eis, por exemplo, como se exprimem a esse respeito os autores da carta "economista" publicada no número 12 do *Iskra**:

---

* A falta de espaço não nos permitiu dar no *Iskra* uma resposta completa e detalhada a essa carta tão característica dos "economistas". O seu aparecimento causou-nos uma verdadeira alegria, porque havia muito tempo ouvíamos dizer, de diferentes lados, que ao *Iskra* faltava um ponto de vista de classe

Esse mesmo defeito fundamental do *Iskra* (a supervalorização da ideologia) é a causa de sua inconsequência nas questões relativas à atitude da social-democracia perante as diversas classes e tendências sociais. Resolvendo por meio de construções teóricas [e não se baseando no "crescimento das tarefas do partido que crescem ao mesmo tempo que ele"] a tarefa de passar imediatamente à luta contra o absolutismo e percebendo, provavelmente, toda a dificuldade dessa tarefa para os operários, dado o atual estado de coisas [e não só percebendo, mas sabendo muito bem que essa tarefa parece menos difícil aos operários do que aos intelectuais "economistas" que os tratam como crianças, pois os operários estão prontos a lutar mesmo por reivindicações que não prometam, para falarmos a linguagem do inolvidável Martínov, qualquer "resultado tangível"], mas não tendo a paciência de esperar que se acumulem forças suficientes para essa luta, o *Iskra* começa a procurar aliados nas fileiras dos liberais e dos intelectuais. [...]

Sim, sim, nós realmente perdemos toda a "paciência" de "esperar" os dias felizes que há muito nos prometem os "conciliadores" de toda a espécie, nos quais nossos "economistas" deixarão de lançar sobre os operários a culpa por *seu* próprio atraso, de justificar sua insuficiente energia pela pretensa insuficiência de forças dos operários. Nós perguntaremos a nossos "economistas": em que deve consistir a "acumulação de forças pelos operários para essa luta"? Não seria evidente que consiste na educação política dos operários, na denúncia de *todos* os aspectos de nosso infame regime autocrático? E não estaria claro *que justamente para esse trabalho* necessitamos de "aliados entre os liberais e os intelectuais" prontos a compartilhar conosco suas denúncias sobre a campanha política contra os *zemtsi*, os professores primários, os estatísticos, os estudantes e assim por diante? Por acaso é tão difícil compreender esse surpreendentemente "sábio mecanismo"? Por acaso P. B. Axelrod já não insiste que desde 1897 a "tarefa dos sociais-democratas russos de conquistar partidários e aliados diretos ou indiretos entre as classes não proletárias se resolve sobretudo e antes de mais nada pelo caráter da propaganda feita entre o próprio proletariado"? Só que os Martínov e demais "economistas" continuam a crer, não obstante, que os operários devem *primeiro*, por meio da

---

consequente, e só esperávamos uma ocasião favorável ou a expressão precisa dessa acusação em voga para lhe responder. E temos por costume não responder a um ataque com a defesa, mas com um contra-ataque.

"luta econômica contra os patrões e contra o governo", acumular forças (para a política trade-unionista) e só depois "passar", segundo parece, da trade-unionista "educação da atividade" para a atividade social-democrata!

> Em suas buscas [continuam os "economistas"] o *Iskra* desvia-se muitas vezes do ponto de vista de classe, escamoteando os antagonismos de classe e colocando em primeiro plano o caráter comum do descontentamento contra o governo, apesar de as causas e o grau desse descontentamento serem muito diferentes entre os "aliados". Tal é, por exemplo, a atitude do *Iskra* em relação ao *zemstvo*.

O *Iskra* (segundo dizem os "economistas") "promete aos nobres, descontentes com as esmolas governamentais, a ajuda da classe operária e, ao fazer isso, não diz uma única palavra acerca do antagonismo de classe que separa esses dois setores da população". Se o leitor consultar os artigos "A autocracia e o *zemstvo*" (números 2 e 4 do *Iskra*)[11], sobre os quais, *provavelmente*, falam os autores dessa carta, verá que esses artigos* são dedicados à atitude do governo perante a "branda agitação do *zemstvo* burocrático estamental", perante a "atividade independente até mesmo das classes possuidoras". No artigo, diz-se que o operário não pode contemplar com indiferença a luta do governo contra o *zemstvo*; convida os *zemtsi* a deixar de lado os discursos brandos e a pronunciar-se com palavras firmes e categóricas quando a social-democracia se levantar com toda sua força contra o governo. Com o que não concordam os autores da carta? Não se sabe. Estariam eles pensando que o operário "não compreenderá" os termos "classes possuidoras" e "*zemstvo* burocrático estamental"? Que o fato de pressionar os *zemtsi* a trocar os discursos brandos pelas palavras categóricas é uma "supervalorização da ideologia"? Estariam eles imaginando que os operários podem "acumular

---

[11] Trata-se do artigo de Piotr Struve, "A autocracia e o *zemstvo*", publicado nos n. 2 e 4 do *Iskra*, em fevereiro e maio de 1901. A publicação no *Iskra* do artigo de Struve e, na *Zariá*, da "memória confidencial" de Serguei Witte, "A autocracia e o *zemstvo*", com prefácio de Struve (R. N. S.), foi possível graças ao acordo estabelecido em janeiro de 1901 entre as redações do *Iskra* e da *Zariá* e a "oposição democrática" (Struve). Esse acordo, concluído por Axelrod e Zassúlitch, com a ajuda de Plekhánov e o voto contrário de Lênin, durou pouco tempo: na primavera de 1901, tornou-se manifesta a completa impossibilidade da colaboração dos sociais-democratas com os democratas burgueses, e o bloco com Struve desfez-se. (N. E. R.)

* E, no intervalo do aparecimento desses artigos, publicou-se (*Iskra*, n. 3) um especialmente dedicado aos antagonismos de classe no campo [em Vladímir Ilitch Lênin, *Sotchinénia*, cit., t. 4, p. 429-37 – N. E. R.].

forças" para a luta contra o absolutismo se não conhecem as relações do absolutismo *com* o *zemstvo*? Tudo isso, mais uma vez, não se sabe. Claro está apenas que os autores têm uma ideia muito vaga das tarefas políticas da social-democracia. Mais claras ainda são suas frases: "Idêntica é a atitude do *Iskra* perante o movimento estudantil" (ou seja, também "escamoteia os antagonismos de classe"). Em vez de convocar os operários a afirmar, por meio de uma manifestação pública, que a verdadeira origem da violência, da arbitrariedade e do desregramento não é a juventude universitária, mas o governo russo (*Iskra*, n. 2), deveríamos, pelo que se vê, ter publicado raciocínios concebidos no espírito do *Rabótchaia Misl*! E tais opiniões foram expressas por sociais-democratas, no outono de 1901, depois dos acontecimentos de fevereiro e de março, às vésperas de uma nova ascensão do movimento estudantil, ascensão que revela que, também nesse domínio, a "espontaneidade" do protesto contra a autocracia ultrapassa a direção consciente do movimento pela social-democracia. A aspiração espontânea dos operários a intervir em defesa dos estudantes espancados pela polícia e pelos cossacos ultrapassa a atividade consciente da organização social-democrata!

"Entretanto, em outros artigos", continuam os autores da carta, "o *Iskra* condena violentamente todo o compromisso e defende, por exemplo, a posição de intolerância dos guesdistas." Aconselhamos refletir seriamente sobre essas palavras aqueles que afirmam com tanta presunção e ligeireza que as atuais divergências entre os sociais-democratas não são essenciais nem justificam uma cisão que valha. Seria possível o trabalho eficaz, numa mesma organização, tanto daqueles que afirmam que ainda não fizemos quase nada para demonstrar a hostilidade da autocracia em relação às mais diversas classes e para revelar aos operários a oposição à autocracia por parte das mais diversas camadas da população quanto dos que veem nessa atividade "um compromisso", evidentemente um compromisso com a teoria da "luta econômica contra os patrões e contra o governo"?

Da necessidade de levar a luta de classes ao campo, nós falamos no quadragésimo aniversário da emancipação dos camponeses (n. 3) e, a propósito do memorando secreto de Witte, descrevemos (n. 4) a incompatibilidade que existe entre os órgãos da administração autônoma local e a autocracia; a propósito da nova lei (n. 8), atacamos o espírito feudal dos agrários e do governo que os serve, e saudamos o congresso ilegal do *zemstvo*, encorajando os *zemtsi* a passar das petições humilhantes à luta (n. 8), encorajamos os estudantes que, começando a compreender a necessidade da luta política, a empreenderam (n. 3) e, ao mesmo tempo, fustigamos a "extravagante incompreensão" dos partidários do movimento "puramente universitário" que exortavam os estudantes a não participar das manifestações de rua (n. 3, a propósito do apelo de 25 de fevereiro do Comitê Executivo dos Estudantes de Moscou); denunciamos os "sonhos absurdos" e "a mentira e a hipocrisia" dos astutos liberais do jornal *Россия/Rossia* [Rússia] (n. 5), e ao mesmo tempo rechaçamos a furiosa repressão do governo de torturadores "contra pacíficos literatos, contra velhos professores e cientistas, contra conhecidos liberais do *zemstvo*" ("O assalto policial contra a literatura", n. 5); desmascaramos (n. 6) o verdadeiro sentido do programa "de preocupação do Estado com a melhora de vida dos operários" e celebramos a "confissão preciosa" de que "mais vale prevenir com reformas de cima as reivindicações de reformas vindas de baixo do que esperar essa última eventualidade"; incentivamos (n. 7) os estatísticos em seu protesto e condenamos os funcionários que furaram a greve (n. 9). Aquele que vê nessa tática um obscurecimento da consciência de classe do proletariado e um compromisso com o liberalismo revela que não compreende absolutamente nada do verdadeiro sentido do programa do *Credo* e, de fato, aplica precisamente esse programa, por mais que o repudie! Efetivamente, por isso mesmo, arrasta a social-democracia para a "luta econômica contra os patrões e contra o governo", e retrocede perante o liberalismo, renunciando à tarefa de intervir ativamente em cada problema de caráter "liberal" e a determinar em face de cada um desses problemas a sua própria atitude, a sua atitude social-democrata.

F) MAIS UMA VEZ "CALUNIADORES", MAIS UMA VEZ "MISTIFICADORES"

Essas palavras amáveis pertencem, como se lembrará o leitor, à *Rabótcheie Dielo*, que responde desse modo a nossa acusação de "ter preparado indiretamente o terreno para fazer do movimento operário um instrumento da democracia burguesa". Na sua simploriedade, a *Rabótcheie Dielo* decidiu que essa acusação não era mais do que um recurso polêmico; resolveram esses maldosos dogmáticos dizer-nos toda sorte de aborrecimentos: pois bem, o que pode ser mais aborrecido que constituir um instrumento da democracia burguesa? E eis que publica "um desmentido" em letras gordas: "nada mais do que uma calúnia embelezada" (*Dois congressos*, p. 30), "uma mistificação" (p. 31), "uma mascarada" (p. 33). Como Júpiter (ainda que se pareça muito pouco com Júpiter), a *Rabótcheie Dielo* se enfurece justamente porque não tem razão, provando por suas injúrias precipitadas que é incapaz de seguir a linha de raciocínio de seus adversários. E, pois, não é necessário refletir muito para compreender por que *qualquer* culto da espontaneidade do movimento de massas, *qualquer* rebaixamento da política social-democrata ao nível da política trade-unionista equivale justamente a preparar o terreno para converter o movimento operário em um instrumento da democracia burguesa. O movimento operário espontâneo, por si, somente pode criar (e inevitavelmente cria) o trade-unionismo, e a política trade-unionista da classe operária é precisamente a política burguesa da classe operária. A participação da classe operária na luta política, e mesmo na revolução política, de maneira nenhuma faz da sua política uma política social-democrata. Estaria a *Rabótcheie Dielo* pensando em negar isso? Estaria ela pensando, finalmente, em expor diante de todos, sem ambiguidades nem subterfúgios, sua concepção sobre os problemas candentes da social-democracia internacional e russa? – Ah, não, ela nunca pensará nada parecido, pois mantém firme o recurso que podemos chamar de "fazer-se de desentendida". Eu não sou eu, o cavalo não é meu, eu não sou o cocheiro. Nós não somos "economistas", o *Rabótchaia Misl* não é o "economismo", na Rússia nem sequer existe "economismo". É um recurso muito hábil e "político", que tem apenas o pequeno inconveniente de estarem os órgãos de imprensa que o praticam acostumados a atender pela alcunha "o que desejas?".

A *Rabótcheie Dielo* acha que na Rússia, em geral, a democracia burguesa é apenas um "fantasma" (*Dois congressos*, p. 32)*. Que pessoas felizes!

---

* Invocam-se aqui mesmo "as condições concretas russas que levam fatalmente o movimento operário ao caminho revolucionário". Essas pessoas não querem compreender que o caminho revolucionário do movimento operário pode não ser o caminho social-democrata! Toda a burguesia do Ocidente da

Como o avestruz, escondem a cabeça debaixo da asa e imaginam que desse modo desapareceu tudo o que os rodeia. Uma série de publicistas liberais que, todos os meses, anunciam triunfalmente que o marxismo está em decomposição, e mesmo que desapareceu, uma série de jornais liberais (*СПБ. Ведомости/Sankt-Peterbúrgskie Védomosti* [Notícias de São Petersburgo], *Русские Ведомости/Rússkie Védomosti* [Notícias da Rússia] e muitos outros), em cujas colunas se estimulam os liberais que levam aos operários uma concepção brentaniana da luta de classes[12] e uma concepção trade-unionista da política, a plêiade de críticos do marxismo, cujas verdadeiras tendências foram reveladas tão bem pelo *Credo* e cuja mercadoria literária é a única que circula pela Rússia sem impostos nem alcavalas, a reanimação das tendências revolucionárias não social-democratas, sobretudo depois dos acontecimentos de fevereiro e março, tudo isso deve ser um fantasma! Tudo isso não tem absolutamente nada a ver com a democracia burguesa!

A *Rabótcheie Dielo*, tal como os autores da carta "economista" do número 12 do *Iskra*, deveria ter "pensado na razão que levou os acontecimentos da Primavera a provocar tamanho reavivamento das tendências revolucionárias não social-democratas, em vez de reforçar a autoridade e o prestígio da social-democracia". A razão consiste em não termos estado à altura de nossa missão, em ter sido a atividade das massas operárias mais elevada do que a nossa, em não termos tido dirigentes e organizadores revolucionários suficientemente preparados, que conhecessem perfeitamente o estado de espírito de todos os setores da oposição e soubessem colocar-se na dianteira do movimento, transformar uma manifestação espontânea numa manifestação política, imprimir-lhe um caráter político mais amplo etc. Nessas condições, os revolucionários não social-democratas mais dinâmicos e mais enérgicos

---

Europa, sob o absolutismo, "empurrava", empurrava conscientemente, os operários para o caminho revolucionário. Mas nós, sociais-democratas, não podemos nos contentar com isso. E se rebaixamos, de uma maneira ou de outra, a política social-democrata ao nível da política espontânea, da política trade-unionista, fazemos precisamente o jogo da democracia burguesa.

[12] Concepção brentaniana da luta de classes, ou "brentanismo", é a doutrina liberal-burguesa que defende a possibilidade de resolver a questão operária dentro do quadro do capitalismo, pela via da legislação industrial e da organização dos operários em sindicatos. Deve o seu nome a Lujo Brentano, um dos principais representantes da escola do socialismo de cátedra na economia política burguesa. (N. E. R.)

continuarão inevitavelmente a aproveitar-se de nosso atraso, e os operários, por maior que seja a abnegação e a energia com que lutem com a polícia e com a tropa, por mais revolucionária que seja sua atuação, não poderão ser mais do que uma força que apoia esses revolucionários, serão retaguarda da democracia burguesa e não vanguarda social-democrata. Tomemos a social-democracia alemã, da qual os nossos "economistas" querem imitar apenas os pontos fracos. Por que não há *um único* acontecimento político na Alemanha que não contribua para reforçar mais e mais a autoridade e o prestígio da social-democracia? Porque a social-democracia é sempre a primeira a fazer a apreciação mais revolucionária de cada acontecimento, a apoiar cada protesto contra as arbitrariedades. Não se deixa embalar por raciocínios de que a luta econômica fará os operários tropeçarem na questão de sua falta de direitos e de que as condições concretas conduzem fatalmente o movimento operário ao caminho revolucionário. Intervém em todos os aspectos e em todos os problemas da vida social e política; intervém quando Guilherme se recusa a ratificar a nomeação de um presidente de município progressista burguês (nossos "economistas" não conseguiram esclarecer aos alemães que isso é, em essência, um compromisso com o liberalismo!); intervém quando é promulgada uma lei contra as obras e as imagens "imorais", quando o governo influi na escolha de certos professores etc. etc. Em toda parte, a social-democracia encontra-se na linha de frente, excitando o descontentamento político em todas as classes, sacudindo os adormecidos, estimulando os atrasados, fornecendo abundantes materiais para desenvolver a consciência política e a atividade política do proletariado. E o resultado é que até os inimigos conscientes do socialismo respeitam esse lutador político de vanguarda, e não é raro que um documento importante, não só das esferas burguesas, mas até mesmo das esferas burocráticas e da corte, vá parar, por uma espécie de milagre, à sala de redação do *Vorwärts*.

Eis em que reside a aparente "contradição" que ultrapassa a capacidade de compreensão da *Rabótcheie Dielo*, a ponto de ela se limitar a erguer os braços ao céu e exclamar: "Mascarada"! Com efeito, imaginem: nós, a *Rabótcheie Dielo*, consideramos *como pedra angular* o movimento operário das massas (e imprimimos isso em letras garrafais!), prevenimos todos e cada um contra o perigo de minimizar a importância do elemento espontâneo, queremos imprimir à própria, *à própria, à própria* luta econômica um caráter político, queremos manter uma ligação estreita e orgânica com a luta proletária! E dizem a nós que estamos preparando o terreno para transformar o movimento operário em um instrumento da democracia burguesa. E quem diz isso? Pessoas que estabelecem um "compromisso" com o liberalismo, interferindo em todos os problemas "liberais" (que incompreensão da "ligação orgânica com a luta proletária"!), dedicando tanta atenção aos estudantes e até (que horror!) aos *zemtsi*! São pessoas que, em geral, querem consagrar uma porcentagem maior de suas forças (em comparação com os "economistas") à atuação entre as classes não proletárias da população! Isso não é uma "mascarada"???

Pobre *Rabótcheie Dielo*! Será que alguma vez conseguirá descobrir o segredo desse complicado mecanismo?

CAPÍTULO 4
O CARÁTER ARTESANAL DOS ECONOMISTAS E A ORGANIZAÇÃO DOS REVOLUCIONÁRIOS

As afirmações da *Rabótcheie Dielo* que examinamos anteriormente, de que a luta econômica é o meio de agitação política mais amplamente aplicável, que a nossa tarefa consiste agora em imprimir à própria luta econômica um caráter político etc., refletem uma concepção estreita não só das nossas tarefas políticas, mas também das *organizativas*. Para a "luta econômica contra os patrões e contra o governo" é absolutamente desnecessária – pois em tal luta não pode se desenvolver – uma organização centralizada para toda a Rússia, que reúna em uma única e comum investida toda e qualquer manifestação de oposição política, de protesto e de indignação, uma organização composta por revolucionários profissionais e dirigida por verdadeiros dirigentes políticos de todo o povo. Isso, sim, é compreensível. O caráter da estrutura de qualquer instituição é determinado, natural e inevitavelmente, pelo conteúdo da atividade dessa instituição. Por isso a *Rabótcheie Dielo*, com as afirmações que examinamos anteriormente, consagra e legitima não só a estreiteza da atividade política, mas também a estreiteza do trabalho de organização. E nesse caso, como em todos, é um órgão de imprensa cuja consciência se inclina perante a espontaneidade. E, entretanto, o culto da espontaneidade das formas de organização, a ausência de consciência de quão estreito e primitivo é nosso trabalho de organização, de quão "artesãos" ainda somos nesse importante domínio, a ausência dessa consciência, digo, representa uma verdadeira doença de nosso movimento. Essa não é uma doença da decadência, mas uma doença do crescimento, é preciso dizer. Mas justamente agora, quando essa onda de indignação espontânea toma, pode-se dizer, a nós, os dirigentes e organizadores do movimento, é particularmente necessária a luta mais intransigente contra toda defesa do atraso, contra toda legitimação da estreiteza de visão nessa causa; é particularmente necessário despertar em quantos participam ou se propõem a participar do trabalho prático o descontentamento pelo *caráter artesanal* que reina entre nós e a decisão inquebrantável de nos livrarmos dele.

A) O QUE É O CARÁTER ARTESANAL?

Tentemos responder a essa pergunta com um pequeno quadro da atividade de um círculo social-democrata típico dos anos de 1894 a 1901. Já assinalamos a atração geral da juventude estudantil daquele período pelo marxismo. Essa atração, evidentemente, não se direcionava somente, nem sequer tanto, ao marxismo, à teoria, mas à resposta à pergunta "O que fazer?", à convocação para avançar contra o inimigo. E os novos guerreiros avançavam com uma preparação e um equipamento extraordinariamente primitivos. Em muitíssimos casos, não tinham quase nenhum equipamento e, do mesmo modo, nenhuma preparação. Iam para a guerra como mujiques sem o arado, levando consigo um único porrete. Um círculo de estudantes, sem nenhuma ligação com os velhos militantes do movimento, sem nenhuma relação com os círculos de outras localidades ou mesmo com os de outros pontos da cidade (ou de outros estabelecimentos de ensino), sem qualquer organização das diferentes partes do trabalho revolucionário, sem nenhum plano sistemático de ação para um período mais ou menos prolongado, estabeleceu contato com operários e lançou-se ao trabalho. O círculo, paulatinamente, foi desenvolvendo uma propaganda e uma agitação cada vez mais vastas, atraindo, pelo fato de sua intervenção, a simpatia de camadas de operários bastante amplas, a simpatia de parte da sociedade instruída, que fornece dinheiro e põe à disposição do "comitê" novos e novos grupos de jovens. Cresce o prestígio do comitê (ou da união de luta), cresce a amplitude do seu campo de ação e vai se expandindo sua atividade de uma maneira completamente espontânea: aquelas mesmas pessoas que, um ano ou alguns meses antes, intervieram em círculos de estudantes e resolveram a questão "para onde ir?", que haviam estabelecido e mantinham relações com os operários, que compuseram e publicaram folhas volantes, estabelecem contato com outros grupos de revolucionários, conseguem uma literatura, iniciam o trabalho da edição de um jornal local, começam a falar em organizar uma manifestação e, por fim, passam às operações militares abertas (operações militares abertas que podem constituir, segundo as circunstâncias, a primeira folha volante de agitação, o primeiro número de um jornal, a primeira manifestação). De maneira geral, essas operações conduzem, logo de início, a um fracasso imediato e completo. Imediato e completo justamente porque essas operações militares não são o resultado de um plano sistemático, bem meditado e minuciosamente preparado, de uma luta prolongada e persistente, mas são, simplesmente, o crescimento espontâneo de um trabalho de círculo tradicional; porque a polícia, obviamente, quase sempre tinha conhecimento de todos os principais dirigentes do movimento local, que já "davam o que falar" desde os bancos da universidade, e somente aguardava o momento mais propício para lançar a rede, deixando de propósito o grupo crescer e alargar-se para ter um *corpus delicti* tangível, e sempre de propósito deixando alguns indivíduos conhecidos dela como "semente" (expressão técnica que empregam, até onde sei, tanto os nossos irmãos quanto os gendarmes). É impossível não comparar essa guerra a uma marcha de bandos de camponeses armados de porrete contra um exército moderno. E é preciso admirar a vitalidade de um movimento que se alargou, cresceu e obteve vitórias, apesar da completa falta de preparação dos combatentes. É verdade que, do ponto de vista histórico, o caráter primitivo do equipamento era não só inevitável de início, mas *até legítimo*, como uma das condições que permitiu atrair grande quantidade de guerreiros. Mas tão logo começaram as operações militares sérias (e já começaram na realidade com as greves do verão de 1896), as deficiências da nossa organização de combate fizeram-se sentir cada vez mais. Depois do primeiro momento de surpresa, depois de ter cometido uma série de erros (como dirigir-se à opinião pública contando os malefícios dos socialistas ou deportar operários das capitais para os centros industriais da província), o governo não tardou a se adaptar às novas condições da luta e soube colocar nos pontos convenientes seus destacamentos de provocadores, de espiões e de gendarmes providos de todos os meios modernos. Os *pogroms* se tornaram tão recorrentes, abrangeram tal quantidade de pessoas, varreram a tal ponto os círculos locais, que a massa operária ficou literalmente sem dirigentes, o movimento adquiriu um caráter esporádico inacreditável e era absolutamente impossível estabelecer qualquer continuidade ou coordenação do trabalho. A assombrosa dispersão dos militantes locais, a composição fortuita dos círculos, a falta de preparação e a estreiteza de visão no campo teórico, político e organizativo eram a consequência inevitável das condições descritas. As coisas chegaram a tal ponto que, em alguns locais, os operários, devido a nossa falta de firmeza e de hábitos de atividade clandestina, imbuem-se de desconfiança em relação aos intelectuais e afastam-se deles: os intelectuais, dizem, por demasiada imprudência conduzem ao fracasso!

Já no que se refere ao caráter artesanal, finalmente, este é percebido por todos os sociais-democratas pensantes como uma doença – como sabe qualquer um que esteja minimamente familiarizado com o movimento. Mas para que o leitor que não está familiarizado com ele não pense que "construímos" artificialmente um estágio particular ou uma doença particular do movimento, recorreremos a um testemunho já uma vez mencionado. Não se aborreçam conosco pelo longo trecho.

> Se a passagem gradual a uma atividade prática mais ampla [escreve B-v no número 6 da *Rabótcheie Dielo*], passagem que depende diretamente do período geral de transição que atravessa o movimento operário russo, é um traço característico […], existe, no conjunto do mecanismo da revolução operária russa, outro traço não menos interessante. Referimo-nos à escassez geral de forças revolucionárias aptas à ação, que se faz sentir não somente em Petersburgo, mas em toda a Rússia. À medida que o movimento operário se intensifica, à medida que a massa operária se desenvolve em geral, à medida que as greves se tornam mais frequentes, que a luta de massas dos operários se trava mais abertamente, o que faz recrudescer as perseguições governamentais, as prisões, os desterros e as deportações, essa *escassez de forças revolucionárias de alta qualidade torna-se cada vez mais sensível* e, sem dúvida, *não deixa de influir na profundidade e no caráter geral do movimento*. Muitas greves desenvolvem-se sem que as organizações revolucionárias exerçam sobre elas uma influência enérgica e direta […] faz-se sentir a falta de folhas volantes de agitação e de literatura ilegal […] os círculos operários ficam sem agitadores […]. Ao mesmo tempo, nota-se constantemente a falta de dinheiro. Em resumo, *o crescimento do movimento operário ultrapassa o crescimento e o desenvolvimento das organizações revolucionárias.*

> Os efetivos de revolucionários ativos são muito insignificantes para concentrar em suas mãos a influência sobre toda a massa operária em agitação, para dar a todos os distúrbios ao menos uma sombra de harmonia e de organização [...]. Os círculos dispersos, os revolucionários dispersos não estão unidos, não estão agrupados, não constituem uma organização única, forte e disciplinada, com partes metodicamente desenvolvidas [...].*

E depois de ter feito a reserva de que o aparecimento imediato de novos círculos, em substituição aos que foram destruídos, "prova unicamente a vitalidade do movimento [...], mas não demonstra a existência de uma quantidade de militantes revolucionários plenamente aptos", o autor conclui:

> A falta de preparação prática dos revolucionários de Petersburgo reflete-se também nos resultados de seu trabalho. Os últimos processos, em particular os dos grupos Autoemancipação e Luta do Trabalho contra o Capital mostram claramente que um agitador jovem, que não conheça em pormenores as condições do trabalho e, por consequência, da agitação numa fábrica determinada, que não conheça os princípios da conspiração e que somente tenha assimilado [terá mesmo assimilado?] as ideias gerais da social-democracia, pode trabalhar uns quatro, cinco ou seis meses. Depois vem a prisão, que provoca muitas vezes o desmoronamento de toda a organização ou, pelo menos, de uma parte dela. Cabe perguntar: pode um grupo trabalhar com êxito, com proveito, quando sua existência está limitada a alguns meses? É evidente que os defeitos das organizações existentes não podem ser atribuídos inteiramente ao período de transição [...] é evidente que a quantidade, e sobretudo a qualidade, dos efetivos das organizações ativas desempenham aqui um papel de não pouca importância, e a tarefa primordial dos nossos sociais-democratas [...] deve consistir em unificar realmente as organizações, com uma seleção rigorosa dos seus membros.

B) O CARÁTER ARTESANAL E O ECONOMISMO

Devemos agora nos deter numa questão que certamente já se pôs a todos os leitores: pode estabelecer-se uma relação entre esse trabalho artesanal, como doença de crescimento, que afeta todo o movimento, e o "economismo", como

---

* Todos os itálicos são nossos.

uma das tendências da social-democracia russa? Pensamos que sim. A falta de preparação prática, a falta de habilidade no trabalho de organização são, realmente, coisas comuns *a todos nós*, mesmo àqueles que, desde o início, mantiveram inflexivelmente o ponto de vista do marxismo revolucionário. E por essa falta de preparação por si só ninguém poderia, é claro, culpar os práticos. Mas, além da falta de preparação, no conceito de "caráter artesanal" inclui-se ainda outra coisa: o estreito alcance de todo o trabalho revolucionário em geral, a não compreensão de que nesse trabalho estreito não se pode constituir uma boa organização de revolucionários, e finalmente – e isto é o principal – as tentativas de justificar essa estreiteza e elaborar uma "teoria" particular, ou seja, o culto da espontaneidade também nesse campo. E, tão logo tais tentativas se manifestaram, tornou-se evidente que o caráter artesanal está relacionado com o "economismo" e que não nos libertaremos da estreiteza em nosso trabalho de organização se não nos libertarmos do "economismo" em geral (ou seja, de uma compreensão estreita tanto da teoria do marxismo quanto do papel da social-democracia e de suas tarefas políticas). E essas tentativas se manifestaram em duas direções. Uns começaram a dizer: a massa operária ainda não formulou ela mesma tarefas políticas tão amplas e tão combativas como aquelas que lhe "impõem" os revolucionários, ela ainda deve lutar por reivindicações políticas imediatas, travar "uma luta econômica contra os patrões e contra o governo"* (e a essa luta "acessível" ao movimento de massas corresponde, naturalmente, uma organização "acessível" mesmo à juventude menos preparada). Outros, alheios a qualquer "gradualismo", começaram a dizer: pode-se e deve-se "fazer a revolução política", mas, para isso, não há nenhuma necessidade de se criar uma sólida organização de revolucionários que forme o proletariado numa luta firme e obstinada; para isso basta todos nós tomarmos o já conhecido e "acessível" porrete. Falando sem alegorias: que organizemos a greve geral ou estimulemos o processo do movimento operário "adormecido", com um "terror excitante"**.

---

*   *Rabótchaia Misl* e *Rabótcheie Dielo*, em particular a "Resposta" a Plekhánov.
** *Quem realizará a revolução política?*, brochura publicada na Rússia, na coletânea *A luta proletária*, e reeditada pelo Comitê de Kiev.

Essas duas tendências, a oportunista e a "revolucionarista", capitulam perante o trabalho artesanal imperante, não acreditam na possibilidade de se libertar dele, não compreendem a nossa primeira e mais urgente tarefa prática: criar uma organização de revolucionários capaz de dar à luta política energia, firmeza e continuidade.

Acabamos de citar as palavras de B-v: "O crescimento do movimento operário ultrapassa o crescimento e o desenvolvimento das organizações revolucionárias". Essa "valiosa informação de um observador direto" (comentário da redação da *Rabótcheie Dielo* ao artigo de B-v) tem para nós um duplo valor. Demonstra que tínhamos razão ao considerar que a causa fundamental da crise que a social-democracia russa atravessa atualmente reside no *atraso dos dirigentes* ("ideólogos", revolucionários, sociais-democratas) em relação à *ascensão espontânea das massas*. Demonstra que todo o palavreado dos autores da carta "economista" (no número 12 do *Iskra*), B. Kritchévski e Martínov, sobre o perigo de se minimizar a importância do elemento espontâneo, da cinzenta luta cotidiana, sobre a tática-processo etc., são precisamente uma defesa e uma exaltação do caráter artesanal. Essas pessoas, que não podem pronunciar a palavra "teórico" sem uma careta de desdém, que chamam de "sentido da vida" sua prostração diante da falta de preparação para a vida e de desenvolvimento, mostram de fato que não compreendem nossas tarefas *práticas* mais imperiosas. Às pessoas que ficaram para trás gritam: "Marquem o passo! Não se apressem!". Pessoas carentes de energia e iniciativa no trabalho de organização, carentes de "planos" para organizar de maneira ampla e ousada o trabalho, falam aos berros da "tática-processo"! Nosso pecado capital consiste em *rebaixar* nossas tarefas políticas e *organizativas* ao nível dos interesses imediatos, "tangíveis", "concretos" da luta econômica cotidiana; mas eles continuam a cantar: é preciso imprimir à própria luta econômica um caráter político! Mais uma vez: isso é literalmente o mesmo "sentido da vida" que demonstrava possuir a personagem da epopeia popular que gritava, ao ver passar um enterro: "Que não lhe falte carga a carregar!".

Lembremo-nos da incomparável presunção, verdadeiramente digna de Narciso, com a qual esses sábios ensinavam Plekhánov: "Aos *círculos* operários não são acessíveis em geral [sic!] as tarefas políticas no sentido real, *prático* dessa palavra, ou seja, no sentido de uma luta *prática*, conveniente e eficaz por reivindicações políticas" ("Resposta" da redação da *Rabótcheie Dielo*, p. 24). Há círculos e círculos, senhores! A um círculo de "artesãos" não são acessíveis, por certo, as tarefas políticas, enquanto esses artesãos não reconhecerem o caráter artesanal do seu trabalho e não se livrarem dele. Mas se, além disso, esses artesãos estão apaixonados pelo caráter artesanal deles próprios, se escrevem sempre em destaque a palavra "prático" e se imaginam que a prática exige que eles rebaixem suas tarefas ao nível de compreensão das camadas mais atrasadas das massas, então, evidentemente, esses artesãos são incuráveis e, com efeito, as tarefas políticas lhes são em geral inacessíveis. Mas, para um círculo de corifeus como Alexéiev e Míchkine, Khaltúrine e Jeliábov, são acessíveis as tarefas políticas no sentido mais real, mais prático da palavra, justamente porque, e na medida em que, sua propaganda ardente encontra eco na massa que desperta espontaneamente, na medida em que sua ardente energia é secundada e apoiada pela energia da classe revolucionária. Plekhánov tinha mil vezes razão quando não só indicou qual era essa classe revolucionária, não só demonstrou que era inevitável e iniludível seu despertar espontâneo, mas colocou aos "círculos operários" uma elevada e grandiosa tarefa política. Enquanto vocês, de sua parte, invocam o movimento de massas que surgiu desde então para *rebaixar* essa tarefa, para *reduzir* a energia e o alcance da atividade dos "círculos operários". O que é isso senão a paixão do artesão pelo caráter artesanal de seus métodos? Vocês se gabam de seu próprio espírito prático e não veem o fato conhecido de todo militante prático russo de que na causa revolucionária são capazes de operar milagres não só a energia de um círculo, mas mesmo a energia de um único indivíduo. Ou vocês pensam que em nosso movimento não podem existir os corifeus que existiram na década de 1870? Por quê? Porque estaríamos pouco preparados? Mas estamos nos preparando, vamos nos preparar e estaremos preparados! É verdade que a água parada da "luta econômica contra os patrões e contra o governo" criou entre nós, infelizmente, um limo, apareceram pessoas que se ajoelharam e começaram a louvar a espontaneidade, que contemplam religiosamente (segundo a expressão de Plekhánov) as "costas" do proletariado russo. Mas saberemos nos livrar desse limo. É precisamente agora que o revolucionário russo, guiado por uma teoria verdadeiramente revolucionária, apoiando-se numa classe verdadeiramente revolucionária e que desperta espontaneamente, pode finalmente – finalmente! – levantar-se em toda a sua estatura e desenvolver todas as suas forças de gigante. Para isso, só é necessário que na massa dos práticos, na massa ainda mais extensa dos que sonham com o trabalho prático já desde os bancos da escola, qualquer tentativa de rebaixar nossas tarefas políticas e o alcance de nosso trabalho de organização seja acolhida com troça e desprezo. E nós conseguiremos isso, senhores, podem ficar tranquilos!

No artigo "Por onde começar?", escrevi contra a *Rabótcheie Dielo*:

> Em 24 horas, pode-se modificar a tática de agitação em alguma questão especial, a tática de realização de algum pormenor de organização do partido, mas mudar, não digo em 24 horas, mas em 24 meses, suas concepções sobre o problema de saber se é necessária, em geral, sempre e absolutamente, a organização do combate e a agitação política entre as massas, é coisa que só podem fazer pessoas sem princípios.[1]

A *Rabótcheie Dielo* responde:

> Essa acusação do *Iskra*, a única que se pretende baseada na realidade, carece totalmente de fundamento. Os leitores da *Rabótcheie Dielo* sabem muito bem que, desde o princípio, não só convocamos à agitação política, sem esperar que aparecesse o *Iskra* [dizendo ao mesmo tempo que nem aos círculos operários "nem mesmo sequer ao movimento operário de massas pode-se colocar como primeira tarefa política a derrubada do absolutismo", mas somente a luta por reivindicações políticas imediatas, e que "as reivindicações imediatas se tornam acessíveis às massas depois de uma ou, em último caso, várias greves"], como também que com nossas publicações editadas no estrangeiro proporcionamos aos camaradas que atuam na Rússia os únicos materiais de agitação política social-democrata [e, nesses únicos materiais, não só praticaram com a maior amplitude a agitação política exclusivamente no terreno da luta econômica, mas ainda concluíram que essa agitação limitada "é a mais amplamente aplicável". E os senhores não repararam que essa argumentação demonstra precisamente

---

[1] Ver Vladímir Ilitch Lênin, *Сочинения/Sotchinénia* [Obras] (5. ed., Moscou, Издательство Политической Литературы/Izdátelstvo Polititcheskoi Literatúry, 1967), t. 5, p. 6. (N. E. R.)

a necessidade do aparecimento do *Iskra* – dado o caráter desses materiais únicos – e a necessidade da luta do *Iskra* contra a *Rabótcheie Dielo*?]. Por outro lado, nossa atividade editorial preparava na prática a unidade tática do partido [unidade na crença de que a tática é o processo de crescimento das tarefas do partido, que crescem ao mesmo tempo que ele? Que valiosa unidade!] e, por isso mesmo, tornava possível a criação de uma "organização de combate", para cuja formação a União fez tudo o que estava ao alcance de uma organização residente no estrangeiro. (*Rabótcheie Dielo*, n. 10, p. 15)

Uma tentativa vã de se esquivar! Que vocês fizeram tudo quanto estava a seu alcance, isso nunca pensei em negar. O que afirmei e afirmo é que os *limites* daquilo que está a seu "alcance" se estreitam pela miopia das suas concepções. É ridículo, ainda, que se fale de "organização de combate" para lutar por "reivindicações políticas imediatas" ou para "a luta econômica contra os patrões e contra o governo".

Mas se o leitor quiser ver as pérolas da atração "economista" pelo trabalho artesanal, terá de passar naturalmente da eclética e vacilante *Rabótcheie Dielo* ao consequente e decidido *Rabótchaia Misl*. "Duas palavras agora sobre a chamada intelectualidade revolucionária", escreveu R. M. no *Suplemento* (p. 13), é certo que mais de uma vez ela mostrou na prática que está totalmente disposta "a entrar na luta decisiva contra o tsarismo". A única desgraça é que, perseguida de maneira inclemente pela polícia política, nossa intelectualidade revolucionária considerava essa luta com a polícia política uma luta política contra a autocracia. É por isso que até agora continua inexplicada para eles a pergunta "onde buscar forças para a luta contra a autocracia?".

Não é verdade que é incomparável esse grandioso desprezo pela luta contra a polícia que sente um admirador (no pior sentido do termo) do movimento *espontâneo*? Ele está disposto a *justificar* nossa falta de habilidade para o trabalho conspirativo dizendo que, com o movimento espontâneo das massas, para nós não tem importância, em essência, a luta contra a polícia política!!! Muito, muito poucos subscreverão essa conclusão monstruosa, tão dolorosamente são sentidas por todos as deficiências de nossas organizações revolucionárias. Mas se Martínov, por exemplo, não a subscreve, é unicamente porque não sabe ir até o fim de suas teses ou não tem a coragem de o fazer. Com efeito, por acaso uma "tarefa" como a de que as massas apresentem reivindicações concretas, que prometam resultados tangíveis, exige uma preocupação especial para criar uma organização de revolucionários sólida, centralizada e combativa? Por acaso não cumpre essa "tarefa" também a massa que, de maneira nenhuma, "luta contra a polícia política"? Mais ainda: por acaso essa tarefa seria realizável se, além de um reduzido número de dirigentes, não se encarregarem de cumpri-la também (em sua grande maioria) aqueles operários absolutamente *incapazes* de "lutar contra a polícia política"? Esses operários, pessoas médias da massa, são capazes de dar provas de uma energia e uma abnegação gigantescas numa greve, num combate de rua com a polícia e a tropa, podem (e são os únicos que podem) *decidir* o resultado de todo o nosso movimento, mas precisamente a luta contra a polícia *política* exige qualidades especiais, exige revolucionários *profissionais*. E nós não devemos nos preocupar apenas com que a massa "apresente" reivindicações concretas, mas também com que a massa de operários "destaque", em número cada vez maior, esses revolucionários profissionais. Chegamos, dessa maneira, à questão das relações entre uma organização de revolucionários profissionais e o movimento operário puro. A essa questão, pouco desenvolvida na literatura, dedicamos nós, "os políticos", muito tempo em conversas e discussões com camaradas que têm maior ou menor tendência ao "economismo". Vale a pena nos determos nela em particular. Mas primeiro terminemos com outra citação a ilustração de nossa tese sobre a relação entre o trabalho artesanal e o "economismo".

"O grupo Osvobojdiénie Truda", dizia o senhor N. N. em sua resposta, "exige que se lute diretamente contra o governo, sem pensar onde está a força material necessária para essa luta, sem indicar *os caminhos que ela deve seguir*." E, sublinhando essas últimas palavras, o autor faz, a propósito da palavra "caminhos", a seguinte observação:

> Essa circunstância não pode ser explicada por fins conspirativos, porque no programa não se trata de uma conjura, mas de um *movimento de massas*. E as massas não podem avançar por caminhos secretos. Seria possível, por acaso, uma greve secreta? Seria possível, por acaso, realizar em segredo uma manifestação ou apresentar uma petição em segredo? (*Vademecum*, p. 59)

O autor abordou de perto tanto a "força material" (os organizadores das greves e das manifestações) como os "caminhos" pelos quais essa luta tem de seguir; mas permaneceu confuso e perplexo, porque se "prostra" diante do movimento das massas, quer dizer, considera-o uma coisa que nos *exime* de nossa atividade, a revolucionária, e não algo que deve encorajar e *estimular* nossa atividade revolucionária. Uma greve secreta é impossível para as pessoas que dela participam ou que com ela tenham relação imediata. Mas para a massa dos operários russos, essa greve pode ser (e na maioria dos casos é) "secreta", pois o governo terá o cuidado de cortar todas as comunicações com os grevistas, terá o cuidado de tornar impossível toda a difusão de notícias sobre a greve. E eis que já se torna necessária a "luta contra a polícia política", uma luta especial, uma luta que nunca poderá ser travada ativamente por uma massa tão ampla quanto aquela que participa das greves. Essa luta deve ser organizada, "segundo todas as regras da arte", por pessoas que tenham como profissão a atividade revolucionária. E o fato de as massas se integrarem espontaneamente ao movimento não torna agora *menos necessária* a organização dessa luta. Pelo contrário, a organização torna-se, por esse motivo, *mais necessária*, porque nós, os socialistas, faltaríamos a nossas obrigações diretas perante as massas se não soubéssemos impedir a polícia de tornar secreta (e se, por vezes, não preparássemos nós próprios em segredo) qualquer greve ou manifestação. E *saberemos* fazê-lo precisamente porque as massas que despertam espontaneamente *destacarão também do seu meio* um número cada vez maior de "revolucionários profissionais" (desde que não nos ocorra convidar os operários, em todos os tons, a continuar marcando passo).

C) ORGANIZAÇÃO DE OPERÁRIOS E ORGANIZAÇÃO DE REVOLUCIONÁRIOS

Se o conceito de luta política, para um social-democrata, engloba o conceito de "luta econômica contra os patrões e contra o governo", é natural esperar que o conceito de "organização de revolucionários" se encontre mais ou menos englobado no conceito "organização de operários". É o que realmente acontece, de modo que, ao falarmos de organização, falamos idiomas literalmente diferentes. Lembro-me como se fosse ontem, por exemplo, de uma conversa que tive certa vez com um "economista" bastante consequente, que eu ainda não conhecia[2]. Tratava-se da brochura *Quem fará a revolução política?*, e nós rapidamente concordamos que seu principal defeito era ignorar a questão da organização. Supúnhamos que éramos solidários um com o outro, mas... a conversa vai caminhando e acaba por revelar que estávamos falando de coisas diferentes. O meu interlocutor acusava o autor de não ter em conta as caixas de greve, as sociedades de socorro mútuo etc.; já eu, por meu turno, tinha em vista a organização dos revolucionários como indispensável para "fazer" a revolução política. E a partir do momento que essa divergência foi revelada, não me recordo de ter me acontecido de alguma vez concordar com esse "economista" sobre qualquer questão de princípio!

Mas em que consistia o motivo de nossas divergências? Nem mais nem menos no fato de os "economistas" se desviarem constantemente da social-democracia para o trade-unionismo, tanto no que se refere às tarefas de organização como às tarefas políticas. A luta política da social-democracia é muito mais ampla e mais complexa do que a luta econômica dos operários contra os patrões e o governo. Do mesmo modo (e como consequência disso), a organização de um partido social-democrata revolucionário deve ser, inevitavelmente, de um *gênero diferente* da organização dos operários para a luta econômica. A organização de operários deve ser, em primeiro lugar, sindical; em segundo lugar, deve ser o mais ampla possível; em terceiro lugar, deve ser o menos clandestina possível (aqui e no que se segue, refiro-me, bem entendido, apenas à Rússia autocrática). Pelo contrário, a organização de revolucionários deve englobar, antes de tudo e sobretudo, pessoas cuja profissão seja a atividade revolucionária (por isso falo de uma organização de *revolucionários*, pensando nos revolucionários social-democratas). Diante dessa característica geral dos membros de uma tal organização, *deve desaparecer por completo toda distinção entre operários e*

---

[2] Trata-se, aparentemente, da primeira entrevista de Lênin com Martínov, em 1901. Martínov descreve a entrevista em suas memórias. (N. E. R. A.)

intelectuais, para já não falar da distinção entre as diferentes profissões de uns e outros. Necessariamente, essa organização não deve ser muito extensa, e é preciso que seja o mais clandestina possível. Vamos nos deter nesses três pontos distintivos.

Nos países que gozam de liberdade política, a diferença entre organização sindical e organização política é perfeitamente clara, como também é clara a diferença entre *trade-unions* e social-democracia. É claro que as relações entre esta última e as *trade-unions* inevitavelmente variam nos diferentes países, segundo as condições históricas, jurídicas, entre outras, podendo ser mais ou menos estreitas, complexas e assim por diante (devem ser, em nossa opinião, o mais estreitas e o menos complexas possível), mas, nos países livres, nem sequer se põe o problema de identificar a organização dos sindicatos com a organização do partido social-democrata. Na Rússia, porém, o jugo da autocracia apaga, à primeira vista, qualquer distinção entre a organização social-democrata e as associações operárias, uma vez que *qualquer* associação operária e *qualquer* círculo estão proibidos, e a greve, principal manifestação e arma de luta econômica dos operários, é considerada em geral um crime de direito penal (por vezes, até mesmo um delito político!). Dessa maneira, as condições da Rússia, por um lado, "incitam" fortemente os operários que lutam no terreno econômico a pensar nas questões políticas, e, por outro, "incitam" os sociais-democratas a confundir o trade-unionismo com a social-democracia (e os nossos Kritchévski, Martínov e cia., que não param de falar sobre a "incitação" do primeiro gênero, não notam a "incitação" do segundo gênero). Com efeito, imaginemos pessoas absorvidas 99% pela "luta econômica contra os patrões e contra o governo". Uns, durante *todo* o período de sua atividade (de quatro a seis meses), não toparão nem sequer uma vez com a questão da necessidade de uma organização mais complexa de revolucionários; outros talvez "topem" com a relativamente bem difundida literatura bernsteiniana, a partir da qual adquirirão a convicção da fundamental importância da "marcha progressiva da cinzenta luta cotidiana". Os terceiros, finalmente, serão seduzidos, talvez, pela ideia tentadora de dar ao mundo um novo exemplo de "estreita ligação orgânica com a luta operária", de ligação do movimento sindical com o movimento social-democrata. Quanto mais tarde chega um país à arena do capitalismo e, por conseguinte, à do movimento operário – poderão refletir essas pessoas –, tanto mais os socialistas podem participar do movimento sindical e prestar-lhe apoio, quanto menos pode e deve haver sindicatos não social-democratas. Até aqui, esse raciocínio é perfeitamente correto, mas o mal é que elas vão mais longe e sonham com uma fusão completa entre a social-democracia e o trade-unionismo. Vamos ver, em seguida, a partir do exemplo dos estatutos da União de Luta de São Petersburgo a influência prejudicial desses sonhos sobre nossos planos de organização.

As organizações operárias para a luta econômica devem ser organizações sindicais. Todo operário social-democrata deve, na medida do possível, apoiar essas organizações e nelas trabalhar ativamente. De acordo. Mas é absolutamente contrário a nossos interesses exigir que só os sociais-democratas possam ser membros das associações "profissionais": isso reduziria nossa influência sobre a massa. Que participe da associação profissional todo operário que compreenda a necessidade da unidade para a luta contra os patrões e o governo. O próprio objetivo das associações profissionais seria inatingível se não unisse todos aqueles a quem é acessível esse degrau, ainda que elementar, de compreensão, se essas associações profissionais não fossem organizações muito *amplas*. E quanto mais amplas forem essas organizações, tanto mais ampla será nossa influência sobre elas, influência exercida não somente pelo desenvolvimento "espontâneo" da luta econômica, mas também pela ação consciente e direta dos membros socialistas das associações sobre seus camaradas. Mas, numa organização ampla, a clandestinidade rigorosa é impossível (pois exige muito mais preparação do que a necessária para participar da luta econômica). Como conciliar essa contradição entre a necessidade de contar com efetivos numerosos e o regime clandestino rigoroso? Como conseguir que as organizações profissionais sejam o menos clandestinas possível? Para isso, falando de modo geral, não pode haver mais do que dois caminhos: ou a legalização das associações profissionais (que em certos países precedeu a legalização das associações socialistas e políticas), ou a manutenção da organização secreta, mas tão "livre", tão pouco formalizada, tão *lose*[3], como dizem os alemães, que para a massa dos membros o regime clandestino fique reduzido a quase nada.

A legalização das associações operárias não socialistas e não políticas já começou na Rússia e não pode restar a menor dúvida de que cada passo de nosso movimento operário social-democrata, que cresce em progressão rápida, multiplicará e encorajará as tentativas de legalização, tentativas realizadas, sobretudo, pelos partidários do regime vigente, mas também, em parte, pelos próprios operários e intelectuais liberais. A bandeira da legalização já foi içada pelos Vassíliev e os Zubátov; os senhores Ózerov e os Worms já prometeram e deram sua assistência, e a nova corrente já encontrou adeptos entre os operários. E nós não podemos deixar de ter em conta essa corrente. Sobre como tê-la em conta, dificilmente pode existir, entre os sociais-democratas, mais do que uma opinião. Nosso dever consiste em desmascarar constantemente toda participação dos Zubátov e dos Vassíliev, dos gendarmes e dos padres nessa corrente, e revelar aos operários as verdadeiras intenções desses elementos. Nosso dever consiste em desmascarar também a nota conciliadora, de "harmonia", que se manifeste nos discursos dos liberais nas reuniões públicas de operários, quer essas notas se devam a que essas pessoas estejam sinceramente convencidas de que é desejável uma colaboração pacífica das classes, quer tenham a intenção de serem bem-vistas pelas autoridades, quer por que sejam simplesmente inábeis. Devemos, enfim, alertar os operários contra as armadilhas da polícia, que frequentemente, nessas reuniões públicas e nas sociedades autorizadas, observa os "mais ardorosos" e procura aproveitar-se das organizações legais para introduzir provocadores também nas ilegais.

Mas fazer tudo isso não significa de modo algum esquecer que, *no fim das contas*, a legalização do movimento operário trará benefícios justamente a nós, e jamais aos Zubátov. Pelo contrário, precisamente com nossa campanha de denúncias, separamos o trigo do joio. Já mostramos qual é o joio. O trigo consiste em fazer interessarem-se pelas questões sociais e políticas setores operários ainda mais amplos e os mais atrasados; em nos libertarmos,

---

[3] Em alemão, no original: livre, ampla. (N. R. T.)

nós, os revolucionários, das funções que são, em essência, legais (difusão de obras legais, socorro mútuo etc.) e cujo desenvolvimento nos dará, infalivelmente, materiais cada vez mais abundantes para a agitação. Nesse sentido, podemos e devemos dizer aos Zubátov e aos Ózerov: esforcem-se, senhores, esforcem-se! Enquanto vocês montam uma armadilha aos operários (ou pela provocação direta ou pela corrupção "honesta" dos operários com a ajuda do "struvismo"), nós vamos tratar de lhes tirar a máscara. Enquanto dão um passo efetivo adiante – mesmo que seja sob a forma do mais "tímido zigue-zague", mas, apesar disso, um passo adiante –, nós lhes diremos: por obséquio! Um passo real adiante pode ser apenas uma ampliação real, ainda que minúscula, do campo de ação dos operários. E qualquer ampliação assim nos trará benefícios e apressará o surgimento de sociedades legais, onde não serão os provocadores que pescarão os socialistas, mas os socialistas que pescarão os seus adeptos. Em resumo, nossa tarefa consiste agora em combater o joio. A nossa tarefa não consiste em semear o trigo em pequenos vasos. Ao arrancar o joio, limpamos o terreno para que o trigo possa crescer. E enquanto os Afanássi Ivánovitch e as Pulkhéria Ivánovna[4] se dedicam ao cultivo doméstico, devemos preparar ceifeiros que hoje saibam arrancar o joio e amanhã ceifar o trigo*.

Assim, nós não podemos, por meio da legalização, *resolver* o problema da criação de uma organização sindical o menos clandestina e o mais ampla possível (mas ficaríamos muito contentes se os Zubátov e os Ózerov nos oferecessem a possibilidade, mesmo parcial, de resolver o problema desse modo – para o que temos de os combater com a maior energia possível!). Resta-nos

---

[4] Afanássi Ivánovitch e Pulkhéria Ivánovna: família patriarcal de pequenos proprietários rurais, descrita na novela *Os proprietários de outrora*, do escritor russo Nikolai V. Gógol. (N. E. P.)

* A luta do *Iskra* contra o joio provocou, por parte da *Rabótcheie Dielo*, essa saída indignada: "Para o *Iskra*, pelo contrário, esses importantes acontecimentos (os da Primavera) são menos característicos do seu tempo do que as miseráveis tentativas dos agentes de Zubátov para 'legalizar' o movimento operário. O *Iskra* não vê que esses fatos falam precisamente contra si e testemunham que o movimento operário tomou, aos olhos do governo, proporções muito ameaçadoras" (*Dois congressos*, p. 27). Quem tem a culpa disso tudo é o "dogmatismo" desses ortodoxos "surdos às exigências imperiosas da vida". Obstinam-se em não ver o trigo de um metro de altura, para fazer guerra contra o joio com um centímetro de altura! Não seria isso uma "deturpação do sentido da perspectiva em relação ao movimento operário russo" (ibidem, p. 27)?

o caminho das organizações sindicais secretas e *devemos* prestar toda a ajuda aos operários que já seguem (segundo sabemos com toda a certeza) por esse caminho. As organizações sindicais podem não só ser extraordinariamente úteis para desenvolver e reforçar a luta econômica, como podem se tornar, além disso, um auxiliar valioso da agitação política e da organização revolucionária. Para chegar a esse resultado, para orientar o movimento sindical nascente na senda desejável para a social-democracia, é preciso, antes de mais nada, compreender bem o absurdo do plano de organização que preconizam já há cerca de cinco anos os "economistas" de Petersburgo. Esse plano foi exposto no "Estatuto da Caixa Operária de Resistência", de julho de 1897 (*Listok "Rabótnika"*, n. 9-10, p. 46, do n. 1 do *Rabótchaia Misl*) e no "Estatuto da Organização Operária Sindical", de outubro de 1900 (boletim especial, impresso em Petersburgo e mencionado no número 1 do *Iskra*). Ambos os estatutos têm um defeito essencial: regulamentam em detalhes uma ampla organização operária e confundem-na com a organização dos revolucionários. Tomemos o segundo estatuto, por ser o mais bem elaborado. Compõem-se de 52 parágrafos: 23 expõem a estrutura, o modo de administração e os limites de competência dos "círculos operários" que serão organizados em cada fábrica ("dez pessoas no máximo") e elegerão os "grupos centrais" (de fábrica). "O grupo central", diz o §2, "observa tudo o que se passa na fábrica e tem a seu cargo a crônica dos acontecimentos." "O grupo central presta contas do estado da caixa, mensalmente, a todos os contribuintes" (§17) etc. São consagrados dez parágrafos à "organização de bairro" e dezenove à complicadíssima relação do Comitê da Organização Operária e do Comitê da União de Luta de São Petersburgo (delegados de cada bairro e dos "grupos executivos" – "grupos de propagandistas, para as relações com as províncias, para as relações com o estrangeiro, para a administração dos depósitos, das edições, da caixa").

A social-democracia = a "grupos executivos" no que se refere à luta econômica dos operários! Seria difícil demonstrar com mais evidência como o pensamento do "economista" se desvia da social-democracia para o trade-unionismo; até que ponto lhe é estranha toda a noção de que o social-democrata deve, acima de tudo, pensar numa organização de revolucionários capazes de dirigir *toda* a luta emancipadora do proletariado. Falar da "emancipação política da classe operária", da luta contra a "arbitrariedade tsarista" e redigir semelhantes estatutos de uma organização é não ter a menor ideia de quais sejam as verdadeiras tarefas políticas da social-democracia. Nem um único parágrafo, de meia centena deles, revela o mínimo de compreensão, por parte dos autores, da necessidade da mais ampla agitação política entre as massas, de uma agitação que lance luz sobre todos os aspectos do absolutismo russo, bem como sobre a fisionomia das diferentes classes sociais da Rússia. E são irrealizáveis não apenas os fins políticos com tais estatutos, mas mesmo os fins trade-unionistas, pois estes exigem uma organização *por profissões*, a qual não se menciona em absoluto.

Contudo o mais característico é, talvez, o peso assombroso de todo esse "sistema" que procura ligar cada fábrica ao "comitê" por intermédio de uma série de regras uniformes, minuciosas até o ridículo, com um sistema eleitoral de três estágios. Encerrado no estreito horizonte do "economismo", o pensamento perde-se em detalhes que cheiram a papelada e burocracia. Na realidade, três quartos dos parágrafos certamente nunca serão aplicados; em contrapartida, uma organização tão "clandestina", com um grupo central em cada fábrica, torna fácil que os gendarmes efetuem ondas de prisões incrivelmente amplas. Os camaradas poloneses já passaram por essa fase do movimento, quando todos se entusiasmaram com a ideia da criação de caixas operárias, mas muito rapidamente desistiram dessa ideia quando se convenceram de que só davam uma colheita abundante aos gendarmes. Se queremos amplas organizações de operários e não amplas ondas de prisões, se não queremos fazer o gosto dos gendarmes, devemos nos esforçar para que essas organizações não sejam formalizadas. Mas elas conseguirão funcionar, então? – Vejamos quais são suas funções: "[...] observar tudo o que se passa na fábrica e fazer a crônica dos acontecimentos" (§2 do Estatuto). Seria absolutamente necessário regulamentar isso? Não seria esse objetivo muito melhor atingido por meio de crônicas na imprensa ilegal, sem necessidade de criar grupos especiais para esse efeito? "Dirigir a luta dos operários pela melhoria de sua situação na fábrica" (§3 do Estatuto). Para isso, também não há nenhuma necessidade de regulamentação. Qualquer agitador mais ou menos sensato saberá averiguar perfeitamente, por meio de uma simples conversa, quais são as reivindicações que os operários querem apresentar; depois saberá transmiti-las a uma organização restrita, e não ampla, de revolucionários que editará uma folha volante apropriada. "Criar uma caixa [...] com uma cotização de dois copeques por rublo" (§9) e mensalmente prestar conta do estado da caixa a todos os contribuintes (§17); excluir os membros que não paguem sua cotização (§10) etc. Eis para a polícia um verdadeiro paraíso, porque não há nada mais fácil do que penetrar no segredo de cada "caixa central de fábrica", confiscar o dinheiro e encarcerar todos os elementos ativos. Não seria mais simples emitir selos de um ou dois copeques, com o carimbo de uma certa organização (muito restrita e muito secreta), ou mesmo sem qualquer carimbo, fazer recolhas de fundos cujos resultados seriam dados a conhecer num jornal ilegal, com uma linguagem convencional? Seriam alcançados os mesmos objetivos e os gendarmes teriam muitíssimo mais trabalho para demarcar as linhas da organização.

Eu poderia continuar essa análise dos estatutos, mas creio já ter dito o bastante. Um pequeno núcleo bem unido, composto por operários de mais confiança, mais experientes e mais aguerridos, com delegados nos principais bairros, e em rigorosa ligação clandestina com a organização de revolucionários poderá perfeitamente, com a mais ampla colaboração da massa e sem nenhuma regulamentação, realizar todas as funções que competem a uma organização sindical e, além disso, realizá-las precisamente da maneira desejável para a social-democracia. Só assim se poderá consolidar e desenvolver, apesar de todos os gendarmes, o movimento sindical social-democrata.

Farão objeções: uma organização tão *lose*, que não está formalizada, sem nenhum membro conhecido e registrado, não pode ser chamada de organização – talvez. Não estou em busca de denominações. Mas essa "organização sem membros" fará tudo o que é necessário e assegurará, desde o início, um contato sólido entre nossas futuras *trade-unions* e o socialismo. Aqueles que, sob o absolutismo, querem uma ampla organização de operários, com eleições, relatórios, sufrágio universal etc., são uns utopistas incuráveis.

A moral aqui é simples: se começarmos por estabelecer de maneira sólida uma forte organização de revolucionários, podemos assegurar a estabilidade do movimento em seu conjunto e atingir, simultaneamente, os objetivos social-democratas e os objetivos propriamente trade-unionistas. Mas se começarmos por constituir uma ampla organização operária com o pretexto de que essa é a mais "acessível" à massa (na realidade, é aos gendarmes que essa organização será mais acessível e colocará os revolucionários mais ao alcance da polícia), não atingiremos estes nem aqueles objetivos, não nos livraremos do caráter artesanal e, com a nossa fragmentação e os nossos fracassos contínuos, estaremos apenas tornando acessíveis à massa as *trade-unions* do tipo Zubátov ou Ózerov.

Em que deve consistir, então, as funções dessa organização de revolucionários? Sobre isso, conversaremos agora em detalhes. Mas examinemos primeiro um raciocínio muito típico de nosso terrorista que, mais uma vez (triste destino!), anda de braços dados com o "economista". A revista para operários *Svoboda* (em seu número 1) contém um artigo intitulado "A organização", cujo autor procura defender seus amigos, os "economistas" operários de Ivánovo-Voznessensk.

> É uma coisa má [diz ele] uma multidão silenciosa, inconsciente; é uma coisa má um movimento que não vem da base. Vejam o que sucede numa cidade universitária: quando os estudantes, na época das festas ou durante o verão, voltam a suas casas, o movimento operário paralisa. Pode ser uma verdadeira força um movimento operário assim, estimulado de fora? De maneira nenhuma [...] Ainda não aprendeu a andar com suas pernas, tem de ser amparado. O mesmo se passa em todos os lugares: os estudantes se vão e vem a paralisia; encarceram-se os elementos mais capazes do creme do leite, a nata; prende-se o "comitê" e, enquanto não se forma um novo, sobrevém mais uma vez a calma. E não se sabe o que será esse novo "comitê"; talvez em nada se pareça com o antigo; aquele dizia uma coisa, este dirá o contrário; a ligação entre o ontem e o amanhã está quebrada; a experiência do passado não beneficia o futuro, e tudo porque o movimento não tem raízes profundas na multidão; porque não são uma centena de patetas, mas uma dezena de homens inteligentes que faz o trabalho. E uma dezena de homens cai sempre facilmente na boca do lobo; mas, quando a organização engloba a multidão, quando tudo vem da multidão, é impossível destruir a causa. (*Svoboda*, n. 1, p. 63)

Os fatos descritos estão corretos. Um belo quadro de nosso caráter artesanal. Mas as conclusões, por sua falta de lógica e de tato político, são dignas do *Rabótchaia Misl*. É o cúmulo da falta de lógica porque o autor confunde o problema filosófico e histórico-social das "profundas raízes" do movimento com uma questão técnica de organização como é a da luta mais eficaz contra os gendarmes. É o cúmulo da falta de tato político porque, em vez de apelar para os bons dirigentes contra os maus dirigentes, o autor apela para a "multidão" contra os dirigentes em geral. Essa é, pois, a mesma tentativa de nos arrastar para trás no que se refere à organização, do mesmo modo que a ideia de substituir a agitação política pelo terror excitante nos faz retroceder no sentido político. Na verdade, encontro-me perante um verdadeiro *embarras de richesses*[5], sem saber por onde começar a análise da confusão que nos é oferecida pelo *Svoboda*. Para maior clareza, começarei por um exemplo. Tomemos os alemães. Vocês não negarão, espero, que a sua organização engloba a multidão, que entre eles tudo vem da multidão, que o movimento operário aprendeu a andar sozinho. Entretanto, como essa multidão de vários milhões sabe apreciar sua "dezena" de chefes políticos experientes, quão firmemente adere a eles! Mais de uma vez, no Parlamento, os deputados de partidos adversários têm procurado provocar os socialistas dizendo-lhes: "Belos democratas! O movimento da classe operária existe entre vocês apenas em palavras; na prática, é sempre o mesmo grupo de dirigentes que se mostra. Há anos, há dezenas de anos, são sempre o mesmo Bebel e o mesmo Liebknecht! Seus delegados de operários, pretensamente eleitos, são mais intocáveis que os funcionários nomeados pelo imperador!". Mas os alemães sempre acolheram com um sorriso de desprezo essas tentativas demagógicas de opor a "multidão" aos "dirigentes", de despertar-lhe maus instintos de vaidade, de privar o movimento de solidez e estabilidade, minando a confiança que a massa sente por "uma dezena de sábios". Os alemães atingiram já suficiente desenvolvimento político, têm suficiente experiência política para compreender que, sem "uma dezena" de dirigentes talentosos (e os talentos não surgem às centenas), de dirigentes provados, profissionalmente preparados e instruídos por uma longa prática e bem unidos entre si, não é possível, na sociedade contemporânea, a luta firme de nenhuma classe. Também os

---

[5] Em francês, no original: dificuldade devida à abundância. (N. R. T.)

alemães tiveram seus demagogos, que adulavam as "centenas de estúpidos", colocando-as acima das "dezenas de sábios"; que bajulavam o "punho poderoso" da massa, empurravam (como Most ou Hasselmann) essa massa para ações "revolucionárias" precipitadas e semeavam a desconfiança em relação a dirigentes firmes e inabaláveis. E foi graças unicamente a uma luta tenaz e intransigente contra os elementos demagógicos de toda a espécie instalados em seu interior que o socialismo alemão cresceu e se fortaleceu. E nesse período em que toda a crise da social-democracia russa se explica pelo fato de as massas, que despertam espontaneamente, não terem dirigentes suficientemente preparados, inteligentes e experimentados, os nossos sabichões dizem-nos com uma ingenuidade digna de um Ivanuchka[6]: "É ruim quando um movimento não vem de baixo!".

"Um comitê de estudantes não serve, é instável." Absolutamente correto! Mas aqui a conclusão é de que é necessário um comitê de revolucionários *profissionais*, tanto fazendo se será um estudante ou um operário que se desenvolverá como um revolucionário profissional. A conclusão de vocês é de que não é necessário estimular do exterior o movimento operário! Em sua ingenuidade política, nem sequer se dão conta de que estão fazendo o jogo dos nossos "economistas" e do nosso caráter artesanal. Como é que nossos estudantes, permitam-me perguntar, "estimularam" nossos operários? *Unicamente* com os estudantes levando aos operários os fragmentos de conhecimentos políticos que eles próprios tinham, os fragmentos de ideias socialistas que eles adquiriram (porque o principal alimento espiritual do estudante de nossos dias, o marxismo legal, não lhes pode oferecer mais do que as primeiras letras, mais do que fragmentos). E *esse* "estímulo de fora" não foi muito considerável, mas, pelo contrário, foi insignificante, escandalosamente insignificante em nosso movimento, pois nós nos cozinhamos com demasiada diligência em nosso próprio molho, nos prostramos com demasiado servilismo diante da elementar "luta econômica dos operários contra os patrões e contra o governo". Nós,

---

[6] Referência à personagem Ivanuchka, da fábula "A irmãzinha Alionuchka e o irmãozinho Ivanuchka". (N. R. T.)

revolucionários de profissão, devemos dedicar-nos cem vezes mais a *esses* "estímulos", e nos dedicaremos. Mas justamente porque escolheram essa odiosa expressão "estímulo de fora", que inevitavelmente provoca no operário (pelo menos no operário tão pouco desenvolvido quanto vocês) a desconfiança em relação a *todos* os que lhe trazem de fora conhecimentos políticos e experiência revolucionária, e que desperta nele o desejo instintivo de repelir *todas* as pessoas assim; vocês agem como *demagogos*, e os demagogos são os piores inimigos da classe operária.

Sim, sim! E não se apressem em gritar contra meus "procedimentos" polêmicos "sem espírito de camaradagem"! Não tenho dúvidas quanto à pureza de suas intenções; já disse que a ingenuidade política por si só também pode converter uma pessoa em demagogo. Mas eu demonstrei que vocês caíram ao nível da demagogia. E nunca me cansarei de repetir que os demagogos são os piores inimigos da classe operária. São os piores porque excitam os maus instintos da multidão, e porque é impossível aos operários atrasados reconhecer esses inimigos, que se apresentam, às vezes sinceramente, na qualidade de amigos. São os piores porque, nesse período de dispersão e de vacilação, em que a fisionomia de nosso movimento ainda está a se formar, não há nada mais fácil que arrastar demagogicamente a multidão, a qual só as provações mais amargas poderão depois convencer de seu erro. Eis porque, nesse momento, a palavra de ordem para os sociais-democratas russos deve ser a de combater resolutamente tanto o *Svoboda*, caído ao nível da demagogia, quanto a *Rabótcheie Dielo*, caída ao nível da demagogia (sobre isso, falaremos mais detalhadamente adiante)*.

"É mais fácil pescar uma dezena de sábios que uma centena de tolos." Essa verdade magnífica (que lhes trará sempre os aplausos de uma centena de tolos) parece evidente apenas porque, no curso de seu raciocínio, pularam de uma questão a outra. Vocês começaram a falar, e continuam falando, da captura do "comitê", da captura da "organização", e agora pularam para

---

* Só faremos notar aqui que tudo quanto dissemos em relação ao "estímulo de fora" e a todos os demais raciocínios do *Svoboda* sobre a organização refere-se inteiramente a todos os "economistas", incluindo os partidários da *Rabótcheie Dielo*, porque ou preconizaram e apoiaram ativamente esses mesmos pontos de vista sobre as questões de organização, ou se desviaram na sua direção.

a questão da captura das "raízes profundas" do movimento. Naturalmente, nosso movimento é indestrutível só porque tem centenas e centenas de milhares de raízes profundas, mas não é disso que se trata em absoluto. No que se refere a nossas "raízes profundas", não podem "nos capturar" nem mesmo agora, apesar de todo nosso caráter artesanal, e, ademais, todos repudiamos e não podemos deixar de repudiar a captura das *"organizações"*, que destrói toda a continuidade no movimento. Mas, uma vez que colocam a questão da captura das organizações e insistem em discuti-la, direi a vocês que é muito mais difícil pescar uma dezena de sábios que uma centena de tolos. E continuarei a defender essa posição, não importa quanto vocês incitem a multidão contra o meu "espírito antidemocrático" etc. Por "sábios", em matéria de organização, deve-se compreender, como o indiquei em várias ocasiões, apenas os *revolucionários profissionais*, tanto faz se foram forjados de estudantes ou operários. E eis que afirmo: 1) não pode haver movimento revolucionário sólido sem uma organização estável de dirigentes, que assegure a continuidade; 2) quanto mais extensa for a massa espontaneamente integrada à luta, que constitua a base do movimento e que dele participe, mais premente será a necessidade de semelhante organização e mais sólida ela deverá ser (pois será mais fácil a qualquer demagogo arrastar as camadas não desenvolvidas da massa); 3) tal organização deve ser formada, fundamentalmente, por pessoas entregues profissionalmente às atividades revolucionárias; 4) num país autocrático, quanto mais restringirmos o contingente dos membros de uma organização desse tipo, a ponto de não incluir nela senão os filiados que se ocupem profissionalmente de atividades revolucionárias e que tenham já uma preparação profissional na arte de lutar contra a polícia política, mais difícil será "pescar" essa organização e 5) maior será o número de pessoas, tanto da classe operária como das demais classes da sociedade, que poderão participar do movimento e colaborar com ele ativamente.

Convido nossos "economistas", terroristas e "economistas terroristas"* a refutar essas teses, das quais, aqui, me deterei nas duas últimas. A questão

---

* Esse termo seria talvez mais correto que o precedente, no que se refere ao *Svoboda*, porque em *O renascimento do revolucionarismo* defende-se o terrorismo e, no artigo em foco, o "economismo". "Estão verdes, não prestam..." pode-se dizer, em geral, do *Svoboda*. O *Svoboda* tem excelentes aptidões e as sobre se é mais fácil pescar uma "dezena de sábios" que uma "centena de tolos" se reduz ao problema que analisei anteriormente, de saber se uma organização de massas é compatível com a necessidade de manter um rigoroso regime clandestino. Jamais poderemos colocar uma organização ampla em alto nível de clandestinidade, sem a qual nem sequer se pode falar de uma luta firme e contínua contra o governo. E a concentração de todas as funções clandestinas nas mãos do menor número possível de revolucionários profissionais não significa, de maneira alguma, que estes últimos "pensarão por todos", que a multidão não tomará parte ativa no *movimento*. Pelo contrário, a multidão fará surgir de seu seio um número cada vez maior de revolucionários profissionais, porque então saberá que não basta que alguns estudantes e operários que lutam no terreno econômico se reúnam para constituir um "comitê", mas que é necessário, ao longo dos anos, educar-se como revolucionários profissionais, e "pensará" não somente no caráter artesanal, mas precisamente nessa formação. A centralização das funções clandestinas da organização não implica, de maneira alguma, a centralização de todas as funções do *movimento*. A colaboração ativa das mais amplas massas na literatura ilegal, longe de *diminuir*, *se intensificará* quando uma "dezena" de revolucionários profissionais centralizar as funções clandestinas dessa atividade. Assim, e só assim, conseguiremos que a leitura da literatura ilegal, a colaboração nela e até mesmo, em certa medida, a sua difusão *deixem quase de ser uma obra clandestina*, pois a polícia compreenderá rapidamente quão absurdas e impossíveis são as perseguições judiciais e administrativas por causa de cada exemplar de publicações distribuídas em milhares de exemplares. E isso é válido não só para a imprensa, mas também para todas as funções do movimento, inclusive as manifestações. A participação não só não ficará prejudicada, mas, pelo contrário, terá muito mais probabilidade de êxito se uma "dezena"

> melhores intenções e, apesar disso, não obteve outro resultado senão confusão; confusão principalmente porque, defendendo a continuidade da organização, o *Svoboda* em nada quer saber da continuidade do pensamento revolucionário e da teoria social-democrata. Esforçar-se para ressuscitar o revolucionário profissional (*O renascimento do revolucionarismo*) e propor para isso, primeiro, o terror excitante e, em seguida, a "organização dos operários médios" (*Svoboda*, n. l, p. 66 e ss.), o menos possível "estimulados de fora", é, na verdade, demolir a própria casa para obter lenha para aquecê-la.

de revolucionários profissionais, provados, bem preparados, pelo menos tão bem quanto é nossa polícia, centralizar todos os aspectos clandestinos: edição de panfletos, elaboração do plano aproximado, nomeação de um grupo de dirigentes para cada bairro da cidade, cada zona fabril, cada estabelecimento de ensino etc. (sei que dirão que minhas concepções "não são democráticas", mas responderei em pormenor mais adiante a essa objeção nada inteligente). A centralização das funções mais clandestinas pela organização dos revolucionários não debilitará, antes reforçará, a amplitude e o conteúdo da atividade de uma grande quantidade de outras organizações destinadas ao grande público e, por consequência, o menos regulamentadas e o menos clandestinas possível: sindicatos operários, círculos operários autodidatas e de leitura de publicações ilegais, círculos socialistas, bem como círculos democráticos para todos os outros setores da população, e assim por diante. Esses círculos, sindicatos e organizações são necessários por toda a parte; é preciso que sejam *o mais amplos* em número e com as mais variadas funções, mas é absurdo e prejudicial *confundir* essas organizações com a organização dos *revolucionários*, apagar as fronteiras que existem entre elas, extinguir na massa a consciência, já de si incrivelmente obscurecida, de que para "servir" um movimento de massas é necessário dispor de pessoas que se consagrem especial e inteiramente à ação social-democrata, e que esses homens devem se forjar com paciência e tenacidade até se converterem em revolucionários profissionais.

Sim, essa consciência está incrivelmente obscurecida. Nosso erro principal em matéria de organização consiste em que, *com nosso caráter artesanal, comprometemos o prestígio dos revolucionários na Rússia*. Um revolucionário frouxo, vacilante nas questões teóricas, de horizontes limitados, que justifica sua inércia com a espontaneidade das massas, mais parecido com um secretário de *trade-union* que com um tribuno do povo, sem um plano audacioso e de grande alcance que imponha respeito até a seus adversários, inexperiente e inábil em sua arte profissional (a luta contra a polícia política), não é, perdoem-me, um revolucionário, mas um pobre artesão.

Que nenhum prático se ofenda com esse duro epíteto, pois, no que se trata da falta de preparação, eu o aplico antes de tudo a mim mesmo.

Trabalhei num círculo[7] que se colocava tarefas amplas e multilaterais, e todos nós, membros do círculo, sofremos penosamente a dor da consciência de sermos artesãos num momento histórico em que, parafraseando a velha máxima, se poderia dizer: dê-nos uma organização de revolucionários e revolucionaremos a Rússia! E quanto mais frequentemente desde então tive de recordar o agudo sentimento de vergonha que experimentei na época, tanto mais aumentou em mim a amargura sentida contra esses pseudossociais-democratas, cuja propaganda "desonra a dignidade de revolucionário", e que não compreendem que nossa tarefa não consiste em defender que o revolucionário seja rebaixado ao nível de artesão, mas *elevar* o artesão ao nível do revolucionário.

D) A AMPLITUDE DO TRABALHO ORGANIZATIVO

Como vimos anteriormente, B-v fala da "escassez de forças revolucionárias aptas à ação, escassez que se faz sentir não só em Petersburgo, mas em toda a Rússia". E dificilmente alguém contestará esse fato. Mas a questão é: como explicá-lo? B-v escreve:

> Não vamos procurar esclarecer as razões históricas desse fenômeno; diremos somente que, desmoralizada por uma reação política prolongada e desarticulada por mudanças econômicas que se processaram e ainda se processam, a sociedade promove um *número extremamente reduzido de pessoas aptas ao trabalho revolucionário*; que a classe operária, destacando revolucionários operários, completa em parte as fileiras das organizações clandestinas, mas que o número desses revolucionários não responde às exigências da época. Tanto mais que o operário, ocupado onze horas e meia por dia na fábrica, só pode, por sua situação, desempenhar principalmente funções de agitador, enquanto a propaganda e a organização, a distribuição e a reprodução de literatura clandestina, a publicação de proclamações etc., estão, em sua maior parte, quer se queira ou não, a cargo de forças intelectuais extremamente reduzidas. (*Rabótcheie Dielo*, n. 6, p. 38-9)

---

[7] Lênin refere-se ao círculo dos sociais-democratas de Petersburgo (os "velhos") encabeçado por ele. Foi com base nesse círculo que se fundou, em 1895, a União de Luta pela Emancipação da Classe Operária. (N. E. R.)

Não estamos de acordo em muitos pontos com essa opinião de B-v; e, sobretudo, não estamos de acordo com as palavras sublinhadas por nós, as quais mostram, com singular relevo, que, depois de muito ter sofrido (como qualquer militante prático de algum modo pensante) por causa de nosso caráter artesanal, B-v não pôde encontrar, subjugado como está pelo "economismo", uma saída para essa situação intolerável. Não, a sociedade fornece um número extremamente *grande* de pessoas aptas à "causa", mas nós não sabemos utilizá-las todas. Nesse sentido, o estado crítico, o estado de transição de nosso movimento, pode ser formulado assim: *não tem gente e tem uma massa de gente*. Tem uma massa de gente porque tanto a classe operária quanto os cada vez mais variados setores da sociedade fornecem, todos os anos, um número sempre maior de descontentes, que querem protestar, que estão dispostos a cooperar com o que puderem na luta contra o absolutismo – cujo caráter insuportável, se não é ainda notado por todos, já é sentido por massas cada vez mais extensas e de forma cada vez mais aguda. Mas, ao mesmo tempo, não tem gente, porque não tem dirigentes, não tem líderes políticos, não tem talentos organizadores capazes de organizar um trabalho simultaneamente amplo e unificado, coordenado, que permita utilizar todas as forças, mesmo as mais insignificantes. "O crescimento e o desenvolvimento das organizações revolucionárias" estão atrasados não só em relação ao crescimento do movimento operário, como reconhece também B-v, mas, ainda, em relação ao crescimento do movimento democrático geral em todos os setores do povo. (Aliás, é provável que isso fosse reconhecido hoje por B-v, como complemento de sua conclusão.) A amplitude do trabalho revolucionário é demasiado reduzida quando comparada à ampla base espontânea do movimento, está demasiado abafada pela pobre teoria da "luta econômica contra os patrões e contra o governo". Entretanto, hoje, não só os agitadores políticos, mas também os organizadores social-democratas têm de "ir a todas as classes da população"*. Não creio que haja um único militante

---

* Entre os militares, por exemplo, observa-se ultimamente uma inegável reanimação do espírito democrático, em parte como consequência dos combates de rua, cada vez mais frequentes, com "inimigos" como os operários e os estudantes. E, desde que as nossas forças o permitam, devemos prestar sem falta a mais séria atenção à propaganda e à agitação entre os soldados e os oficiais, à criação de "organizações militares" filiadas no nosso partido.

prático que duvide de que os sociais-democratas possam repartir as mil funções fragmentárias de seu trabalho de organização entre os diferentes representantes das classes mais diversas. A falta de especialização é um dos mais graves defeitos de nossa técnica, que B-v deplora com tanta amargura e com tanta razão. Quanto menores forem as diversas "operações" do trabalho geral, tanto mais pessoas poderão se tornar capazes de executá-las (e completamente incapazes, na maioria dos casos, de serem revolucionários profissionais), tanto mais difícil será para a polícia "pescar" todos esses "militantes com funções parciais" e tanto mais difícil será montar, a partir da captura de uma pessoa por qualquer ninharia, um "processo" que justifique os gastos do Estado com a "segurança". E no que diz respeito ao número de pessoas dispostas a colaborar conosco, já dissemos no capítulo anterior qual foi a mudança gigantesca que se operou a esse respeito nos últimos cinco anos. Por outro lado, também para agrupar num todo único todas essas pequenas frações, para não fragmentar com as funções do movimento o próprio movimento e para inspirar ao executante das pequenas funções a fé na necessidade e no valor de seu trabalho, sem a qual nunca trabalhará*, para tudo isso é necessária, precisamente, uma forte organização de revolucionários experientes. Com tal organização, a fé na força do partido se tornará tanto mais firme e tanto mais extensa quanto mais clandestina for a organização; pois na guerra, é caso conhecido, o mais importante é inspirar confiança em suas próprias forças não só ao próprio Exército, mas também ao

---

* Lembro-me como um camarada me contou certa vez que um inspetor de fábrica, que queria ajudar a social-democracia e a ajudou, queixava-se amargamente, dizendo que não sabia se as suas "informações" chegavam até um verdadeiro centro revolucionário, não sabia até que ponto a sua colaboração era necessária, nem até que ponto era possível utilizar os seus pequenos e miúdos serviços. Qualquer militante prático poderia citar, naturalmente, muitos casos semelhantes, em que o nosso caráter artesanal nos fez perder aliados. E os empregados e os funcionários poderiam nos prestar e nos prestariam "pequenos" serviços que, no conjunto, seriam de um valor inestimável, não só nas fábricas, mas nos correios, nas ferrovias, nas alfândegas, na nobreza, no clero e em *todas* as outras instituições, mesmo na polícia e até na corte! Se já contássemos com um verdadeiro partido, com uma organização verdadeiramente combativa de revolucionários, não nos precipitaríamos a expor todos esses "auxiliares", não teríamos pressa em levá-los sempre e necessariamente para o próprio coração da ação "clandestina"; nós os trataríamos com muito cuidado e, pelo contrário, prepararíamos mesmo pessoas para essas funções, recordando que muitos estudantes poderiam ser muito mais úteis ao partido como funcionários "auxiliares" do que como revolucionários "no curto prazo". Mas – de novo repito – somente uma organização já perfeitamente sólida, à qual não faltam forças ativas, tem o direito de aplicar essa tática.

inimigo e a todos os elementos *neutros*; uma neutralidade amistosa pode, às vezes, decidir o caso. Com tal organização, construída sobre uma base teórica firme e contando com um órgão social-democrata, não haverá motivo para recear que o movimento seja desviado de seu caminho pelos numerosos elementos "estranhos" que a ele tenham aderido (pelo contrário, justamente agora, quando predomina o trabalho artesanal, vemos como muitos sociais-democratas, julgando-se os únicos verdadeiros sociais-democratas, desviam o movimento para a linha do *Credo*). Em resumo, a especialização pressupõe necessariamente a centralização e, por sua vez, exige-a incondicionalmente.

Mas o próprio B-v, que tão bem mostrou toda a necessidade da especialização, não a aprecia o bastante, em nossa opinião, na segunda parte do raciocínio citado. Segundo ele, o número de revolucionários procedentes dos meios operários é insuficiente. Essa observação é perfeitamente correta, e sublinhamos, uma vez mais, que a "valiosa informação de um observador direto" confirma plenamente nossa opinião sobre as causas da crise que a social-democracia atravessa atualmente e, consequentemente, sobre os processos para curá-la. Não só os revolucionários, em geral, estão atrasados em relação à ascensão espontânea das massas, mas os próprios operários revolucionários estão atrasados em relação à ascensão espontânea das massas operárias. E esse *fato* confirma do modo mais evidente, até do ponto de vista "prático", não só o absurdo, mas também o caráter *político reacionário* da "pedagogia" com que somos com tanta frequência agraciados quando se discutem nossos deveres em relação aos operários. Esse fato testemunha que a primeira e mais imperiosa de nossas obrigações é contribuir para a formação de operários revolucionários que, *do ponto de vista de sua atividade no partido*, estejam no mesmo nível dos revolucionários intelectuais (destacamos: do ponto de vista de sua atividade no partido, porque, em outros aspectos, não é, longe disso, tão fácil nem tão urgente, embora necessário, que os operários lhes cheguem ao mesmo nível). Por isso, nossa atenção deve voltar-se *principalmente* para *elevar* os operários ao nível dos revolucionários e não para *descermos* nós próprios infalivelmente ao nível da "massa operária", como querem os "economistas", e infalivelmente ao nível do "operário médio", como quer o *Svoboda* (que, nesse aspecto, passa ao segundo grau da "pedagogia" economista). Estou longe de pensar em negar a necessidade de uma literatura popular para os operários e de outra literatura particularmente popular (mas não vulgar, bem entendido) para os operários particularmente atrasados. Mas o que me indigna é essa constante mistura da pedagogia com as questões políticas, com as questões de organização. Isso porque vocês, senhores campeões do "operário médio", em essência, ofendem os operários com esse desejo de *se curvar* antes de lhes falar de política operária ou de organização operária. Então, coloquem-se a falar de coisas sérias e deixem a pedagogia aos pedagogos, e não aos políticos e organizadores! Por acaso não haveria também entre os intelectuais elementos avançados, elementos "médios" e "as massas"? Por acaso, não se reconheceria a necessidade de uma literatura popular para a *intelligentsia* e que essa literatura não está sendo escrita? Mas apenas imaginem que, num artigo sobre a organização dos estudantes universitários ou secundaristas, o autor, num tom de quem faz uma descoberta, começa a repisar que o que falta, antes de mais nada, é uma organização de "estudantes médios". Tal autor seria, com certeza, e com toda a razão, ridicularizado. Sim, diriam a ele, dê-nos você, se é que as têm, algumas ideiazinhas sobre organização, e nós próprios já veremos quem é "médio", superior ou inferior. Mas se não tem ideias *próprias* sobre organização, todo seu palavreado sobre a "massa" e sobre os "elementos médios" será simplesmente entediante. Compreenda, pois, de uma vez por todas, que as questões de "política" e de "organização" são por si só tão sérias que não se pode falar delas senão com extrema seriedade: pode-se e deve-se *preparar* os operários (assim como os estudantes universitários e secundaristas) para *poder abordar* perante eles essas questões, mas, uma vez que forem abordadas, dê respostas verdadeiras, não retroceda para os "elementos médios" ou para a "massa", não escape com frases e anedotas*.

Para preparar-se plenamente para seu trabalho, o operário revolucionário deve converter-se também num revolucionário profissional. É por isso

---

* "A organização", *Svoboda*, n. 1, p. 66: "A massa operária apoiará com todo o seu peso todas as reivindicações que forem formuladas em nome do Trabalho da Rússia". (Não podia deixar de ser! Trabalho com maiúscula!) E o mesmo autor exclama: "Não sinto nenhuma hostilidade pelos intelectuais, mas..." (é este o mas que Schedrin traduziu pelo ditado: acima da testa não crescem as orelhas!) "... mas fico terrivelmente furioso quando uma pessoa me vem dizer uma série de coisas muito boas e muito bonitas e exige que as aceite pela sua [dele?] beleza e outros méritos" (p. 62). Sim, também eu "fico terrivelmente furioso"...

que B-v não tem razão quando diz que, pelo fato de o operário estar ocupado onze horas e meia na fábrica, as outras funções revolucionárias (salvo a agitação) "estão *involuntariamente* a cargo de um número extremamente reduzido de intelectuais". Isso não acontece "involuntariamente", mas como consequência de nosso atraso, porque não compreendemos que é nosso dever ajudar todo operário que se distinga por suas capacidades a tornar-se um agitador, organizador, propagandista, distribuidor etc. etc. *profissional*. Nesse aspecto, desperdiçando vergonhosamente nossas forças, não sabemos cuidar do que tem de ser cultivado e desenvolvido com particular solicitude. Vejam os alemães: eles têm cem vezes mais forças que nós, mas compreendem perfeitamente que os operários "médios" não fornecem com muita frequência agitadores etc. verdadeiramente capazes. Por isso, procuram colocar imediatamente qualquer operário capaz em condições que lhe permitam desenvolver plenamente e aplicar plenamente suas aptidões: fazem dele um agitador profissional, encorajam-no a ampliar seu campo de ação, a estendê-lo de uma fábrica a toda uma profissão, de uma localidade a todo o país. Ele adquire experiência e perícia profissional, alarga seu horizonte e seus conhecimentos, observa de perto os dirigentes políticos eminentes de outras localidades e de outros partidos, esforça-se para elevar-se ao nível deles e para reunir em si o conhecimento do meio operário e o vigor das convicções socialistas com a competência profissional, sem a qual o proletariado *não pode* travar uma luta tenaz contra inimigos perfeitamente treinados. É assim, e só assim, que surgem da massa operária os Bebel e os Auer. Mas o que num país politicamente livre se faz em grande parte por si só, entre nós deve ser realizado sistematicamente por nossas organizações. Todo agitador operário que tenha algum talento, que "prometa", não deve trabalhar onze horas na fábrica. Devemos encontrar uma maneira para que ele viva por conta do partido, para que possa passar à clandestinidade no momento preciso, mudar seu local de atuação, porque de outro modo não adquirirá grande experiência, não alargará seu horizonte, não poderá se manter nem sequer alguns anos na luta contra os gendarmes. Quanto mais ampla e mais profunda for a ascensão espontânea das massas operárias, tanto mais estas destacam não só agitadores talentosos, mas também organizadores, propagandistas e militantes "práticos" de talento, "práticos" no melhor sentido da palavra (que são tão escassos entre nossos intelectuais, na maior parte um pouco apáticos e descuidados à maneira russa). Quando tivermos destacamentos de operários revolucionários (e, bem entendido, revolucionários de "todas as armas") especialmente preparados por uma longa aprendizagem, nenhuma polícia política do mundo poderá acabar com eles, porque esses destacamentos de pessoas dedicadas abnegadamente à revolução contarão igualmente com a confiança abnegada das mais amplas massas operárias. E essa é nossa *culpa* direta, que "empurramos" bastante pouco os operários para esse caminho que é comum a eles e aos "intelectuais", para o caminho da aprendizagem revolucionária profissional, puxando-os com demasiada frequência para trás com nossos estúpidos discursos sobre o que é "acessível" à massa operária, aos "operários médios" etc.

Nesse aspecto, como nos demais, a reduzida amplitude do trabalho de organização está indiscutível e intimamente relacionada (embora a imensa maioria dos "economistas" e dos militantes práticos novatos não o reconheçam) com a redução do alcance de nossa teoria e de nossas tarefas políticas. O culto da espontaneidade dá origem a uma espécie de receio de nos afastarmos, nem que seja um passo, do que é "acessível" às massas, um receio de subir alto demais, acima da simples satisfação de suas necessidades diretas e imediatas. Não tenham medo, senhores! Lembrem-se de que em matéria de organização nós nos encontramos num nível tão baixo que é até absurda a própria ideia de que possamos subir alto demais!

E) ORGANIZAÇÃO "CONSPIRATIVA" E "DEMOCRATISMO"

E há entre nós muitas pessoas tão sensíveis à "voz da vida" que, acima de tudo, temem precisamente isso, acusando os que mantêm as opiniões anteriormente expostas de compartilharem as ideias do "narodinismo"[8], de não compreenderem a "democracia" e assim por diante. Temos de nos

---

[8] Em russo, *народничество/naródnitchestvo*, também chamado de "populismo", é o termo usado para designar o movimento da organização Naródnaia Vólia. Seus membros ficaram conhecidos entre nós como *naródniki* ou "populistas". (N. R. T.)

deter nessas acusações que, como é natural, são também apoiadas pela *Rabótcheie Dielo*.

O autor destas linhas sabe muito bem que os "economistas" de Petersburgo já acusavam o *Rabótchaia Gazeta* de compartilhar as ideias do "narodinismo" (o que é compreensível ao se compará-la com o *Rabótchaia Misl*). Não ficamos nada surpresos, portanto, quando, depois do aparecimento do *Iskra*, um camarada nos informou que os sociais-democratas da cidade X classificavam o *Iskra* como um órgão "narodinista". Naturalmente, essa acusação era para nós um elogio, pois qual é o social-democrata digno desse nome a quem os "economistas" não tenham feito a mesma acusação?

Essas acusações devem-se a uma dupla confusão. Em primeiro lugar, a história do movimento revolucionário é tão precariamente conhecida entre nós que toda a ideia de uma organização de combate centralizada que declara uma guerra decidida ao tsarismo é chamada de "narodinista". Mas aquela esplêndida organização que os revolucionários da década de 1870 tinham, e que a todos nós deve servir de modelo, foi criada não pelos *naródniki*, mas pelos *zemlevóltsi*, que se cindiram em *tchernoperedéltsi* e *naródniki*[9]. Dessa maneira, é absurdo, histórica e logicamente, ver numa organização revolucionária de combate alguma coisa especificamente própria do narodinismo, porque *qualquer* tendência revolucionária, se pensa realmente numa luta séria, não pode prescindir de tal organização. O erro dos *naródniki* não foi o de procurar integrar todos os descontentes a sua organização e orientá-la para uma luta decidida contra a autocracia. Nisso consiste, inversamente, seu

---

[9] *Zemlevóltsi* foi como ficaram conhecidos os membros da Земля и Воля/Zemliá i Vólia [Terra e Liberdade], organização secreta dos populistas revolucionários, fundada em Petersburgo no outono de 1876. Consideravam os camponeses a força revolucionária fundamental da Rússia, procuraram sublevá-los contra o tsarismo; realizaram trabalho revolucionário em diversas províncias da Rússia: Tambov, Vorónej e outras. Devido ao fracasso do trabalho revolucionário entre os camponeses e à violência da repressão governamental, surgiu em 1879, no interior da Zemliá i Vólia, uma fração de terroristas que renunciaram à propaganda revolucionária entre os camponeses e consideravam que o principal meio de luta contra o tsarismo era o terror contra os membros do governo tsarista. No congresso realizado naquele ano em Vorónej, a Zemliá i Vólia cindiu-se em duas organizações: a Naródnaia Vólia, que se lançou na via do terror, e Чёрный Передéл/Tchórny Péredel [Partilha Negra], que manteve as posições da Zemliá i Vólia. Mais tarde, uma parte dos partidários da Tchórny Péredel (Plekhánov, Axelrod, Zassúlitch, Deutsch, Ignátov) adotaram as posições do marxismo e, em 1883, no estrangeiro, criaram a primeira organização russa marxista, o grupo Osvobojdiénie Truda. (N. E. P.)

grande mérito histórico. Já seu erro consistiu em ter se baseado numa teoria que, na realidade, não era de modo algum uma teoria revolucionária e não ter sabido ou podido estabelecer uma ligação firme entre seu movimento e a luta de classes no interior da sociedade capitalista em desenvolvimento. E só a mais grosseira incompreensão do marxismo (ou sua "compreensão" no sentido do "struvismo") pôde levar à opinião de que o surgimento de um movimento operário espontâneo de massas nos *exime* da obrigação de criar uma organização de revolucionários tão boa quanto a dos *zemlevóltsi*, ou até incomparavelmente melhor. Pelo contrário, esse movimento nos *impõe* justamente essa obrigação, pois a luta espontânea do proletariado não se transformará na sua verdadeira "luta de classes" enquanto não for dirigida por uma sólida organização de revolucionários.

Em segundo lugar, muitos – e entre eles, pelo visto, B. Kritchévski (*Rabótcheie Dielo*, n. 10, p. 18) – não compreendem bem a polêmica que os sociais-democratas sempre sustentaram contra a concepção da luta política como uma luta "conspirativa". Nós nos rebelamos e, é claro, sempre nos rebelaremos contra o *estreitamento* da luta política às dimensões de uma conspiração*, mas isso, é claro, não significava de modo algum negar a necessidade de uma sólida organização revolucionária. Assim, por exemplo, na brochura mencionada em nota encontra-se, ao lado da polêmica contra aqueles que querem reduzir a luta política a uma conspiração, o esquema de uma organização (como ideal dos sociais-democratas) suficientemente sólida para poder, "com o objetivo de acertar um golpe decisivo no absolutismo", recorrer tanto à "insurreição" como a qualquer "outra forma de ataque"**. Por sua *forma*, uma organização revolucionária tão sólida num país autocrático

---

* Ver em *As tarefas dos sociais-democratas russos* (p. 21) a polêmica com Piotr L. Lavrov [em Vladímir Ilitch Lênin, *Sotchinénia*, cit., t. 2, p. 459-60 – N. E. R.].

** Ver *As tarefas dos sociais-democratas russos*, p. 23 [em Vladímir Ilitch Lênin, *Sotchinénia*, cit., t. 2, p. 461 – N. E. R.]. Eis mais um exemplo de que a *Rabótcheie Dielo* ou não compreende o que diz ou muda de opinião segundo "o vento que sopra". No número 1 da *Rabótcheie Dielo* diz-se em itálico: "*a essência da brochura que acabamos de expor coincide plenamente com o programa da redação da* Rabótcheie Dielo" (p. 142). De fato? As *tarefas* coincidem com a concepção de que não se pode colocar como primeira tarefa do movimento de massas a derrubada da autocracia? A teoria da "luta econômica contra os patrões e o governo" também coincide? E também a teoria dos estágios? Que o leitor julgue acerca da firmeza de princípios de um órgão que compreende a "coincidência" de maneira tão original.

pode também ser chamada de organização "conspirativa", porque a palavra de origem francesa *"konspirátsia"* equivale em russo a "conspiração"[10], e o caráter de conspiração é imprescindível, no mais elevado grau, a uma organização desse tipo. O caráter de conspiração é de tal maneira condição imprescindível numa organização como essa que todas as outras condições (número de membros, sua escolha, suas funções etc.) têm de estar de acordo com ela. Seria, por isso, de uma extrema ingenuidade recear a acusação de que nós, sociais-democratas, queremos criar uma organização conspirativa. Essa acusação deve ser, ainda, como uma lisonja a cada inimigo do "economismo", bem como a acusação de "narodinismo".

Retrucarão: uma organização tão poderosa e tão rigorosamente secreta, que concentra em suas mãos todos os fios da atividade conspiradora, organização necessariamente centralista, pode lançar-se com demasiada facilidade a um ataque prematuro, pode forçar irrefletidamente o movimento, antes que tenham tornado possível e necessária a extensão da insatisfação política e a força da efervescência e da indignação da classe operária e assim por diante. A isso respondemos: falando em termos abstratos, não se pode negar, é claro, que uma organização de combate *possa* lançar-se numa batalha impensada, a qual *pode* terminar numa derrota, que não seria absolutamente inevitável em outras condições. Mas, numa questão como essa, é impossível nos limitarmos a considerações abstratas, pois qualquer combate implica uma possibilidade abstrata de derrota, e não existe outro meio de *diminuir* essa possibilidade do que preparar organizadamente o combate. Já se colocarmos a questão no terreno concreto das condições atuais da Rússia, teremos de chegar à conclusão positiva de que uma organização revolucionária sólida é absolutamente necessária precisamente para dar estabilidade ao movimento e *preservá-lo* da possibilidade de ataques impensados. Justamente agora, quando nos falta uma organização assim e o movimento

---

[10] Em russo, respectivamente, *конспирация/konspirátsia* e *заговор/zagóvor*: a primeira, do latim *conspiratio*, refere-se especificamente a conspiração no sentido de uma revolta contra o governo e constitui um estrangeirismo proveniente do francês; já a segunda é a palavra da língua russa para "conspiração" ou "complô" na acepção mais geral, como a entendemos, a saber: planejar secretamente, junto com outra(s) pessoa(s), ações contra alguém, com determinados fins políticos. (N. R. T.)

revolucionário cresce espontânea e rapidamente, já se observam dois extremos (que, como é de se esperar, "se tocam"): ou um "economismo" completamente inconsistente e que prega moderação, ou um "terror excitante" não menos inconsistente, que tende a "produzir artificialmente, no movimento que se desenvolve e se consolida, mas que ainda está mais perto de seu ponto de partida do que de seu fim, sintomas do seu fim" (V. Z., na *Zariá*, n. 2-3, p. 353). E o exemplo da *Rabótcheie Dielo* demonstra que *já existem* sociais-democratas que cedem perante esses dois extremos. Esse fenômeno não é surpreendente, porque, abstraindo outras razões, "a luta econômica contra os patrões e contra o governo" *nunca* satisfará um revolucionário, e aparecerão sempre, aqui ou ali, extremos opostos. Só uma organização combativa centralizada, que aplique com firmeza a política social-democrata e que satisfaça, por assim dizer, todos os instintos e as aspirações revolucionárias, pode preservar o movimento de um ataque impensado e preparar um ataque de sucesso promissor.

Retrucarão ainda que o ponto de vista exposto sobre a organização contradiz o "princípio democrático". Enquanto a acusação anterior é de origem especificamente russa, esta tem um caráter *especificamente estrangeiro*. E só uma organização no estrangeiro (a União dos Sociais-Democratas Russos) pôde dar a sua redação, entre outras, a seguinte instrução:

> *Princípio de organização*. Para favorecer o desenvolvimento e a unificação da social-democracia, é preciso destacar, desenvolver, lutar por um amplo princípio democrático em sua organização de partido, o que se tornou especialmente imprescindível dado o surgimento de tendências antidemocráticas nas fileiras de nosso partido. (*Dois congressos*, p. 18)

Como precisamente a *Rabótcheie Dielo* luta contra as tendências "antidemocráticas" do *Iskra*, veremos no capítulo a seguir. Agora, analisemos mais de perto o "princípio" proposto pelos "economistas". Todos concordarão, provavelmente, que o "amplo princípio democrático" implica duas condições imprescindíveis: em primeiro lugar, uma transparência completa, e, em segundo, o caráter eletivo de todos os cargos. Sem transparência seria ridículo falar de democratismo e, além do mais, sem uma transparência que não fique limitada aos membros da organização. Chamaremos de organização democrática o partido socialista alemão, pois nele tudo se faz abertamente, mesmo as sessões de seus congressos; mas ninguém chamará de organização democrática aquela que se oculte, atrás do véu do segredo, de todos os que não sejam seus membros. Pergunta-se então que sentido tem propor um "*amplo* princípio democrático", quando a condição fundamental desse princípio é *irrealizável* por uma organização secreta? O "amplo princípio" se revela uma frase sonora, mas vazia. Mais ainda. Essa frase demonstra plena incompreensão das tarefas urgentes do momento em matéria de organização. Todos sabem até que ponto está espalhada entre nós, na "grande" massa de revolucionários, a falta de secretismo. Já vimos como B-v se queixa disso amargamente, exigindo, com toda a razão, "uma severa seleção dos filiados" (*Rabótcheie Dielo*, n. 6, p. 42). E eis que surgem pessoas que se gabam de seu "sentido da vida" e, numa situação dessas, *destacam* não a necessidade do mais severo secretismo e da mais severa (e, por consequência, mais restrita) seleção dos filiados, mas um "amplo princípio democrático"! Isso se chama dar uma no cravo e outra na ferradura.

A questão também não é melhor em relação à segunda característica da democracia: a elegibilidade. Nos países com liberdade política, essa condição é por si só implícita. "Considera-se membro do partido todo aquele que aceita os princípios de seu programa e ajuda o partido na medida de suas forças", diz o primeiro parágrafo do estatuto de organização do Partido Social-Democrata Alemão. E como toda a arena política está completamente aberta diante de todos, como uma cena aos espectadores de um teatro, o que se aceita ou não se aceita, se se presta apoio ou não, são coisas sabidas por todos por meio dos jornais e das reuniões públicas. Todos sabem que determinado dirigente político começou desta ou daquela maneira, apresentou esta ou aquela evolução, teve este ou aquele comportamento em um momento difícil de sua vida, distingue-se, em geral, por estas ou aquelas qualidades; portanto, é natural que *todos* os membros do partido possam, com conhecimento de causa, eleger ou não este ou aquele dirigente para um determinado cargo do partido. O controle geral (no sentido literal da palavra) de cada passo de uma pessoa do partido ao longo de sua carreira política cria um mecanismo de ação automática, cujo resultado é aquilo que se chama em biologia de "sobrevivência do mais apto". A "seleção natural", produto da completa transparência, da elegibilidade e do controle geral, assegura que, ao fim e ao cabo, cada figura política ocupe "seu lugar", encarregue-se do trabalho mais adequado a suas forças e a suas aptidões, sofra, ele próprio, as consequências de seus erros e demonstre aos olhos de todos sua capacidade para reconhecer suas faltas e evitá-las.

Experimentem, agora, encaixar esse quadro na moldura de nossa autocracia! Seria concebível entre nós que "todo aquele que aceita os princípios do programa do partido e ajuda o partido na medida de suas forças" controle todos os passos dados pelos revolucionários clandestinos? Que todos elejam uma ou outra pessoa entre estes últimos, quando, no interesse de seu trabalho, o revolucionário é obrigado a ocultar sua verdadeira personalidade a nove décimos desses "todos"? Reflitam, ainda que um pouquinho, sobre o verdadeiro sentido das sonoras palavras da *Rabótcheie Dielo* e verão que um "amplo democratismo" de uma organização de partido nas trevas da autocracia, quando são os gendarmes que selecionam, não é mais do que um *brinquedo inútil e prejudicial*. É um brinquedo inútil pois, na prática, nunca nenhuma organização revolucionária pôde aplicar um *amplo* democratismo, nem o pode aplicar por maior que seja seu desejo. É um brinquedo prejudicial pois as tentativas de aplicar na prática um "amplo princípio democrático" só tornam mais fácil à polícia lançar as grandes ondas de prisões e perpetuam o caráter artesanal reinante, distraindo o pensamento dos militantes práticos da séria e imperiosa tarefa de se forjarem como revolucionários profissionais, desviando-o para a redação de pormenorizados estatutos "no papel" sobre sistemas eleitorais. Só nó estrangeiro, onde não raro se reúnem pessoas que não têm possibilidade de encontrar uma causa real e verdadeira, pôde desenvolver-se aqui e ali, sobretudo em pequenos grupos, esse "jogo do democratismo".

Para mostrar ao leitor como é condenável a maneira como a *Rabótcheie Dielo* preconiza um "princípio" tão nobre como a democracia no trabalho revolucionário, vamos, uma vez mais, recorrer a uma testemunha. Trata-se de E. Serebriakov, editor da revista londrina *Nakanune*, que sente um fraco pela *Rabótcheie Dielo* e uma grande aversão por Plekhánov e pelos "plekhanovistas"; nos artigos sobre a cisão da União dos Sociais-Democratas Russos no Estrangeiro, a *Nakanune* tomou decididamente o lado da *Rabótcheie Dielo* e despejou uma nuvem carregada de palavras mesquinhas sobre Plekhánov. Por isso, tanto mais valor tem para nós essa testemunha sobre a dita questão. No artigo intitulado "Sobre o apelo do Grupo de Autoemancipação dos Operários" no número 7 da *Nakanune* (jul. 1899), E. Serebriakov dizia que era "indecente" levantar a questão "de prestígio, de primazia, do que se chama o areópago, num movimento revolucionário sério" e escreveu, entre outras coisas:

> Míchkine, Rogatchov, Jeliábov, Mikháilov, Peróvskaia, Fígner e outros nunca se consideraram dirigentes e ninguém os elegeu ou nomeou, embora na realidade o fossem, porque tanto no período da propaganda como no período da luta contra o governo eles se encarregaram do trabalho mais difícil, foram aos locais mais perigosos e sua atividade foi a mais frutuosa. E a primazia não resultava de seus desejos, mas da confiança que os camaradas que os rodeavam tinham em sua inteligência, em sua energia e em sua lealdade. E temer um areópago (e se não é temido não há motivo para se falar dele) que pode dirigir o movimento autoritariamente, é já muita ingenuidade. Quem lhe obedeceria?

Perguntamos ao leitor: qual a diferença entre um "areópago" e as "tendências antidemocráticas"? Não seria evidente que o "plausível" princípio de organização da *Rabótcheie Dielo* é tão ingênuo quanto indecente? Ingênuo porque simplesmente ninguém dará ouvidos a um "areópago" ou a pessoas com "tendências antidemocráticas", sempre que "os camaradas que os rodeiam não tiverem confiança em sua inteligência, em sua energia e em sua lealdade". Indecente como saída demagógica em que se especula com a vaidade de uns, com a ignorância de outros sobre o verdadeiro estado de nosso movimento e com a falta de preparação e o desconhecimento da história do movimento revolucionário de terceiros. O único princípio de organização sério a que se devem subordinar os dirigentes de nosso movimento deve ser: a conspiração estrita, a estrita seleção dos filiados, e a preparação de revolucionários profissionais. Estando reunidas essas qualidades, estará assegurado algo mais importante do que o "democratismo", a saber: a plena confiança mútua da camaradagem entre revolucionários. E essa é nossa maior necessidade, porque entre nós, na Rússia, não se pode tratar de substituí-la por um controle democrático geral. E seria um grande erro pensar que a impossibilidade de um controle verdadeiramente "democrático" torna incontrolados os membros de uma organização revolucionária: não têm tempo para pensar nas formas pueris de democratismo (democratismo no interior de um grupo restrito de camaradas entre os quais reina plena confiança mútua), mas sentem muito vivamente sua *responsabilidade* sabendo, ademais, por experiência, que uma organização de verdadeiros revolucionários não recuará perante nenhum meio para se desembaraçar de um membro impróprio. Além disso, está bastante difundida entre nós uma opinião pública dos meios revolucionários russos (e internacionais) que tem atrás de si uma longa história e que castiga com implacável rigor qualquer falta aos deveres de camaradagem (e o "democratismo", o verdadeiro, não o democratismo pueril, está contido, como a parte no todo, nesse conceito de camaradagem!). Levem tudo isso em conta e compreenderão que repugnante odor de jogos do estrangeiro exala aos generais desses falatórios e resoluções sobre "tendências antidemocráticas"!

Há de se observar, além disso, que a outra fonte desses falatórios, isto é, a ingenuidade, alimenta-se também da confusão de ideias sobre o que é a democracia. No livro do casal Webb sobre as *trade-unions* inglesas, há um capítulo curioso: "A democracia primitiva". Os autores contam, nesse capítulo, como os operários ingleses, no primeiro período de existência de seus sindicatos, consideravam característica imprescindível da democracia que todos fizessem de tudo na direção dos sindicatos: não só todos os problemas eram decididos por votação de todos os membros, mas também os cargos eram desempenhados, sucessivamente, por todos os filiados. Foi necessária uma longa experiência histórica para que os operários compreendessem o absurdo de tal concepção de democracia e a necessidade, por um lado, de existirem instituições representativas e, por outro, a necessidade de funcionários profissionais. Foram necessários alguns casos de falência de caixas sindicais para que operários compreendessem que a relação proporcional entre as cotizações que pagavam e os subsídios que recebiam não podia ser decidida só por votação democrática, mas que exigia, além disso, o conselho de um perito em seguros. Peguem, em seguida, o livro de Kautsky sobre o parlamentarismo e a legislação popular e verão que as conclusões do teórico marxista coincidem com as lições dadas por longos anos de prática dos operários unidos "espontaneamente". Kautsky protesta energicamente contra a concepção primitiva da democracia de Rittinghausen, ridiculariza as pessoas sempre prontas a exigir, em nome dela, que os "jornais populares sejam redigidos diretamente pelo povo", prova a necessidade de jornalistas, de parlamentares, *profissionais* etc., para dirigir de modo social-democrata a luta de classes do proletariado, ataca o "socialismo de anarquistas e de literatos" que, "procurando o efeito", exaltam a legislação direta por todo o povo e não compreendem até que ponto é apenas relativa sua aplicação na sociedade contemporânea.

Todo aquele que tenha trabalhado de maneira prática em nosso movimento sabe como a concepção "primitiva" de democracia encontra-se espalhada entre a juventude estudantil e entre os operários. Não é de se estranhar que essa concepção penetre tanto nos estatutos como na literatura. Os "economistas" de tipo bernsteiniano escreviam em seus estatutos: "§10. Todos os assuntos que afetam os interesses de toda a organização sindical serão decididos por maioria dos votos de todos os seus membros". Os "economistas" de tipo terrorista repetem atrás deles: "É imprescindível que as decisões do comitê tenham passado por todos os círculos antes de se tornarem decisões efetivas" (*Svoboda*, n. l, p. 67). Notem que essa exigência de aplicação ampla do referendo é colocada *além* da exigência de que *toda* organização tenha como base o princípio eletivo! Estamos bem longe, é claro, da ideia de censurar por isso os militantes práticos, que tiveram muito pouca possibilidade de conhecer a teoria e a prática das organizações efetivamente democráticas. Mas, quando a *Rabótcheie Dielo*, que pretende ter um papel dirigente, limita-se, em tais condições, a uma resolução sobre um amplo princípio democrático, será isso algo mais do que uma simples "procura do efeito"?

F) O TRABALHO LOCAL E EM TODA A RÚSSIA

Se as objeções ao plano de organização aqui expostas do ponto de vista de seu democratismo e de seu caráter conspirativo carecem de qualquer fundamento, resta ainda uma questão levantada com muita frequência e que merece um exame detalhado. Trata-se da questão da correlação entre o trabalho local e o trabalho em toda a Rússia. Expressa-se a seguinte preocupação: ao ser criada uma organização centralista, o centro de gravidade não passaria do primeiro para o segundo trabalho? Não prejudicaria o movimento, não enfraqueceria a solidez dos vínculos que nos unem à massa operária e, em geral, a estabilidade da agitação local? Responderemos que, nestes últimos anos, nosso movimento sofre justamente com o fato de os militantes locais estarem excessivamente absorvidos no trabalho local; que por essa razão é, sem sombra de dúvida, necessário deslocar um pouco o centro de gravidade para o trabalho em toda a Rússia; que esse deslocamento não enfraquecerá, mas, pelo contrário, dará maior solidez a nossos vínculos e maior estabilidade a nossa agitação local. Tomemos a questão do órgão central e dos órgãos locais, pedindo ao leitor que não se esqueça de que o assunto da imprensa não é para nós mais do que um *exemplo* ilustrativo do trabalho revolucionário em geral, infinitamente mais amplo e mais variado.

Durante o primeiro período do movimento de massas (1896-1898), os militantes locais procuram criar um órgão para toda a Rússia: o *Rabótchaia Gazeta*; no período seguinte (1898-1900), o movimento dá um enorme passo adiante, mas a atenção dos dirigentes é inteiramente absorvida pelos órgãos locais. Quando se contam todos esses órgãos locais, verifica-se* que se publicou, em números redondos, um número por mês. Isso não seria uma ilustração patente de nosso caráter artesanal? Isso não demonstraria de maneira evidente o atraso de nossa organização revolucionária em relação ao crescimento espontâneo do movimento? Se *a mesma quantidade* de números de jornais tivesse sido publicada, não por grupos locais dispersos, mas por uma organização única, não só teríamos economizado uma quantidade enorme de forças, mas teríamos assegurado infinitamente a nosso trabalho mais estabilidade e continuidade. Essa simples consideração é esquecida, com demasiada frequência, tanto pelos militantes práticos, que trabalham

---

* Ver o *Relatório ao Congresso de Paris* (p. 14): "Desde essa época [1897] até à primavera de 1900 foram publicados em diversos lugares trinta números de jornais diversos [...]. Em média publicou-se mais de um número por mês".

de modo *ativo* quase que exclusivamente nos órgãos locais (infelizmente, na imensa maioria dos casos, a situação não mudou até hoje), quanto pelos publicistas, que mostram um quixotismo espantoso nessa questão. O militante prático geralmente se dá por satisfeito com a consideração de que para os militantes locais "é difícil"* ocupar-se da criação de um jornal para toda a Rússia, e que é melhor ter jornais locais do que não ter nenhum. Isso, evidentemente, é perfeitamente correto, e nenhum militante prático reconhecerá mais do que nós o enorme significado e a enorme utilidade dos jornais locais em geral. Mas não se trata disso, e sim de saber se é possível nos libertarmos desse fracionamento e desse caráter artesanal, que se demonstram tão nitidamente nos trinta números de jornais locais publicados em toda a Rússia durante dois anos e meio. Não se limitem ao princípio indiscutível, mas bastante abstrato, da utilidade dos jornais locais em geral, mas tenham ainda a coragem de reconhecer francamente seus aspectos negativos, revelados pela experiência de dois anos e meio. Essa experiência demonstra que, nas condições em que nos encontramos, os jornais locais são, na maioria dos casos, instáveis do ponto de vista dos princípios, carecem de importância política e são excessivamente dispendiosos quanto ao consumo de energias revolucionárias e totalmente insatisfatórios do ponto de vista técnico (não tenho em vista, é claro, a técnica tipográfica, mas a frequência e a regularidade da publicação). E todos os defeitos apontados não são um acidente, mas uma consequência inevitável do fracionamento que, por um lado, explica a predominância dos jornais locais no período que examinamos e, por outro, encontra um *apoio* nessa predominância. Uma organização local sozinha não está realmente *em condições* de assegurar a estabilidade de princípios do seu jornal e de colocá-lo no nível de um órgão político, não está em condições de reunir e utilizar materiais suficientes para abordar toda nossa vida política. E quanto ao argumento a que habitualmente se recorre nos países livres para justificar a necessidade de numerosos jornais locais – seu preço barato devido ao fato de serem feitos por operários locais e a possibilidade de oferecer à

---

* Essa dificuldade é só aparente. Na realidade, não há círculo local que não possa executar ativamente esta ou aquela função do trabalho em toda a Rússia. "Não diga que não pode, mas sim que não quer."

população uma informação melhor e mais rápida –, a experiência demonstrou que, em nosso país, esse *argumento* se volta *contra* os jornais locais. Eles se revelaram demasiado caros no que se refere à energia revolucionária e, *sobretudo*, aparecem a intervalos muito espaçados, pela simples razão de que um jornal *ilegal*, por menor que seja, exige um enorme aparelho clandestino unicamente possível em um grande centro fabril e impossível de se montar numa oficina artesanal. Quando o aparelho clandestino é rudimentar, acontece muitas vezes (todo militante prático conhece abundantes exemplos desse gênero) de a polícia aproveitar o surgimento e a divulgação de um ou dois números para fazer prisões em *massa*, deixando as coisas em tal estado que é necessário começar tudo de novo. Um bom aparelho clandestino exige uma boa preparação profissional dos revolucionários e a mais consequente divisão do trabalho, e essas duas condições são absolutamente irrealizáveis em uma organização local isolada, por mais forte que seja num dado momento. Já não falando mais dos interesses gerais de todo o nosso movimento (uma formação socialista e política dos operários baseada em princípios firmes), também os interesses especificamente locais *são mais bem servidos por órgãos não locais*: só à primeira vista isso pode parecer um paradoxo, mas, na prática, a experiência dos dois anos e meio a que nos referimos demonstra-o de modo irrefutável. Todos concordarão que, se todas as forças locais que publicaram trinta números de jornais locais tivessem trabalhado para um só jornal, teriam sido publicados, sem dificuldade, sessenta números, se não cem, e, consequentemente, teriam refletido de forma mais completa as particularidades do movimento de caráter puramente local. É inegável que não será fácil conseguir essa coordenação, mas é preciso que reconheçamos sua necessidade, que cada círculo local pense e *trabalhe ativamente* nesse sentido sem esperar o empurrão de fora, sem se deixar seduzir pela acessibilidade e pela proximidade de um órgão local, as quais – segundo prova nossa experiência revolucionária – são, em grande parte, ilusórias.

E prestam um fraco serviço ao trabalho prático os publicistas que, considerando-se especialmente próximos dos militantes práticos, não se dão conta desse caráter ilusório e escapam com um raciocínio tão extraordinariamente fácil como vazio: precisa-se de jornais locais, precisa-se de jornais regionais, precisa-se de jornais para toda a Rússia. Claro, falando em termos gerais, precisa-se de tudo isso, mas precisa-se também, quando se aborda um problema concreto de organização, pensar nas condições de ambiente e de tempo. Por acaso não estaríamos nós, na prática, diante de um caso de quixotismo quando o *Svoboda* (n. l, p. 68), "detendo-se" especialmente "*na questão do jornal*", escreve: "Acreditamos que em todo lugar com uma concentração um tanto significativa de operários deve haver um jornal operário. Não trazido de fora, mas justamente seu próprio jornal"? Se esse publicista não quer pensar no significado de suas palavras, pense você, leitor, sobre elas: quantas dezenas, se não centenas de "lugares com uma concentração um tanto significativa de operários" existem na Rússia e que perpetuação do caráter artesanal resultaria disso se cada organização local começasse realmente a publicar seu próprio jornal! Como esse fracionamento facilitaria a tarefa dos gendarmes: apanhar – e, além disso, sem um esforço "tão significativo" – os militantes locais desde o início de sua atividade, sem que tivessem tido tempo de se desenvolver como verdadeiros revolucionários! Em um jornal para toda a Rússia – continua o autor – não interessariam muito as narrativas dos truques de fabricantes "e das miudezas da vida fabril em diferentes cidades que não as do leitor"; já "ao habitante de Oriol não será entediante ler o que se passa em Oriol. A cada vez descobre aqueles com que se 'meteram', a quem 'se deu o que merece' e põe sua alma naquilo que lê" (p. 69). Sim, sim, o habitante de Oriol põe sua alma, mas nosso publicista "põe" também bastante imaginação. É tática essa defesa de mesquinharias? – eis no que ele devia pensar. Ninguém mais do que nós reconhece a necessidade e a importância das denúncias de abusos que se cometem nas fábricas, mas é preciso lembrar que já chegamos a um ponto em que os habitantes de Petersburgo se entediam ao ler as cartas petersburguesas do jornal petersburguês *Rabótchaia Misl*. Para as denúncias de abusos que se cometem nas fábricas locais sempre tivemos, e *devemos continuar a ter sempre*, as folhas volantes, mas no que respeita ao *jornal* devemos elevá-lo e não rebaixá-lo ao nível das folhas de fábrica. Para um "jornal", necessitamos de denúncias não tanto das "ninharias", mas dos grandes defeitos típicos da vida fabril, feitas com base em exemplos de particular relevo e que possam, por isso, interessar a *todos* os operários e a todos os dirigentes do movimento, capazes de enriquecer de fato seus conhecimentos, alargar seu horizonte, dar início ao despertar de uma nova região, uma nova camada profissional de operários.

> Além disso, num jornal local é possível agarrar imediatamente, ainda quentes, os abusos da administração da fábrica ou de outras autoridades. Pelo contrário, enquanto a notícia chega ao jornal geral afastado, no ponto de origem já se terão esquecido do acontecimento: "De quando é isto? Só Deus sabe!". (ibidem)

Pois justamente: só Deus sabe! Os trinta números publicados em dois anos e meio correspondem, segundo vimos na mesma fonte, a seis cidades. Isso equivale em média, em cada cidade, a *um número do jornal a cada meio ano*! Supondo mesmo que nosso frívolo publicista *triplica*, em sua hipótese, o rendimento do trabalho local (o que seria, sem dúvida, inexato em relação a uma cidade média, porque nos limites do caráter artesanal é impossível aumentar consideravelmente o rendimento), não conseguiríamos, contudo, mais do que um número a cada dois meses, quer dizer, algo nada parecido com "agarrar imediatamente, ainda quentes, as notícias". Entretanto, bastaria que dez organizações locais se unissem e encarregassem seus delegados da função ativa de fazer um jornal comum para se tornar possível "recolher" *em toda a Rússia* não os pequenos fatos, mas abusos efetivamente notáveis e típicos, e isso a cada quinze dias. Ninguém que conheça a situação em que se encontram nossas organizações duvidará disso. E quanto a surpreender o inimigo em flagrante delito, se se toma isso a sério e não como uma frase bonita, é algo que um jornal clandestino não pode, em geral, nem sequer pensar: isso só é acessível a uma folha volante, porque o prazo máximo para surpreender assim o inimigo não passa, na maioria dos casos, de um ou dois dias (considerem, por exemplo, o caso de uma vulgar greve curta, de um choque numa fábrica ou de uma manifestação).

"O operário não vive só na fábrica, vive também na cidade", prossegue nosso autor, passando do particular ao geral, com uma consequência tão rigorosa que honraria o próprio Boris Kritchévski. E assinala os problemas das dumas urbanas, dos hospitais urbanos, das escolas urbanas, exigindo que o jornal operário não passe em silêncio os assuntos da cidade em geral.

A exigência é por si magnífica, mas ilustra com particular evidência o caráter abstrato e sem substância a que, com bastante frequência, se limita o palavreado sobre os jornais locais. Em primeiro lugar, se em "todo o lugar com uma concentração um tanto significativa de operários" se publicassem, de fato, jornais com uma seção municipal tão pormenorizada como quer o *Svoboda*, isso se degeneraria inevitavelmente, dadas nossas condições russas, em verdadeiras mesquinharias, enfraqueceria a consciência da importância de um assalto revolucionário geral de toda a Rússia contra a autocracia tsarista e seriam fortalecidos os brotos muito resistentes – mais dissimulados ou reprimidos que arrancados – de uma tendência celebrizada pela famosa frase[11] sobre revolucionários que falam muito de um parlamento que não existe e bem pouco das dumas urbanas que existem. E dissemos "inevitavelmente" sublinhando assim que não é isso, mas o contrário, o que quer o *Svoboda*. Mas não bastam boas intenções. Para que o trabalho de esclarecimento dos assuntos urbanos fique organizado de acordo com a orientação adequada a todo nosso trabalho, é preciso, para *começar*, que essa orientação esteja totalmente elaborada, firmemente definida, e não só por raciocínios, mas também por um sem-número de exemplos, para poder adquirir a solidez da *tradição*. Estamos muito longe disso, e é o que precisamente nos faz falta para *começar*, antes de se poder pensar em uma imprensa local abundante e falar dela.

Em segundo lugar, para escrever de fato bem e de modo interessante sobre os assuntos urbanos, é preciso conhecê-los bem, e não apenas por meio dos livros. E sociais-democratas que tenham esse conhecimento quase de fato não há *em toda a Rússia*. Para escrever em um jornal (e não em brochuras populares) sobre assuntos da cidade ou de Estado é necessário dispor de uma documentação atualizada, variada, recolhida e elaborada por uma pessoa entendida. Ora, para recolher e elaborar tal documentação não basta a "democracia primitiva" de um círculo primitivo, no qual todos fazem de tudo e se divertem brincando de referendo. Para isso é preciso um estado-maior de especialistas escritores, especialistas correspondentes,

---

[11] Lênin alude à observação polêmica do artigo de R. M. "A nossa atualidade", publicado no *Suplemento do Rabótchaia Misl* (set. 1899), que ele cita no item b) do capítulo 3. (N. E. R.) [Ver, neste volume, p. 85 – N. E.]

um exército de repórteres social-democratas, que estabeleçam relações em toda a parte, sabendo penetrar em todos os "segredos de Estado" (dos quais o funcionário russo tanto se gaba e os quais rompe com tanta facilidade), sabendo deslizar por todos os "bastidores", um exército de homens obrigados "por suas funções" a ser onipresentes e oniscientes. E nós, partido de luta contra *qualquer* opressão econômica, política, social e nacional, podemos e devemos encontrar, reunir, formar, mobilizar e pôr em marcha esse exército de homens oniscientes – mas isso ainda deve ser feito! Só que na imensa maioria das localidades nós não demos ainda um passo sequer nessa direção e até, frequentemente, não existe nem mesmo a consciência da necessidade de fazê-lo. Procurem em nossa imprensa social-democrata artigos vivos e interessantes, crônicas e denúncias sobre nossos assuntos e assuntozinhos diplomáticos, militares, eclesiásticos, municipais, financeiros e assim por diante, e encontrarão muito pouco ou quase nada*. É por isso que "fico terrivelmente furioso quando alguém vem me dizer uma série de coisas muito boas e muito bonitas" sobre a necessidade de jornais "em todos os lugares com uma concentração um tanto significativa de operários" que denunciem as arbitrariedades tanto nas fábricas quanto na administração municipal e no Estado!

A predominância da imprensa local sobre a central é sinal de penúria ou de luxo. De penúria quando o movimento ainda não reuniu forças para um trabalho em grande escala, quando ainda vegeta no caráter artesanal e quase se afoga nos "pequenos fatos da vida fabril". De luxo quando o movimento já *dominou plenamente* a tarefa das denúncias em todos os sentidos e da agitação em todos os sentidos, de modo que, além do órgão central, tornam-se necessários numerosos órgãos locais. Que cada um decida, por si próprio, o que dá testemunho da predominância atual dos jornais locais.

---

* Eis por que mesmo o exemplo de órgãos locais excepcionalmente bons confirma inteiramente o nosso ponto de vista. Por exemplo, o *Южный рабочий/Iújni Rabótchi* [Trabalhador do Sul] é um excelente jornal, que não pode ser acusado de instabilidade de princípios. Mas, como é rara a vez que sai e é alvo de frequentes ações policiais, não conseguiu dar ao movimento local tudo o que pretendia. O mais premente para o partido no momento atual – colocar, em princípio, os problemas fundamentais do movimento e desenvolver uma agitação política em todos os sentidos – foi superior às forças de um órgão local. E o melhor que deu, como os artigos sobre o Congresso dos Industriais Mineiros, sobre o desemprego etc., não eram materiais de caráter estritamente local, mas necessários a toda a Rússia e não só para o Sul. Em toda a nossa imprensa social-democrata, não temos tido artigos como estes.

Quanto a mim, para não dar lugar a confusões, limitar-me-ei a formular de maneira precisa a minha conclusão. Até agora, a maioria de nossas organizações locais pensa quase exclusivamente em órgãos locais e trabalha de modo ativo quase exclusivamente para eles. Isso não é normal. É preciso que se dê o contrário: que a maioria das organizações locais pense principalmente na criação de um órgão de toda a Rússia e trabalhe principalmente para ele. Enquanto não for assim, não poderemos publicar *nem um* só jornal que seja pelo menos capaz de proporcionar efetivamente ao movimento uma agitação *em todos os sentidos* por meio da imprensa. E quando isso acontecer, as relações normais entre o órgão central indispensável e os indispensáveis órgãos locais se estabelecerão por si próprias.

* * *

À primeira vista, pode parecer que a conclusão de que é preciso deslocar o centro de gravidade do trabalho do âmbito local para o âmbito de toda a Rússia é inaplicável ao terreno da luta especificamente econômica: o inimigo direto dos operários é representado nesse caso por patrões isolados ou grupos de patrões que não estão ligados entre si por uma organização que se assemelhe, nem mesmo de longe, a uma organização puramente militar, rigorosamente centralista, dirigida até os mínimos pormenores por uma vontade única, como é a organização do governo russo, nosso inimigo direto na luta política.

Mas não é assim. A luta econômica – já o assinalamos muitas vezes – é uma luta sindical e, por isso, exige o agrupamento dos operários por profissões, e não só pelo local de trabalho. E essa união sindical é tanto mais urgentemente necessária quanto maior a rapidez com que avança o agrupamento de nossos patrões em toda espécie de sociedades e sindicatos patronais. Nosso caráter fragmentário e nosso caráter artesanal interferem diretamente nesse agrupamento, que exige para toda a Rússia uma organização única de revolucionários, capaz de tomar para si a direção dos sindicatos operários extensivos a todo o país. Já falamos anteriormente do tipo de organização desejável para esse fim e acrescentaremos agora algumas palavras somente em relação à questão de nossa imprensa.

Não creio que alguém duvide de que cada jornal social-democrata deve ter uma *seção* dedicada à luta sindical (econômica). Mas o crescimento do movimento sindical obriga-nos a pensar também em uma imprensa sindical. Parece-nos, no entanto, que na Rússia, salvo raras exceções, não se pode falar ainda em jornais sindicais, são um luxo, e, a nós, falta-nos com frequência o pão de cada dia. A forma adequada às condições do trabalho clandestino, e agora imprescindível, de imprensa sindical deveriam ser entre nós as *brochuras sindicais*. Nelas deveriam ser recolhidos e agrupados sistematicamente materiais *legais** e ilegais sobre a questão das condições de trabalho em cada profissão, sobre as diferenças que a esse respeito existem entre os diversos pontos da Rússia, sobre as principais reivindicações dos operários de uma dada profissão, sobre as deficiências da legislação que a ela se refere, sobre os casos mais relevantes da luta econômica dos operários dessa profissão, sobre os começos, a situação atual e as necessidades de sua organização sindical etc. Tais brochuras, em primeiro lugar, libertariam nossa imprensa social-democrata de uma imensa quantidade de pormenores sindicais que só interessam especialmente aos operários de uma dada profissão; em segundo lugar, fixariam os resultados de nossa experiência na luta sindical,

---

* Os materiais legais têm, nesse sentido, especial importância, e estamos especialmente atrasados no que se refere à sua recolha e utilização sistemática. Não é exagerado dizer que é mais ou menos possível fazer uma brochura sindical somente com materiais legais, enquanto é impossível fazê-la somente com materiais ilegais. Recolhendo, entre os operários, materiais ilegais sobre problemas como os que têm sido tratados pelo *Rabótchaia Misl*, desperdiçamos inutilmente uma quantidade enorme de forças de um revolucionário (que poderia ser facilmente substituído nesse trabalho por um militante legal), e, apesar de tudo, não obtemos nunca bons materiais, porque os operários, que geralmente conhecem apenas uma única seção de uma grande fábrica, e quase sempre sabem apenas os resultados econômicos, mas não as condições e normas gerais do seu trabalho, não podem adquirir os conhecimentos que geralmente possuem os empregados da fábrica, inspetores, médicos etc., e que estão dispersos em enorme quantidade em artigos de jornais e publicações especiais de caráter industrial, sanitário, dos *zemstvi* etc. Recordo, como se fosse hoje, a minha "primeira experiência", que não me deixou vontade de repeti-la. Durante semanas, entretive-me a interrogar "apaixonadamente" um operário que vinha a minha casa sobre todos os pormenores da vida na enorme fábrica em que ele trabalhava. A verdade é que, embora com enormes dificuldades, consegui, mais ou menos, compor a descrição (de uma só fábrica!), mas acontecia, por vezes, de o operário, limpando o suor, dizer-me com um sorriso no fim do nosso trabalho: "É para mim mais fácil trabalhar horas extraordinárias do que responder às suas perguntas!". Quanto mais energicamente desenvolvermos a luta revolucionária, tanto mais o governo se verá obrigado a legalizar parte do trabalho "sindical", tirando-nos assim parte da carga que pesa sobre nós.

conservariam os materiais recolhidos que hoje se perdem literalmente na imensa quantidade de folhas e de crônicas soltas e sintetizariam esses materiais; em terceiro lugar, poderiam servir como uma espécie de guia para os agitadores, uma vez que as condições de trabalho variam com relativa lentidão, as reivindicações fundamentais dos operários de uma dada profissão são extraordinariamente estáveis (comparem as reivindicações dos tecelões da região de Moscou, em 1885[12], com as dos tecelões da região de Petersburgo, em 1896) e um resumo dessas reivindicações e necessidades poderia servir, durante anos inteiros, de excelente manual para a agitação econômica em localidades atrasadas ou entre camadas atrasadas de operários; exemplos de greves vitoriosas numa região, dados sobre um nível de vida mais elevado, sobre melhores condições de trabalho numa localidade, incitariam também os operários de outras localidades a novas e novas lutas. Em quarto lugar, tomando a iniciativa de sintetizar a luta sindical e reforçando assim os vínculos do movimento sindical russo com o socialismo, a social-democracia se preocuparia, ao mesmo tempo, com que nosso trabalho trade-unionista ocupasse um lugar nem muito reduzido nem muito grande no conjunto de nosso trabalho social-democrata. É muito difícil, por vezes quase impossível, uma organização local, isolada das organizações das outras cidades, manter nesse aspecto uma justa proporção (e o exemplo do *Rabótchaia Misl* mostra a que monstruoso exagero de caráter trade-unionista se pode chegar em tal caso). Mas uma organização de revolucionários de toda a Rússia que se mantenha firme no ponto de vista marxista, que dirija toda a luta política e disponha de um estado-maior de agitadores profissionais, nunca terá dificuldades em determinar acertadamente essa proporção.

---

[12] O movimento grevista de 1885 atingiu muitas empresas da indústria têxtil das províncias de Vladímir, Moscou, Tver e outras do centro industrial da Rússia. A mais famosa foi a greve dos operários da Nikólskaia Manufaktura, de Savva Morózov, realizada em Orékhovo-Zúievo, em janeiro de 1885. As reivindicações principais eram: diminuir as multas, regulamentar as condições de contratação do trabalho assalariado etc. Dirigiram a greve os operários avançados P. A. Moisséienko, L. Ivanov e V. S. Vólkov. A greve na fábrica de Morózov, da qual participaram cerca de 8 mil operários, foi reprimida pela tropa. Trinta e três grevistas foram entregues aos tribunais e mais de seiscentos operários foram desterrados. Sob a influência do movimento grevista de 1885-1886, o governo tsarista viu-se obrigado a promulgar a lei de 3 (15) de junho de 1886 (a chamada "lei das multas"). (N. E. R.)

CAPÍTULO 5
"PLANO" DE UM JORNAL POLÍTICO PARA TODA A RÚSSIA

"O maior erro do *Iskra* nesse aspecto", escreve B. Kritchévski (*Rabótcheie Dielo*, n. 10, p. 30), acusando-nos da tendência de "converter a teoria, por meio de seu isolamento da prática, em doutrina morta", "é o seu 'plano' de uma organização de todo o partido" (isto é, o artigo "Por onde começar?"[1]). E Martínov faz coro com ele, declarando que "a tendência do *Iskra* de minimizar a importância da marcha ascendente da cinzenta luta cotidiana em comparação com a propaganda de ideias brilhantes e acabadas [...] foi coroada pelo plano de organização do partido, plano que nos é oferecido no número 4, no artigo 'Por onde começar?'" (p. 61.) Finalmente, em tempos mais recentes, juntou-se ao número dos indignados contra esse "plano" (as aspas devem exprimir a ironia com que o acolhem) L. Nadiéjdin, que, num folheto que acabamos de receber, Às *vésperas da revolução* (editado pelo "grupo socialista revolucionário" Svoboda, que já conhecemos), declara que "falar nesse momento de uma organização cujos fios nasçam de um jornal para toda a Rússia é produzir ideias de gabinete e trabalho de gabinete" (ibidem, p. 126), é dar provas de "literatismo" etc.

Que nosso terrorista se revele solidário com os defensores da "marcha ascendente da cinzenta luta cotidiana" é algo que não pode nos surpreender, pois já vimos, nos capítulos sobre a política e sobre a organização, as raízes dessa afinidade. Mas devemos observar, desde já, que L. Nadiéjdin, e só ele, tentou penetrar honestamente na linha de pensamento do artigo que lhe desagradou; tentou dar-lhe uma resposta a fundo, enquanto a *Rabótcheie Dielo* nada disse em essência e apenas procurou confundir a questão, por meio de

---

[1] Ver Vladímir Ilitch Lênin, Сочинения/*Sotchinénia* [Obras] (5. ed., Moscou, Издательство Политической Литературы/Izdátelstvo Polítítcheskoi Literatúry, 1967), t. 5, p. 1-13. (N. E. R.)

um amontoado de tiradas demagógicas. E, por mais desagradável que seja, faz-se necessário despender tempo, primeiramente, na limpeza dos estábulos de Áugias.

A) QUEM SE OFENDEU COM O ARTIGO "POR ONDE COMEÇAR?"[2]

Vamos fazer um buquê com as expressões e as exclamações que a *Rabótcheie Dielo* lança contra nós. "Não é um jornal que pode criar a organização do partido, mas precisamente o contrário"... "Um jornal que se encontra acima do partido, *fora de seu controle* e que não dependa dele por ter sua própria rede de agentes"... "Por obra de que milagre o *Iskra* se esqueceu das organizações social-democratas, já existentes de fato, do partido a que ele próprio pertence?"... "Pessoas que possuem firmes princípios e um plano correspondente são também os reguladores supremos da luta real do partido, ao qual ditam a execução de seu plano" ... "O plano relega nossas organizações, reais e vitais, ao reino das sombras e quer dar vida a uma fantástica rede de agentes" ... "Se o plano do *Iskra* fosse levado à prática, apagaria completamente as marcas do Partido Operário Social-Democrata da Rússia, que vem se formando em nosso país" ... "Um órgão de propaganda subtrai-se do controle e converte-se em legislador absoluto de toda a luta revolucionária prática" ... "Que atitude deve tomar nosso partido em face de sua submissão total a uma redação autônoma?" etc. etc.

O conteúdo e o teor dessas citações, como vê o leitor, mostram que a *Rabótcheie Dielo* se sente ofendida. Não é por si própria, porém, que se sente ofendida, mas pelas organizações e pelos comitês de nosso partido que o *Iskra* quer relegar, segundo pretende o dito órgão, ao reino das sombras e até apagar suas marcas. Que horror, imaginem! Mas há uma coisa estranha.

---

[2] Na compilação *Em doze anos*, Lênin suprimiu o item a) do capítulo 5, inserindo a seguinte nota: "Na presente edição, suprime-se o item 'a', 'Quem se ofendeu com o artigo 'Por onde começar?', pois contém exclusivamente uma polêmica com a *Rabótcheie Dielo* e o Bund em torno das tentativas do *Iskra* de 'comandar' etc. Nesse item, entre outras coisas, dizia-se que o próprio Bund havia convidado (em 1898-1899) os membros do *Iskra* a recomeçar a publicação do órgão central do partido e organizar um 'laboratório de literatura'". (N. E. R.)

O artigo "Por onde começar?" apareceu em maio de 1901 e os artigos da *Rabótcheie Dielo*, em setembro de 1901; agora estamos já em meados de janeiro de 1902. Durante esses cinco meses (tanto antes como depois de setembro) *nem um só comitê, nem uma só* organização do partido protestou formalmente contra esse monstro que quer relegar os comitês e as organizações ao reino das sombras! E há de se fazer constar que, durante esse período, apareceram, tanto no *Iskra* quanto em numerosas outras publicações, locais e não locais, dezenas e centenas de comunicações de todos os confins da Rússia. Como pôde acontecer que as organizações que se quer relegar ao reino das sombras não o tenham notado nem tenham se sentido ofendidas, e que, em contrapartida, tenha se ofendido uma terceira pessoa?

Isso aconteceu porque os comitês e as demais organizações estão ocupados com um trabalho autêntico e não com brincar de "democratismo". Os comitês leram o artigo "Por onde começar?", viram nele uma tentativa "de elaborar certo plano da organização, *para que se possa iniciar sua estruturação em todas as frentes*", e, tendo eles compreendido e visto que *nem uma só* de "todas as frentes" pensará em "iniciar a estruturação" antes de se convencer de sua necessidade e de que o plano arquitetônico é justo, naturalmente não pensaram em "se ofender" com a terrível ousadia dos que disseram no *Iskra*: "Dada a urgência da questão, decidimos, de nossa parte, submeter à atenção dos camaradas um esboço do plano que desenvolveremos em pormenor numa brochura cuja impressão está sendo preparada". Seria possível que não se compreenda, se é que se adota uma atitude honesta em relação a esse problema, que se os camaradas aceitarem o plano proposto a sua atenção, eles o executarão não por "subordinação", mas por estarem convencidos de que é necessário para nossa obra comum e que, caso não o aceitem, o "esboço" (que palavra tão pretensiosa, não é verdade?) não passará de um simples esboço? Não seria demagogia atacar o esboço do plano não só "demolindo-o" e aconselhando os camaradas a rejeitá-lo, mas ainda *instigando* pessoas pouco experimentadas no trabalho revolucionário contra os autores do esboço, *pelo simples fato* de estes se *atreverem* a "legislar", a agir como "reguladores supremos", isto é, porque eles se atrevem a *propor* um esboço de plano??? Poderia nosso partido se desenvolver e avançar se a tentativa de *elevar* os militantes locais, para que tenham ideias, tarefas, planos etc. mais amplos, tropeça não só na objeção de que essas ideias são incorretas, mas também em um sentimento de "ofensa" pelo fato de se "querer *elevar*" esses militantes? Pois também L. Nadiéjdin "demoliu" nosso plano, mas não se rebaixou a semelhante demagogia, que já não pode ser explicada apenas pela ingenuidade ou pelo caráter primitivo das concepções políticas; repudiou resolutamente e desde o início a acusação de "fiscalizar o partido". Por essa razão, podemos e devemos responder a fundo à crítica que Nadiéjdin faz ao plano, enquanto à *Rabótcheie Dielo* só se pode responder com o desprezo.

Mas desprezar um autor que se rebaixa ao ponto de gritar sobre "autocracia" e "subordinação" não nos dispensa do dever de desfazer a confusão diante da qual essa gente coloca o leitor. E aqui podemos mostrar a todos, com toda a clareza, que valor têm as habituais frases sobre uma "ampla democracia". Acusam-nos de esquecer os comitês, de querer ou de tentar relegá-los ao reino das sombras etc. Como responder a essas acusações quando, por razões de secretismo, *não podemos* expor ao leitor *quase nenhum fato real* de nossas relações efetivas com os comitês? Pessoas que lançam uma acusação tão ousada, capaz de irritar a multidão, têm sobre nós a vantagem de sua desfaçatez, de seu desdém pelos deveres do revolucionário, que oculta cuidadosamente aos olhos do mundo as relações ou ligações que têm, que estabelecem ou procuram estabelecer. Naturalmente, renunciamos, de uma vez por todas, a competir com pessoas desse quilate no campo do "democratismo". Quanto ao leitor não iniciado em todos os assuntos do partido, o único meio de cumprir nosso dever para com ele é expor não o que existe e o que se encontra *im Werden*[3], mas uma *pequena parte* do que se passou, da qual se pode falar porque pertence ao passado.

O Bund faz alusão a nossa "impostura"*, a União no estrangeiro nos acusa de tentar apagar as marcas do partido. Um momento, senhores. Vocês ficarão plenamente satisfeitos quando expusermos ao público *quatro fatos* do passado.

---

[3] Em alemão, no original: em processo de formação, de surgimento. (N. R. T.)

* *Iskra*, n. 8, resposta do Comitê Central da União Geral dos Operários Judeus da Rússia e da Polônia ao nosso artigo sobre a questão nacional.

Primeiro fato*. Os membros de uma das Uniões de Luta que tiveram participação direta na formação de nosso partido e no envio de um delegado ao congresso que o fundou entram em acordo com um dos membros do grupo do *Iskra* para fundar uma biblioteca operária especial, com o objetivo de atender às necessidades de todo o movimento. Não se consegue fundar a biblioteca operária, e as brochuras escritas para ela, *As tarefas dos sociais-democratas russos* e *A nova lei das fábricas*, vão parar por caminhos indiretos e por intermédio de terceiras pessoas no estrangeiro, onde são publicadas.

Segundo fato. Os membros do Comitê Central do Bund dirigem-se a um dos membros do grupo do *Iskra* com a proposta de organizar em conjunto o que o Bund então chamava de "um laboratório literário", indicando que, se não se conseguisse pôr em prática o projeto, nosso movimento podia vir a sofrer um sério retrocesso. O resultado dessas conversações foi a brochura *A causa operária na Rússia***.

Terceiro fato. O Comitê Central do Bund, por intermédio de uma pequena cidade de província, dirige-se a um dos membros do grupo do *Iskra* propondo-lhe assumir a direção do *Rabótchaia Gazeta*, que devia retomar sua publicação, e obtém imediatamente sua concordância. Mais tarde, modifica a proposta: trata-se apenas de colaborar, devido a uma nova composição da redação. Claro que também se concorda com isso. Enviam-se os artigos (que se conseguiu conservar): "Nosso programa", protestando diretamente contra a bernsteiniada, contra a virada da literatura legal e do *Rabótchaia Misl*; "Nossa tarefa imediata" ("a organização de um órgão do partido que apareça com regularidade e estreitamente ligado a todos os grupos locais"; os defeitos do "caráter artesanal" imperante); "Uma questão vital" (analisando a objeção de que se deveria, *em primeiro lugar*, desenvolver a atividade dos grupos locais antes de dar início à organização de um órgão comum; insistindo na importância primordial da "organização revolucionária", na

---

* Deliberadamente, não apresentaremos esses fatos pela ordem em que ocorreram.
** O autor dessa brochura, diga-se de passagem, pediu-me para esclarecer que, tal como suas brochuras anteriores, esta foi enviada para a União, supondo que o grupo Osvobojdiénie Truda redigiria suas publicações (circunstâncias especiais não lhe permitiram conhecer, naquela altura, isto é, em fevereiro de 1899, a mudança de redação). A brochura será reeditada proximamente pela Liga.

necessidade de "elevar a organização, a disciplina e a técnica da conspiração ao mais alto grau de perfeição"). A proposta para retomar a publicação do *Rabótchaia Gazeta* não chega a se realizar e os artigos não são publicados.

Quarto fato. Um membro do comitê organizador do II Congresso ordinário de nosso partido comunica a um dos membros do grupo do *Iskra* o programa do congresso e apresenta a candidatura desse grupo à redação do *Rabótchaia Gazeta*, que devia retomar a sua publicação. Essa diligência, por assim dizer, preliminar, é depois sancionada tanto pelo comitê a que a referida pessoa pertencia quanto pelo Comitê Central do Bund; o grupo do *Iskra* é informado do local e da data do congresso, mas o grupo (não tendo, por determinados motivos, a certeza de poder enviar um delegado a esse congresso) redige também um relatório escrito. No referido relatório, defende-se a ideia de que apenas com a eleição de um Comitê Central, longe de se resolver o problema da unificação em um momento de completa fragmentação como o atual, corremos, pelo contrário, o risco de comprometer a grande ideia da criação do partido, no caso de se verificar novamente uma rápida e completa onda de prisões, coisa mais do que provável quando reina a falta de secretismo; e, por isso, devia-se começar por convidar todos os comitês e todas as demais organizações a apoiar o órgão comum quando reiniciasse sua publicação, órgão que realmente vincularia todos os comitês por meio de uma ligação *efetiva* e prepararia *realmente* um grupo de dirigentes de todo o movimento – e depois os comitês e o partido poderiam já facilmente transformar esse grupo criado pelos comitês em um Comitê Central, assim que esse grupo tivesse se desenvolvido e se fortalecido. O congresso, porém, não pôde se reunir devido a uma série de fracassos, e, por razões conspirativas, destruiu-se o relatório, que só alguns camaradas, entre eles os delegados de um comitê, tiveram a chance de ler.

Que o leitor julgue agora por si mesmo o caráter de métodos como a alusão do Bund a uma impostura ou o argumento da *Rabótcheie Dielo* de que queremos relegar os comitês ao reino das sombras, "substituir" a organização do partido por uma organização para a difusão das ideias de um só jornal. Sim, precisamente perante os comitês, depois de *inúmeros convites* feitos por eles, apresentamos relatórios sobre a necessidade de se adotar um determinado plano de trabalho comum. E precisamente para a organização do partido elaboramos esse plano em nossos artigos enviados ao *Rabótchaia Gazeta* e no relatório para o congresso do partido, e repetimos que o fizemos a convite de pessoas que ocupavam uma posição tão influente no partido que tomavam a iniciativa de o reconstruir (de fato). E só quando fracassaram as *duas* tentativas da organização do partido, em *conjunto* conosco, de reiniciar *oficialmente* a publicação do órgão central do partido, julgamos que era nossa obrigação direta apresentar um órgão não oficial, a fim de que, na *terceira* tentativa, os camaradas vissem já alguns resultados da *experiência* e não meras conjecturas. No presente momento, todos já podem observar certos resultados dessa experiência, e todos os camaradas podem julgar se compreendemos com acerto qual era nossa obrigação e o que pensar de pessoas que, contrariadas por termos mostrado a uns sua inconsequência em relação à questão "nacional" e a outros a inadmissibilidade de suas vacilações sem princípios, procuram induzir ao erro as pessoas que desconhecem o passado mais recente.

B) PODERIA UM JORNAL SER UM ORGANIZADOR COLETIVO?

A chave do artigo "Por onde começar?" consiste justamente em responder a essa questão e resolvê-la pela afirmativa. A única pessoa que, pelo que conhecemos, tentou analisar a questão a fundo e provar a necessidade de resolvê-la de modo negativo foi L. Nadiéjdin, cujos argumentos reproduzimos na íntegra:

> Muito nos agrada que o *Iskra* (n. 4) coloque a questão da necessidade de um jornal para toda a Rússia, mas não podemos de maneira alguma estar de acordo que esse modo de colocar o problema corresponda ao título do artigo "Por onde começar?". É sem dúvida um dos assuntos de extrema importância, mas não é com isso, nem com toda uma série de panfletos populares, nem com uma montanha de proclamações que se podem criar os fundamentos de uma organização de combate para um momento revolucionário. É indispensável começar a formar organizações políticas locais fortes. Não as temos, nosso trabalho desenvolveu-se sobretudo entre os operários intelectuais, enquanto as massas travavam

quase exclusivamente a luta econômica. *Se não se educam fortes organizações políticas locais, que valor poderia ter um jornal para toda a Rússia, mesmo que esteja excelentemente organizado?* Uma sarça ardente que queima sem se consumir, mas que não queima ninguém! O *Iskra* acha que em torno desse jornal, no trabalho para ele, o povo vai se concentrar, vai se organizar. *Mas é muito mais fácil para ele concentrar-se e organizar-se em torno de um trabalho mais concreto!* Esse trabalho pode e deve ser o de organizar jornais locais em vasta escala, o de preparar imediatamente as forças operárias para manifestações, o de levar as organizações locais a trabalhar constantemente entre os desempregados (difundindo persistentemente entre eles folhas volantes e panfletos, convocando-os para reuniões, exortando-os à resistência ao governo etc.). É preciso dar início a um trabalho político vivo no plano local, e quando surgir a necessidade de unificação nessa base real, a união não será algo de artificial, não ficará no papel. Porque não é com jornais que se conseguirá essa unificação do trabalho local em uma obra comum a toda a Rússia! (Às vésperas da revolução, p. 54)

Destacamos nessa tirada eloquente as passagens que permitem demonstrar com maior relevo tanto a opinião errada do autor sobre nosso plano quanto, em geral, o falso ponto de vista que ele opõe ao *Iskra*. Se não se educam fortes organizações políticas locais, não terá nenhum significado o melhor jornal destinado a toda a Rússia. Completamente justo. Mas trata-se precisamente de que *não existe nenhum outro meio para educar* fortes organizações políticas senão um jornal para toda a Rússia. O autor não notou a declaração mais importante do *Iskra*, feita antes de passar a expor seu "plano": é fundamental "a convocação para a formação de uma organização revolucionária capaz de unir todas as forças e de dirigir o movimento, *não só de uma maneira nominal*, mas na própria realidade, ou seja, capaz de estar *sempre pronta a apoiar qualquer protesto e qualquer explosão*, aproveitando-os para multiplicar e robustecer as forças de combate aptas à batalha decisiva". Mas agora, depois de fevereiro e março, todos estarão em princípio de acordo com isso – continua o *Iskra* –, e o que nós precisamos não é *resolver uma questão* de princípio, mas sim *de prática*; é necessário estabelecer imediatamente um plano determinado para a construção, para que todos possam, agora mesmo e *nas diferentes frentes*, iniciar a construção. E de novo aqui nos arrastam para trás de uma solução prática, para uma verdade em princípio justa, incontestável, grande, mas completamente insuficiente, completamente incompreensível às grandes massas trabalhadoras: para a "educação de fortes organizações políticas"! Mas não é disso que se trata, respeitável autor, e sim de *como, justamente,* é preciso e será preciso educar!

Não é verdade que "nosso trabalho se desenvolveu sobretudo entre os operários intelectuais, enquanto as massas travavam quase exclusivamente a luta econômica". Sob essa forma, a tese desvia-se para a tendência, habitual no *Svoboda* e radicalmente errada, de opor os operários intelectuais à "massa". Pois, nestes últimos anos, também os operários intelectuais de nosso país travaram "quase exclusivamente a luta econômica". Isso, por um lado. Por outro, tampouco as massas aprenderão a travar a luta política enquanto nós não ajudarmos a *formar* dirigentes para essa luta, saídos tanto dos operários intelectuais como da *intelligentsia*; e esses dirigentes podem se formar, *exclusivamente,* começando pela apreciação sistemática e cotidiana de todos os aspectos de nossa vida política; de *todas* as tentativas de protesto e de luta das diferentes classes e por diferentes motivos. Por isso, falar de "educar organizações políticas" e, ao mesmo tempo, opor o "trabalho da papelada" de um jornal político ao "trabalho político vivo no plano local" é simplesmente ridículo! Ora, se o *Iskra* adapta precisamente seu "plano" de um jornal ao "plano" de criar uma "preparação combativa" que possa apoiar tanto um movimento de desempregados, um levantamento de camponeses, quanto o descontentamento dos *zémtsi*, "a indignação da população contra os *bashi-bazouk* tsaristas cheios de soberba" e assim por diante. Além disso, qualquer pessoa familiarizada com o movimento sabe muito bem que a imensa maioria das organizações locais *nem sequer pensa* nisso; que muitas das perspectivas aqui esboçadas de "um trabalho político vivo" não foram aplicadas na prática *nem uma só vez* por nenhuma organização; que, por exemplo, a tentativa para chamar atenção para o recrudescimento da insatisfação e dos protestos entre os intelectuais dos *zémstvi* origina um sentimento de confusão e perplexidade tanto em Nadiéjdin ("Meu Deus! Mas será esse órgão para os *zémtsi*?", *Às vésperas da revolução,* p. 129) como nos "economistas" (ver a carta no número 12 do *Iskra*), como em muitos militantes práticos. Nessas condições, é possível "começar" *apenas* incitando as pessoas a *pensar* em tudo isso, a resumir e sintetizar todos e cada um dos indícios de efervescência e de luta ativa. Em nosso tempo, quando se rebaixa a importância das tarefas social-democratas, o "trabalho político ativo" pode *iniciar-se exclusivamente* por uma agitação política viva, coisa impossível sem um jornal para toda a Rússia, que apareça frequentemente e se difunda com regularidade.

As pessoas que consideram o "plano" do *Iskra* uma manifestação de "literatismo" não compreenderam de modo algum a própria essência do plano, tomando como fim o que se propõe como meio mais adequado para o momento presente. Essas pessoas não se deram ao trabalho de refletir sobre duas comparações que ilustram claramente o plano proposto. A organização de um jornal político para toda a Rússia – escreveu-se no *Iskra* – deve ser o fio fundamental, seguindo o qual podemos invariavelmente desenvolver, aprofundar e ampliar essa organização (isto é, uma organização revolucionária sempre pronta a apoiar qualquer protesto e qualquer explosão). Digam-nos, por favor: quando os pedreiros colocam em diferentes pontos as pedras de um edifício enorme e sem precedentes, será um trabalho "de papelada" esticar um fio que os ajude a encontrar o lugar justo para as pedras, que lhes indique a finalidade da obra comum, que lhes permita colocar não só cada pedra, mas mesmo cada porção de pedras, que, ao somar-se às precedentes e às seguintes, formará a linha acabada e total? E não estaríamos nós, por acaso, vivendo um momento como este em nossa vida de partido, quando temos pedras e pedreiros, mas falta-nos precisamente o fio, visível a todos e pelo qual todos podem se guiar? Deixem que gritem que, ao esticarmos o fio, estamos querendo comandar: se quiséssemos comandar, senhores, escreveríamos o *Rabótchaia Gazeta* n. 3 em vez do *Iskra* n. l, como nos propuseram alguns camaradas e como teríamos pleno direito de fazer depois dos acontecimentos anteriormente relatados. Mas não o fizemos: queríamos ter as mãos livres para desenvolver uma luta intransigente contra qualquer tipo de pseudossocial--democrata; queríamos que nosso fio, se está justamente esticado, fosse respeitado por sua justeza, e não por ter sido esticado por um órgão oficial.

> A questão de unificar as atividades locais em órgãos centrais move-se num círculo vicioso – diz-nos sentenciosamente L. Nadiéjdin –, a unificação requer homogeneidade de elementos, e essa homogeneidade não pode ser criada senão

por um aglutinador, mas esse aglutinador só pode aparecer como produto de organizações locais fortes, que, neste momento, não se distinguem de maneira alguma por sua homogeneidade.

Verdade tão respeitável e tão incontestável quanto a de que é necessário educar organizações políticas fortes. E não menos estéril do que essa. *Qualquer* questão "se move num círculo vicioso", pois toda a vida política é uma cadeia sem fim, composta de uma série infinita de elos. Toda a arte de um político consiste em encontrar e agarrar-se com força precisamente ao pequenino elo que menos lhe possa ser arrancado das mãos, que seja o mais importante num dado momento e que melhor garanta a seu possuidor a posse de toda a cadeia*. Se tivéssemos um destacamento de pedreiros experientes, que trabalhassem de modo tão harmônico que, mesmo sem o fio, pudessem colocar as pedras precisamente onde é necessário (falando abstratamente, não é algo de modo algum impossível), poderíamos talvez nos agarrar também a um outro elo. Mas a desgraça é que justamente não temos ainda pedreiros experientes, as pedras são colocadas frequentemente ao acaso, não estão alinhadas pelo fio comum e estão de tal forma desordenadas que o inimigo as dispersa com um sopro como se fossem grãos de areia e não pedras.

Outra comparação:

> O jornal não é apenas um propagandista coletivo e um agitador coletivo, mas também um organizador coletivo. Nesse último sentido, pode ser comparado aos andaimes que se levantam em torno de um edifício em construção, marcando-lhe os contornos, facilitando as comunicações entre os construtores, ajudando-os a repartir entre si o trabalho e a observar os resultados gerais alcançados pelo trabalho organizado.**

Não é verdade que isso seria exagerar seu papel de literato, de uma pessoa de gabinete? Os andaimes não são imprescindíveis para a própria casa: são

---

* Camarada Kritchévski e camarada Martínov! Chamo-lhes a atenção para essa escandalosa manifestação de "absolutismo", de "autoridade sem controle", de "regulação suprema" etc. Vejam: quer apoderar-se de toda a cadeia!!! Apressem-se a apresentar a sua queixa. Já têm um tema para dois artigos de fundo no n. 12 da *Rabótcheie Dielo*.

** Martínov, ao inserir na *Rabótcheie Dielo* a primeira frase dessa citação (n. 10, p. 62), omite precisamente a segunda frase, como que sublinhando assim que não queria tocar na essência da questão ou era incapaz de compreendê-la.

feitos com um material de qualidade inferior, são utilizados durante um período relativamente curto e lançados ao fogo uma vez terminado o edifício, ainda que apenas em suas grandes linhas. No que diz respeito à construção de organizações revolucionárias, a experiência mostra que é possível, por vezes, construir sem andaimes – lembrem-se da década de 1870. Mas agora não podemos sequer imaginar a possibilidade de construir sem andaimes o edifício de que temos necessidade.

Nadiéjdin não está de acordo com isso e diz: "O *Iskra* acha que em torno desse jornal, no trabalho para ele, o povo vai se concentrar, vai se organizar. *Mas é muito mais fácil para ele* concentrar-se e organizar-se em torno de um trabalho *mais concreto*!". Pois bem: "mais fácil concentrar-se e organizar-se em torno de um trabalho mais concreto"... Diz o provérbio russo: "Não cuspas no poço de cuja água terás de beber". Mas há pessoas que não se importam de beber de um poço em cuja água já se cuspiu. Em nome dessa maior concretude, quantas infâmias não disseram e escreveram nossos notáveis "críticos" legais do "marxismo" e os admiradores ilegais do *Rabótchaia Misl*! Até que ponto está todo o nosso movimento abafado por nossa estreiteza de vistas, por nossa falta de iniciativa e por nossa timidez, justificada com os argumentos tradicionais: "muito mais fácil [...] em torno de um trabalho mais concreto!". E Nadiéjdin, que se considera dotado de um sentido especial da "vida", que condena com singular severidade as pessoas de "gabinete", que acusa o *Iskra* (com pretensões de sagacidade) da debilidade de ver o "economismo" por todos os lados, que imagina estar muito acima dessa divisão em ortodoxos e críticos, não nota que com seus argumentos favorece uma estreiteza de visão que lhe ultraja e bebe a água do poço em que mais se cuspiu! Sim, não basta a indignação mais sincera contra a estreiteza de visão, o desejo mais ardente de elevar as pessoas que se curvam perante ela, se aquele que se indigna anda à deriva, sem velas e sem leme, e se, tão "espontaneamente" como os revolucionários da década de 1870, agarra-se ao "terror excitante", ao "terror agrário", ao "soar do sino" etc. Vejam em que consiste esse algo "mais concreto" em torno do qual, pensa ele, "será muito mais fácil" concentrar-se e organizar-se: 1) jornais locais; 2) preparação de manifestações; 3) trabalho entre os desempregados. À primeira vista, nota-

-se que todas essas coisas são tomadas completamente ao acaso, unicamente para se dizer alguma coisa, porque, qualquer que seja a forma com que forem consideradas, seria uma total incongruência encontrar nelas o quer que seja de especialmente capaz de "concentrar e organizar". E o próprio Nadiéjdin diz algumas páginas mais à frente:

> Já é hora de considerar um fato: na base faz-se um trabalho extremamente mesquinho, os comitês não fazem um décimo do que poderiam fazer [...] os centros de unificação que temos atualmente são uma ficção, burocracia revolucionária, promoção recíproca a general, e assim continuarão as coisas enquanto não se desenvolverem fortes organizações locais.

Não há dúvida de que essas palavras, ao mesmo tempo que são exageros, encerram muitas e amargas verdades; mas será que Nadiéjdin não vê a ligação que existe entre o trabalho mesquinho na base e o estreito horizonte dos militantes, o reduzido alcance de suas atividades, algo inevitável, dada a pouca preparação dos militantes confinados nos limites das organizações locais? Teria Nadiéjdin, tal como o autor do artigo sobre organização publicado no *Svoboda*, esquecido que a passagem para uma ampla imprensa local (desde 1898) foi acompanhada de uma intensificação especial do "economismo" e do "caráter artesanal"? Além disso, mesmo que fosse possível uma organização mais ou menos satisfatória de "uma ampla imprensa local" (e já demonstramos anteriormente que, salvo casos muito excepcionais, isso era impossível), ainda assim os órgãos locais tampouco poderiam "concentrar e organizar" *todas* as forças dos revolucionários para uma ofensiva *comum* contra a autocracia, para dirigir a luta *única*. Não se esqueçam de que aqui se trata *somente* do alcance "concentrador", organizador, do jornal, e poderíamos fazer a Nadiéjdin, defensor da fragmentação, a mesma pergunta irônica que ele faz: "Teríamos herdado, de um lugar qualquer, uma força de 200 mil organizadores revolucionários?". Adiante, "a preparação de manifestações" não se pode *contrapor* ao plano do *Iskra* pela simples razão de esse plano dizer precisamente que as manifestações mais amplas são *um de seus fins*; trata-se da escolha do *meio* prático. Aqui, mais uma vez Nadiéjdin se enredou, não vendo que só um exército já "concentrado e organizado" pode "preparar" manifestações (que até agora, na imensa maioria dos casos, têm sido completamente espontâneas), e o que justamente *não sabemos é* concentrar e organizar. "Trabalho entre os desempregados". De novo aquela mesma confusão, pois isso também representa uma das ações militares de um exército mobilizado e não um plano para mobilizar esse exército. O caso seguinte demonstra até que ponto Nadiéjdin subestima, também nesse sentido, o prejuízo que nos causa a fragmentação, a falta entre nós de uma "força de 200 mil organizadores". Muitos (e entre eles Nadiéjdin) censuram o *Iskra* pela pobreza de notícias sobre o desemprego, pelo caráter casual das crônicas sobre os fenômenos mais habituais da vida rural. É uma censura merecida, mas o *Iskra* é "culpado sem ter culpa". Nós procuramos "esticar um fio" também através da aldeia, mas ali quase não há pedreiros e é preciso encorajar *qualquer um* que nos comunique até mesmo os fatos mais habituais, na esperança de que isso multiplicará o número de colaboradores nesse terreno e *ensinará a nós todos* como escolher, finalmente, os fatos realmente relevantes. Mas há tão pouco material de ensino que, se não o sintetizamos à escala de toda a Rússia, não há absolutamente nada que aprender. Não há dúvida de que uma pessoa que tenha, mesmo que seja aproximadamente, as aptidões de agitador e o conhecimento da vida dos vagabundos que observamos em Nadiéjdin poderia, com a agitação entre os desempregados, prestar inestimáveis serviços ao movimento; mas uma pessoa assim enterraria seu talento se não tivesse o cuidado de manter todos os camaradas russos a par de todos os detalhes de sua atuação para servir de ensinamento e de exemplo às pessoas que, em sua imensa maioria, não sabem ainda iniciar esse novo trabalho.

Todos, sem exceção, falam hoje da importância da unidade, da necessidade de "concentrar e organizar", mas, na maioria das vezes, não têm uma noção exata de por onde começar e de como realizar essa unificação. Todos estarão certamente de acordo que, "se unificássemos" os círculos isolados – digamos, de bairro – de uma cidade, seriam necessários para isso *organismos comuns*, ou seja, não só a denominação comum de "união", mas um trabalho realmente *comum*, um intercâmbio de materiais, de experiência, de forças, uma distribuição de funções, não já só por bairros, mas de acordo com as especialidades de todas as atividades urbanas. Qualquer um concordará que um sólido aparelho conspirativo não cobrirá seus gastos (se é que se pode utilizar uma expressão comercial) com os "recursos" (tanto materiais quanto humanos, evidentemente) de um único bairro, e que o talento de um especialista não poderá se desenvolver em um campo de ação tão reduzido. O mesmo se poderá dizer, contudo, também da união de várias cidades, pois, como *mostra* e já mostrou a história de nosso movimento social-democrata, mesmo o campo de ação de uma localidade isolada mostra-se e já se mostrou enormemente estreito: isso já o demonstramos em detalhes adiante, com o exemplo da agitação política e do trabalho de organização. É necessário, é incondicionalmente necessário, antes de mais nada, alargar esse campo de ação, criar uma ligação *efetiva* entre as cidades, com base em um trabalho *regular e comum*, pois o fracionamento deprime as pessoas que "estão sentadas em uma fossa"[4] (expressão do autor de uma carta dirigida ao *Iskra*), sem saber o que se passa no mundo, com quem têm de aprender, como adquirir experiência de modo a satisfazer seu desejo de uma atividade ampla. E eu continuo a insistir que essa ligação *efetiva* só pode *começar* a ser criada com base em um jornal comum que seja, para toda a Rússia, a única empresa regular nacional a fazer o balanço de toda a atividade, em seus aspectos mais variados, *que incite*, dessa maneira, as pessoas a seguir incansavelmente adiante, por *todos* os numerosos caminhos que levam à revolução, como todos os caminhos que levam a Roma. Se queremos a unidade não só nas palavras, é necessário que cada círculo local *dedique imediatamente*, suponhamos, um quarto de suas forças a um trabalho *ativo* para a causa *comum*, e o jornal na hora mostrará* a ele os contornos gerais, as proporções

---

[4] No "Relatório da organização Iskra ao II Congresso do POSDR", redigido por N. K. Krúpskaia, diz-se: "Entretanto, a necessidade de expandir o escopo do trabalho local era mais ou menos claramente reconhecida em todos os lugares. 'Eles se sentam como se estivessem sentados em uma fossa, não sabem nada do que está sendo feito em outros lugares' – escreveu um correspondente sobre o Comitê de Kiev. Não sei quão justo isso foi em relação ao Comitê de Kiev, mas, de modo geral, 'sentar na fossa' era mais do que suficiente na época" ("Relatórios dos comitês social-democratas ao segundo congresso do RSDLP", Moscou-Leningrado, 1930, p. 31). (N. E. R.)

* *Uma reserva*: desde que simpatize com a orientação do jornal e considere útil à causa ser seu colaborador, entendendo-se por isso não só a colaboração literária, mas toda a colaboração revolucionária em geral. Nota para a *Rabótcheie Dielo*: essa reserva se subentende para os revolucionários que apreciam o trabalho e não brincam de democratismo, que não separam as "simpatias" da participação mais ativa e real.

e o caráter da causa, mostrará a ele quais são as lacunas que mais se notam em toda a atividade geral da Rússia, onde é que não existe agitação, onde são frágeis as ligações, quais são as engrenagens do enorme mecanismo geral que este ou aquele círculo poderia reparar ou substituir por outras melhores. Um círculo que ainda não tenha trabalhado, mas procura apenas trabalhar, poderia começar já não como artesão em sua pequena oficina isolada, sem conhecer o desenvolvimento da "indústria" anterior a ele nem o estado geral de determinadas formas de produção industrial, mas como colaborador de uma empresa ampla que *reflete* todo o impulso revolucionário geral contra a autocracia. E quanto mais perfeita for a preparação de cada engrenagem isolada, quanto mais numerosos forem os trabalhadores isolados que participam da obra comum, tanto mais apertada seria nossa rede e tanto menos perturbações em nossas fileiras provocariam as inevitáveis prisões.

A ligação *efetiva* começaria já a ser criada por meio da simples função de difusão do jornal (se ele realmente merecer ser chamado de jornal, ou seja, se sair regularmente, umas quatro vezes por mês, e não uma vez por mês como as revistas volumosas). Atualmente são raríssimas, e em todo o caso uma exceção, as relações entre as cidades sobre assuntos revolucionários; então, essas relações se converteriam em regra e, naturalmente, assegurariam não só a difusão do jornal, mas também (o que é muito mais importante) o intercâmbio de experiência, de materiais, de forças e de recursos. Imediatamente o trabalho de organização ganharia uma envergadura muito maior, e o êxito alcançado em uma localidade encorajaria constantemente o aperfeiçoamento do trabalho e o aproveitamento da experiência já adquirida por um camarada que atua em outro extremo do país. O trabalho local seria muito mais rico e variado do que é atualmente; as denúncias políticas e econômicas que se recolhessem por toda a Rússia alimentariam intelectualmente os operários de todas as profissões e *de todos os estágios de desenvolvimento*, forneceriam dados e ocasião para conversas e leituras sobre os mais variados problemas, suscitados, além disso, pelas alusões feitas pela imprensa legal, pelas conversas em sociedade e pelos "tímidos" comunicados do governo. Cada explosão, cada manifestação, seria apreciada e discutida em todos os seus aspectos e em todos os confins da Rússia, fazendo surgir o desejo de não ficar atrás dos outros, de fazer melhor que os outros (nós, os socialistas, não excluímos de modo algum a competição, a "concorrência", em geral!), de preparar conscientemente o que da primeira vez se fez até certo ponto espontaneamente, de aproveitar as condições favoráveis de uma determinada localidade ou de um determinado momento para modificar o plano de ataque etc. Ao mesmo tempo, essa reanimação do trabalho local não acarretaria a desesperada tensão "agônica" de *todas* as forças, nem a mobilização de *todas* as pessoas, como acontece agora com frequência, quando há de se organizar uma manifestação ou publicar um número de um jornal local: por um lado, a polícia enfrentaria dificuldades muito maiores para chegar até "a raiz", já que não saberia em que localidade haveria de procurá-la; por outro, um trabalho comum e regular ensinaria as pessoas a reconciliar em cada caso concreto a força de um *dado* ataque com o estado de forças deste ou daquele destacamento do exército comum (agora quase ninguém está pensando, em nenhum lugar, nessa coordenação, pois nove décimos dos ataques se produzem espontaneamente), e facilitaria o "transporte" de um lugar para outro não só das publicações, mas também das forças revolucionárias.

Hoje, na maioria dos casos, essas forças são sangradas no estreito trabalho local, mas, então, haveria possibilidades e ocasiões constantes para transferir um agitador ou organizador mais ou menos capaz de um extremo a outro do país. Começando com uma pequena viagem para tratar de assuntos do partido e à custa do partido, os militantes se habituariam a viver inteiramente por conta do partido, a tornar-se revolucionários profissionais, a formar-se como verdadeiros dirigentes políticos.

E se realmente conseguíssemos que todos, ou uma maioria considerável dos comitês, grupos e círculos locais, empreendessem ativamente o trabalho comum, poderíamos, em um futuro muito próximo, estar em condições de publicar um semanário que se difundisse regularmente em dezenas de milhares de exemplares por toda a Rússia. Esse jornal seria uma parte de um gigantesco fole de uma forja que inflamaria cada faísca da luta de classes e da indignação do povo em um incêndio comum. Em torno desse trabalho, em si muito inofensivo e muito pequeno ainda, mas regular e comum no pleno sentido da palavra, sistematicamente se concentraria e se instruiria um exército permanente de lutadores experientes. Sobre os andaimes dessa obra comum de organização, rapidamente veríamos subir e destacar-se, entre nossos revolucionários, os Jeliábov social-democratas; entre nossos operários, os Bebel russos, que se poriam na linha de frente do exército mobilizado e levantariam todo o povo para acabar com a ignomínia e a maldição da Rússia.

Eis com o que é preciso sonhar!

* * *

"É preciso sonhar!" Escrevi essas palavras e assustei-me. Imaginei-me sentado no "congresso de unificação", tendo a minha frente os redatores e colaboradores da *Rabótcheie Dielo*. E eis que se levanta o camarada Martínov e, em tom ameaçador, dirige-se a mim: "Permita-me fazer-lhe uma pergunta: tem ainda a redação autônoma o direito de sonhar sem prévio referendo dos comitês do partido?". Atrás dele, levanta-se o camarada Kritchévski e (aprofundando filosoficamente o camarada Martínov, que já há muito tempo aprofundara o camarada Plekhánov), num tom ainda mais ameaçador, continua: "Vou ainda mais longe. Pergunto se, em geral, um marxista tem o direito de sonhar, se não esquece que, segundo Marx, a humanidade sempre colocou diante si tarefas realizáveis, e que a tática é um processo de crescimento das tarefas, as quais crescem com o partido".

Só de pensar nessas perguntas ameaçadoras sinto calafrios, e penso em apenas uma coisa: onde é que irei me esconder. Tentarei esconder-me atrás de Píssarev.

> Há desacordos e desacordos [escreveu Píssarev sobre o desacordo entre os sonhos e a realidade]. Os meus sonhos podem ultrapassar o curso natural dos acontecimentos ou podem desviar-se para um lado onde o curso natural dos acontecimentos não pode nunca chegar. No primeiro caso, os sonhos não produzem nenhum dano, e podem até apoiar e reforçar as energias do trabalhador [...]. Nesses tipos de sonhos, nada existe que possa deformar ou paralisar a força do trabalho. Muito pelo contrário. Se uma pessoa estivesse absolutamente privada da capacidade de sonhar assim, se não pudesse, de vez em quando, adiantar-se e contemplar em imaginação o quadro inteiramente acabado da obra que se esboça entre suas mãos, eu não poderia de maneira

alguma compreender que razão levaria o homem a iniciar e levar a seu termo vastos e penosos empreendimentos nas artes, nas ciências e na vida prática [...]. O desacordo entre os sonhos e a realidade nada tem de nocivo se a pessoa que sonha acredita seriamente em seu sonho, observa atentamente a vida, compara suas observações com seus castelos de areia e, de uma maneira geral, trabalha escrupulosamente para a realização de suas fantasias. Quando existe um contato entre o sonho e a vida, quer dizer que tudo vai bem.[5]

Pois bem, sonhos dessa natureza, infelizmente, são muito raros em nosso movimento. E a culpa é sobretudo dos representantes da crítica legal e do "rabeirismo" ilegal, que se gabam de sua ponderação, de sua "proximidade" do "concreto".

C) DE QUE TIPO DE ORGANIZAÇÃO PRECISAMOS?

A partir do que foi dito anteriormente, o leitor pode ver que nossa "tática-plano" consiste em rejeitar a *convocação* imediata para o assalto, em exigir que se construa "o cerco regular à fortaleza inimiga", ou, em outras palavras, em exigir que todos os nossos esforços tenham como objetivo reunir, organizar e *mobilizar* um exército regular. Quando ridicularizamos a *Rabótcheie Dielo* por seu salto do "economismo" aos clamores pelo assalto (gritos que irromperam impetuosamente em *abril* de 1901, no número 6 do *Listok "Rabótchego Diela"*), esse órgão nos atacou, evidentemente, acusando-nos de "doutrinarismo", de incompreensão do dever revolucionário, de convocação à prudência etc. Não nos surpreendem de modo algum, é claro, essas acusações na boca de pessoas que, não tendo qualquer princípio, se esquivam com a profunda "tática-processo"; como tampouco nos surpreende que essa acusação tenha sido repetida por Nadiéjdin, que, em geral, manifesta o mais altivo desprezo pela firmeza de princípios programáticos e táticos.

Dizem que a história não se repete. Mas Nadiéjdin empenha-se com todas as suas forças em repeti-la e imita zelosamente Tkatchov, dividindo o "trabalho cultural revolucionário", vociferando sobre o "soar dos sinos do

---

[5] Lênin cita o artigo de Dmítri I. Píssarev, "Erros de um pensamento imaturo". (N. E. R.)

vetche"[6], apregoando um "ponto de vista" especial "de vésperas da revolução" etc. Ele se esquece, pelo visto, da célebre frase que diz que, se o original de um acontecimento histórico é uma tragédia, sua cópia é apenas uma farsa[7]. A tentativa de tomada do poder preparada pela propaganda de Tkatchov e realizada pelo terror "intimidativo", e que realmente intimidava à sua época, era majestosa, enquanto o terror "excitante" desse pequeno Tkatchov é simplesmente ridículo e, sobretudo, é ridículo quando se completa com a ideia de organizar os operários médios.

> Se o *Iskra* [escreve Nadiéjdin] saísse de sua esfera de literatismo, veria que isso [fatos como a carta de um operário publicada no n. 7 do *Iskra* etc.] são sintomas que provam que brevemente, muito brevemente, começará o "assalto", e falar agora [sic!] de uma organização cujos fios nascem de um jornal para toda a Rússia é fomentar ideias de gabinete e trabalho de gabinete.

Observem essa inimaginável confusão: por um lado, terror excitante e "organização dos operários médios", juntamente com a ideia de que é "mais fácil" concentrar-se em torno de algo "mais concreto", por exemplo, em torno de jornais locais, e, por outro, falar "agora" de uma organização para toda a Rússia significa fomentar ideias de gabinete, isto é, "agora" (empregando uma linguagem mais franca e simples) já é tarde! E para "a ampla organização de jornais locais" não é tarde, respeitabilíssimo L. Nadiéjdin? E comparemos com isso o ponto de vista e a tática do *Iskra*: o terror excitante é uma tolice, falar em organizar precisamente os operários médios em uma *ampla* organização de jornais locais significa escancarar as portas ao "economismo". É preciso falar de uma organização de revolucionários única para toda a Rússia e não será tarde falar dela até chegar o momento em que começará o assalto, o verdadeiro e não o de papel.

> Sim, no que diz respeito à organização, nossa situação está muito longe de ser brilhante [continua Nadiéjdin]; sim, o *Iskra* tem toda a razão quando diz que o grosso de nossas forças de combate é constituído por voluntários

---

[6] Assembleia popular na antiga Rússia, convocada pelo toque dos sinos. (N. E. P.)
[7] Lênin faz alusão à conhecida passagem da obra de Karl Marx, *O 18 de brumário de Luís Bonaparte* (trad. Nélio Schneider, São Paulo, Boitempo, 2011), p. 25. (N. E. R. A.)

e insurrectos [...]. Está bem que possuam uma noção sóbria do estado de nossas forças. Mas por que se esquecem de que *a multidão não é de maneira nenhuma nossa* e que, portanto, *ela não vai nos perguntar* quando deve abrir as ações de guerra e lançar-se no "motim" [...]. Quando a própria multidão começar a atuar com sua força devastadora espontânea, então pode envolver e desalojar o "exército regular", que sempre se pensou organizar de maneira extraordinariamente sistemática, mas que não houve *tempo* de o fazer. [Os grifos são nossos.]

Que lógica surpreendente! *Justamente porque* a "multidão não é nossa", é insensato e indecente dar gritos de "assalto" para esse momento, pois o assalto é um ataque de um exército regular e não uma explosão espontânea da multidão. Justamente porque a multidão *pode* envolver e desalojar o exército regular que sem falta se torna necessário que todo o nosso trabalho de "organização extraordinariamente sistemática" do exército regular ande a par com a ascensão espontânea, porque quanto mais conseguirmos essa organização, tanto mais provável será que o exército regular não seja envolvido pela multidão, mas que se levante diante dela, em sua linha de frente. Nadiéjdin engana-se porque imagina que esse exército sistematicamente organizado se ocupa de coisas que o afastam da multidão, enquanto, na realidade, ele se ocupa exclusivamente de uma agitação política geral e multiforme, ou seja, justamente de um trabalho *que aproxima e funde num todo* a força destruidora espontânea da multidão e a força destruidora consciente da organização dos revolucionários. A verdade é que vocês, senhores, estão apontando o dedo para o espelho, pois precisamente o grupo Svoboda, ao introduzir no *programa* o terror, chama, com isso, à criação de uma organização de terroristas, e tal organização distrairia de fato nosso exército de sua aproximação com a multidão, que infelizmente não é ainda nossa e infelizmente não nos pergunta, ou quase não nos pergunta ainda, como e quando deve abrir as ações de guerra.

"Ficaremos contemplando a própria revolução", continua Nadiéjdin assustando o Iskra, "como ficamos contemplando os acontecimentos atuais que caíram como a neve sobre nossas cabeças." Essa frase, relacionada com as que ora citamos, demonstra claramente o absurdo do "ponto de vista" especial "de vésperas da revolução" compilado pelo *Svoboda**. O "ponto de vista" especial se reduz, se falarmos francamente, a que "agora" já é tarde para deliberar e nos prepararmos. Se é assim – ó, respeitabilíssimo inimigo do "literatismo"! – para que escrever 132 páginas impressas sobre "questões de teoria** e de tática"? Não lhes pareceria que, do "ponto de vista de vésperas da revolução", seria mais adequada uma edição de 132 mil folhas volantes com um breve chamado "ao ataque!"?

Corre menos riscos de ficar contemplando a revolução aquele que coloca em primeiro lugar tanto em seu programa quanto *em sua tática e em seu trabalho organizativo* a agitação política em todo o povo, como faz o *Iskra*. As pessoas que estiveram, em toda a Rússia, ocupadas em entrelaçar os fios de uma organização que se espalhe a partir de um jornal para toda a Rússia não só não ficaram contemplando os acontecimentos da Primavera, mas, pelo contrário, tiveram a possibilidade de prevê-los. Também não ficaram contemplando as manifestações descritas no número 13 e no número 14 do *Iskra*[8]: pelo contrário, participaram delas, com perfeita consciência de que era sua obrigação sair em defesa da ascensão espontânea da multidão, contribuindo, ao mesmo tempo, por meio de seu jornal, para que todos os camaradas russos ficassem sabendo dessas manifestações e utilizassem sua experiência. E se continuarem vivos, não ficarão contemplando a revolução que exigirá de nós, antes e acima de tudo, experiência em matéria de agitação, saber apoiar (apoiar de maneira social-democrata) todos os protestos,

---

* *Às vésperas da revolução*, p. 62.

** L. Nadiéjdin, diga-se de passagem, na sua "revista de questões teóricas" quase nada diz sobre as questões teóricas, salvo o seguinte passo, extremamente curioso do "ponto de vista de vésperas da revolução": "A bernsteiniada no seu conjunto perde neste momento a sua acuidade, como tanto se nos dá que o sr. Adamóvitch demonstre que o sr. Struve deve pedir a demissão ou que, pelo contrário, o sr. Struve desminta o sr. Adamóvitch e não consinta em demitir-se. Para nós, é absolutamente igual, porque soou a hora decisiva da revolução" (p. 110). Seria difícil descrever com maior clareza a despreocupação infinita que L. Nadiéjdin sente pela teoria. Como proclamamos que estamos em "vésperas da revolução", *portanto*, "dá no mesmo" que os ortodoxos consigam ou não desalojar definitivamente os críticos das suas posições!!! E o nosso sábio não percebe que, precisamente durante a revolução, nos farão falta os resultados da luta teórica contra os críticos para lutar decididamente contra as suas posições práticas!

8 Em novembro e dezembro de 1901, houve na Rússia uma onda de manifestações estudantis, apoiadas pelos operários. (N. E. R.)

saber orientar o movimento espontâneo, preservando-o dos erros dos amigos e das ciladas dos inimigos!

Chegamos, portanto, à última razão que nos força a insistir particularmente no plano de uma organização formada em torno de um jornal para toda a Rússia, por meio do trabalho conjunto para esse jornal comum. Apenas uma organização assim assegurará à organização de combate social-democrata a *flexibilidade* indispensável, ou seja, a capacidade de se adaptar imediatamente às condições de luta mais variadas e que mudam rapidamente; a habilidade de "por um lado, evitar as batalhas em campo aberto contra um inimigo que tem uma superioridade esmagadora de forças, quando este concentra toda a sua força num ponto, e, por outro, aproveitar a lentidão de movimentos desse inimigo para atacá-lo no local e no momento que ele menos espera ser atacado"*. Seria um erro gravíssimo estruturar a organização do partido contando apenas com explosões e lutas de rua ou só com a "marcha ascendente da cinzenta luta cotidiana". Devemos desenvolver *sempre* nosso trabalho cotidiano e estar sempre dispostos a tudo, porque muitas vezes é quase impossível prever como se alternarão os períodos de explosões com os de calma e, mesmo naqueles casos em que é possível, não se poderia aproveitar a previsão para reconstruir a organização, pois num país autocrático essas mudanças se produzem com assombrosa velocidade, às vezes como consequência de uma incursão noturna dos janízaros tsaristas. E a própria revolução não deve ser imaginada como um ato único (como pelo visto a imaginam os Nadiéjdin), mas como uma rápida sucessão de explosões mais ou menos violentas, alternando com períodos de calma mais ou menos profunda. Por isso, o conteúdo fundamental das atividades

---

* "Por onde começar?", *Iskra*, n. 4: "Um trabalho prolongado não assusta os educadores revolucionários que não partilham do ponto de vista de vésperas da revolução", escreve Nadiéjdin (p. 62). A esse propósito faremos a seguinte observação: se não soubermos elaborar uma tática política, um plano de organização, infalivelmente orientados para um trabalho muito prolongado e que assegurem ao mesmo tempo, pelo próprio processo desse trabalho, a preparação do nosso partido para ocupar o seu posto e cumprir o seu dever em qualquer circunstância imprevista, por mais que se precipitam os acontecimentos, seremos simplesmente aventureiros políticos desprezíveis. Só Nadiéjdin, que começou ontem a se intitular social-democrata, pode esquecer que a social-democracia tem como objetivo a transformação radical das condições de vida de toda a humanidade, e que por isso é imperdoável que um social-democrata se "assuste" com a duração do trabalho.

da organização de nosso partido, o foco dessas atividades, deve consistir em um trabalho que é possível e necessário tanto no período da explosão mais violenta quanto no da mais completa calma, a saber: um trabalho de agitação política unificada em toda a Rússia, que lance luz sobre todos os aspectos da vida e se dirija às massas mais amplas. E esse trabalho é *inconcebível* na Rússia atual sem um jornal para toda a Rússia e que apareça com muita frequência. A organização que se formar por si mesma em torno desse jornal, a organização de seus *colaboradores* (no sentido amplo do termo, ou seja, de todos aqueles que trabalham para ele) estará precisamente disposta *a tudo*, desde salvar a honra, o prestígio e a continuidade do partido nos momentos de maior "depressão" revolucionária, até preparar, fixar e pôr em prática *a insurreição armada de todo o povo*.

Com efeito, imaginem o acontecimento muito comum entre nós de uma onda de prisões em uma ou em várias localidades. Na falta, em todas as organizações locais, de um trabalho comum e regular, essas ondas de prisões são acompanhadas com frequência de uma interrupção do trabalho durante longos meses. Ao contrário, se *todas* têm *um único* trabalho comum, bastam, no caso de uma forte onda de prisões, algumas semanas de trabalho de duas ou três pessoas enérgicas para colocar em contato com um organismo central comum os novos círculos de jovens que, como se sabe, mesmo agora brotam com extrema velocidade; e quando o trabalho comum sofrer as consequências das ondas de prisões à vista de todos, os novos círculos podem surgir e pôr-se em contato com esse organismo central ainda mais rapidamente.

De outro ângulo, imaginem uma insurreição popular. Hoje, provavelmente, todos concordarão que devemos pensar nela e nos prepararmos para ela. Mas *como* nos preparar? Teria, então, o Comitê Central de designar agentes em todas as localidades para preparar a insurreição?! Mesmo se tivéssemos um CC, este, com essas designações, não conseguiria absolutamente nada, dadas as condições atuais da Rússia. Pelo contrário, uma rede de agentes* que se forme por si própria no trabalho de organização e de difusão

---

* Ai, ai de mim! Mais uma vez me escapou a terrível palavra "agentes", que tanto fere o ouvido democrático dos Martínov! É estranho para mim que essa palavra não tenha incomodado os corifeus da década de 1870 e que, pelo contrário, incomode os artesãos da de 1890. Essa palavra me agrada, pois

de um jornal comum não teria de "sentar e esperar" a palavra de ordem da insurreição, mas faria precisamente um trabalho regular que lhe garantiria, em caso de insurreição, as maiores probabilidades de êxito. Justamente esse trabalho reforçaria os laços de união tanto com as mais amplas massas operárias como com todos os setores descontentes com a autocracia, o que tem extrema importância para a insurreição. Justamente com base nesse trabalho se desenvolveria a capacidade de avaliar acertadamente a situação política geral e, por consequência, a capacidade para escolher o momento adequado para a insurreição. Justamente esse trabalho habituaria *todas* as organizações locais a responder simultaneamente a todos os problemas, incidentes ou acontecimentos políticos que animam toda a Rússia, a responder a esses "acontecimentos" da maneira mais enérgica, mais uniforme e mais conveniente possível; e, em essência, a insurreição é a "resposta" mais enérgica, mais uniforme e mais conveniente de todo o povo ao governo. Precisamente esse trabalho, por fim, habituaria todas as organizações revolucionárias, em todos os cantos da Rússia, a manter entre si as relações mais constantes e ao mesmo tempo mais conspirativas, relações que criariam a unidade *efetiva* do partido e sem essas relações não é possível discutir coletivamente um plano de insurreição, nem adotar às vésperas desta última as medidas preparatórias indispensáveis, medidas que devem ser mantidas no mais rigoroso segredo.

Em resumo, "o plano de um jornal político para toda a Rússia", não só não representa o fruto de um trabalho de gabinete de pessoas contaminadas pelo doutrinarismo e pelo literatismo (como pareceu a pessoas que meditaram pouco sobre ele), como é, pelo contrário, o plano mais prático para começarmos, em todas as frentes e imediatamente, a nos preparar para a insurreição, sem esquecer, ao mesmo tempo, nem por um instante, o indispensável trabalho de cada dia.

mostra, de maneira clara e precisa, a causa comum a que todos os agentes subordinam os seus pensamentos e os seus atos, e se tivesse de substituir essa palavra por uma outra, só escolheria a palavra "colaborador" se esta não tivesse certo sabor literato e vago. Porque do que necessitamos é de uma organização militar de agentes. Digamos, de passagem, que os numerosos Martínov (sobretudo no estrangeiro) que gostam de "se promover reciprocamente a general", poderiam dizer, em lugar de "agente do serviço de passaportes", "comandante-chefe da unidade especial destinada a fornecer passaportes aos revolucionários" etc.

CONCLUSÃO

A história da social-democracia russa se divide manifestamente em três períodos.

O primeiro período abarca cerca de dez anos, aproximadamente de 1884 a 1894. Foi o período de nascimento e de consolidação da teoria e do programa da social-democracia. O número de partidários da nova tendência na Rússia contava-se em unidades. A social-democracia existia sem movimento operário, atravessando, como partido político, um processo de desenvolvimento uterino.

O segundo período abarca três ou quatro anos, de 1894 a 1898. A social-democracia aparece como movimento social, como ascensão das massas populares, como partido político. Foi o período da infância e da adolescência. Com a rapidez de uma epidemia, propaga-se na *intelligentsia* a paixão generalizada pela luta contra o populismo e a ida aos operários, a paixão geral dos operários pelas greves. O movimento faz enormes progressos. A maioria dos dirigentes eram pessoas muito jovens, que estavam longe de atingir "a idade de 35 anos" que o senhor N. Mikháilovski considerava uma espécie de limite natural. Por sua juventude, não estavam preparados para o trabalho prático e desapareceram de cena com assombrosa velocidade. Mas o alcance de seu trabalho era, na maioria dos casos, bastante amplo. Muitos deles começaram a pensar de modo revolucionário, como *naródniki*. Quase todos, na tenra juventude, prestavam um culto entusiástico aos heróis do terror. E deu-lhes muito trabalho libertar-se da impressão sedutora dessa tradição heroica; foi preciso romper com pessoas que, a todo custo, queriam permanecer fiéis ao Naródnaia Vólia, pessoas que os jovens sociais-democratas respeitavam muito. A luta obrigava a estudar, a ler obras ilegais de todas as tendências, a se ocupar intensamente dos problemas do populismo legal. Formados nessa luta, os sociais-democratas iam ao movimento operário sem esquecer "um instante" nem a teoria do marxismo que os iluminou com uma luz brilhante nem a tarefa de derrubar a autocracia. A formação do partido, na primavera de 1898, foi o ato de maior relevo e ao mesmo tempo o *último* dos sociais-democratas desse período.

O terceiro período prepara-se, como acabamos de ver, em 1897 e substitui definitivamente o segundo período em 1898 (1898-?). É um período de dispersão, de desagregação, de vacilação. Tal como os adolescentes enrouquecem ao mudar de voz, também a social-democracia russa daquele período mudou a sua e começou a dar notas falsas, por um lado, nas obras dos senhores Struve e Prokopóvitch, Bulgákov e Berdiáiev; e, por outro, nas dos V. I. e R. M., de B. Kritchévski e Martínov. Mas retrocederam ou se dispersaram somente os dirigentes: o próprio movimento continuava a crescer e dava enormes passos adiante. A luta proletária ganhava novos setores de operários e propagava-se por toda a Rússia, contribuindo ao mesmo tempo, indiretamente, para avivar o espírito democrático entre os estudantes e as outras camadas da população. Mas a consciência dos dirigentes cedeu perante a envergadura e a força da ascensão espontânea; entre os sociais-democratas predominava já um outro período – o período dos militantes formados quase exclusivamente no espírito da literatura marxista "legal", algo tanto mais insuficiente quanto mais alto era o nível de consciência que deles exigia a espontaneidade das massas. Os dirigentes não só são ultrapassados, quer no sentido teórico ("liberdade de crítica"), quer no terreno prático ("caráter artesanal"), como procuram defender seu atraso recorrendo a toda espécie de argumentos retumbantes. A social-democracia é rebaixada ao nível do trade-unionismo, tanto pelos brentanistas da literatura legal como pelos rabeiristas da literatura ilegal. O programa do *Credo* começa a ser colocado em prática, sobretudo quando o "caráter artesanal" dos sociais-democratas reaviva as tendências revolucionárias não social-democratas.

E se o leitor me censurar por eu ter me ocupado muito detalhadamente com uma publicação como a *Rabótcheie Dielo*, eu respondo: a *Rabótcheie Dielo* adquiriu um significado "histórico", porque refletiu com o maior relevo o "espírito" desse terceiro período*. Não era o consequente R. M., mas justamente os cata-ventos Kritchévski e Martínov que seriam capazes, e do modo mais autêntico, de exprimir a dispersão e as vacilações, a disposição a fazer concessões à "crítica", ao "economismo" e ao terrorismo. O que caracteriza esse período não é o altivo desprezo pela prática por parte de qualquer admirador do "absoluto", mas justamente a união de um praticismo mesquinho com a mais completa despreocupação em relação à teoria. Os heróis desse período não se ocupavam tanto em negar abertamente "as grandiosas palavras" quanto em rebaixá-las: o socialismo científico deixou de ser uma teoria revolucionária integral, convertendo-se em uma mistura, à qual se acrescentavam "livremente" o conteúdo de qualquer novo manual alemão; a palavra de ordem "luta de classes" não conduzia a uma atividade cada vez mais ampla, cada vez mais enérgica, mas servia de amortecedor, já que "a luta econômica está intimamente ligada à luta política"; a ideia de partido não servia de convocação para se criar uma organização de combate de revolucionários, mas justificava uma espécie de "burocratismo revolucionário" e uma tendência pueril de brincar com as formas "democráticas".

Quando vai terminar o terceiro período e começar o quarto (em todo o caso, já prenunciado por muitos sinais) não sabemos. Do terreno da história estamos passando para o terreno do presente e, em parte, do futuro. Mas acreditamos firmemente que o quarto período levará à consolidação do marxismo militante, que a social-democracia russa sairá da crise ainda mais forte e mais vigorosa, de que "em troca" da retaguarda dos oportunistas se colocará um verdadeiro destacamento de vanguarda da classe mais revolucionária.

No sentido de uma convocação a essa "troca", e retomando tudo o que acabamos de expor, podemos dar à pergunta "o que fazer?" uma breve resposta:

Liquidar o terceiro período.

---

* Poderia responder também com um provérbio alemão: *Den Sack schlägt man, den Esel meint man*: é batendo na cangalha que o burro entende. Não só a *Rabótcheie Dielo*, mas a *grande massa* dos militantes práticos *e dos teóricos* entusiasmavam-se com a "crítica" da moda, enredavam-se na questão da espontaneidade, desviavam-se da concepção social-democrata das nossas tarefas políticas e de organização para a concepção trade-unionista.

SUPLEMENTO[1]
TENTATIVA DE FUSÃO DO *ISKRA* COM A *RABÓTCHEIE DIELO*

Resta-nos esboçar a tática adotada e consequentemente aplicada pelo *Iskra* em suas relações organizativas com a *Rabótcheie Dielo*. Essa tática já foi plenamente exposta no artigo do número 1 do *Iskra* sobre "A dissidência da União dos Sociais-Democratas Russos no Estrangeiro". Adotamos imediatamente o ponto de vista de que a *verdadeira* União dos Sociais-Democratas Russos no Estrangeiro, reconhecida pelo I Congresso de nosso partido como sua representante no estrangeiro, havia *rachado* em duas organizações; que a questão da representação do partido continuava em aberto, porque só provisória e condicionalmente se havia resolvido, no Congresso Internacional realizado em Paris, pela eleição para o Bureau Socialista Internacional permanente de dois membros que representavam a Rússia, um de cada parte da União rachada. Declaramos que, em essência, a *Rabótcheie Dielo* não estava *errada*; no que se refere aos princípios, colocamo-nos decididamente ao lado do grupo Osvobojdiénie Truda, mas negamo-nos, ao mesmo tempo, a entrar nos pormenores da cisão e assinalamos o mérito da União em relação ao trabalho puramente prático*.

Desse modo, nossa posição era, até certo ponto, de expectativa: fazíamos concessão à opinião dominante entre a maioria dos sociais-democratas russos, que defendiam que mesmo os inimigos mais decididos do "economismo" podiam trabalhar lado a lado com a União, porque esta havia declarado, mais de uma vez, que em princípio estava de acordo com o grupo

---

[1] Este apêndice foi suprimido por Lênin na reimpressão de *O que fazer?* e incluído na compilação *Em doze anos*, de 1907. (N. E. R.)

* Esse juízo sobre a dissidência não só se baseava no conhecimento da literatura, mas também em informações recolhidas no estrangeiro por alguns membros da nossa organização que ali haviam estado.

Osvobojdiénie Truda e que não pretendia, segundo afirmava, ter uma posição independente nos problemas fundamentais da teoria e da tática. A correção da posição que havíamos adotado foi confirmada indiretamente pelo seguinte fato: quase ao mesmo tempo em que aparecia o primeiro número do *Iskra* (dezembro de 1900), separaram-se da União três membros para formar o chamado Grupo de Iniciadores, os quais se dirigiram: 1) à seção do estrangeiro da organização do *Iskra*, 2) à organização revolucionária Sotsial-Demokrat e 3) à União, propondo sua mediação para entabular negociações de conciliação. As duas primeiras organizações deram imediatamente seu acordo, a *terceira recusou*. É verdade que, quando um orador expôs esses fatos no congresso de "unificação", realizado no ano passado, um membro da administração da União declarou que sua recusa se devia exclusivamente ao fato de não agradar à União a composição do Grupo de Iniciadores. Julgando meu dever comunicar essa explicação, não posso, contudo, não notar que, de minha parte, eu a considero insuficiente: ao conhecer o acordo das duas organizações para o início das conversações, a União poderia dirigir-se a elas, utilizando outro mediador ou diretamente.

Na Primavera de 1901, tanto a *Zariá* (n. 1, abril) como o *Iskra* (n. 4, maio) deram início a uma polêmica direta contra a *Rabótcheie Dielo*. O *Iskra* atacou, sobretudo, a "virada histórica" da *Rabótcheie Dielo* que, em sua edição de abril, ou seja, já depois dos acontecimentos da Primavera, deu mostras de pouca firmeza no que se refere à paixão pelo terror e pelos apelos "sanguinários". Apesar dessa polêmica, a União respondeu que estava disposta a recomeçar as negociações de conciliação por intermédio de um novo grupo de "conciliadores"[2]. A conferência preliminar de representantes

---

[2] Lênin refere-se ao grupo social-democrata no estrangeiro Borba, que se constituiu no verão de 1900 em Paris, e que em maio de 1901 passou a se chamar Grupo Borba. Com a intenção de reconciliar as orientações revolucionárias e oportunistas no seio da social-democracia russa, o Grupo Borba tomou a iniciativa de convocar a Conferência de Genebra dos Representantes das Organizações Social-Democratas no Estrangeiro, isto é, da redação do *Iskra* e da *Zariá*, da organização Sotsial-Demokrat, do Comitê no Estrangeiro do Bund e da União dos Sociais-Democratas Russos (junho de 1901) e participou dos trabalhos do Congresso "de Unificação" (outubro de 1901). Devido ao seu afastamento das concepções e da tática social-democratas, às suas ações desorganizadoras e à falta de laços com as organizações social-democratas da Rússia, o grupo não foi admitido no II Congresso do POSDR. Nessa ocasião, o Grupo Borba foi dissolvido. (N. E. R.)

das três organizações citadas realizou-se no mês de junho e elaborou um projeto de pacto, baseado em um "acordo em princípio", muito detalhado, que a União publicou na brochura *Dois congressos* e a Liga na brochura *Documentos do Congresso "de Unificação"*.

Em princípio, o conteúdo desse acordo (ou resoluções da conferência de junho, como é chamada com mais frequência) demonstra com clareza meridiana que nós exigíamos, como condição indispensável para a unificação, que se repudiasse do modo *mais decidido* toda e qualquer manifestação de oportunismo, em geral, e do oportunismo russo, em particular. "Rejeitamos", diz o primeiro parágrafo, "qualquer tentativa de introduzir o oportunismo na luta de classes do proletariado; tentativas que se traduziram no chamado 'economismo', bernsteinianismo, millerandismo etc." "A esfera de atividade da social-democracia compreende [...] a luta ideológica contra todos os adversários do marxismo revolucionário" (4, c). "Em todas as esferas do trabalho de agitação e de organização, a social-democracia não deve esquecer, nem um instante sequer, a tarefa imediata do proletariado russo: derrubar a autocracia" (5, a); "a agitação, não só no terreno da luta diária do trabalho assalariado contra o capital" (5, b); "não reconhecendo [...] o estágio de luta puramente econômica e de luta por reivindicações políticas parciais" (5, c); "consideramos importante para o movimento a crítica às correntes que tomam como princípio [...] o caráter elementar [...] e a estreiteza das formas inferiores do movimento" (5, d). Mesmo uma pessoa completamente alheia, depois de ler mais ou menos atentamente essas resoluções, verá por seu próprio enunciado que se dirigem contra os que eram oportunistas e "economistas", os que esqueceram, mesmo que por um instante, a tarefa de derrubar a autocracia, que aceitaram a teoria dos estágios, que tomaram como princípio a estreiteza de vistas etc. E quem conheça mais ou menos a polêmica do grupo Osvobojdiénie Truda, *Zariá* e *Iskra* com a *Rabótcheie Dielo* não duvidará nem por um instante de que essas resoluções rejeitavam, ponto por ponto, precisamente as aberrações em que caíra a *Rabótcheie Dielo*. Por isso, quando um dos membros da União declarou no congresso de "unidade" que os artigos publicados no número 10 da *Rabótcheie Dielo* não se deviam, de maneira alguma, à nova "virada histórica" da União, mas ao espírito "demasiado abstrato"* das resoluções, um dos oradores o expôs ao ridículo com toda a razão. As resoluções, respondeu, longe de serem abstratas, são extremamente concretas: basta um simples olhar para ver que "se queria pescar alguém".

Essa expressão deu origem no congresso a um episódio característico. Por um lado, B. Kritchévski agarrou-se à palavra "pescar", dizendo que se tratava de um lapso que denunciava má intenção de nossa parte ("montar uma armadilha") e exclamou em tom patético: "Quem exatamente queria pescar quem?". "Sim, de fato, quem?", perguntou ironicamente Plekhánov. "Vou ajudar o camarada Plekhánov em sua falta de perspicácia", respondeu B. Kritchévski, "vou lhe explicar que quem se queria pescar era a redação da *Rabótcheie Dielo*." (Gargalhada geral.) "Mas não vamos deixar que nos apanhem!" (Exclamações à esquerda: "Tanto pior para vocês!".) Por outro lado, um membro do Grupo Borba (grupo de conciliadores), falando contra as emendas às resoluções da União, e desejoso de defender nosso orador, declarou que a expressão "pescar" tinha, sem dúvida, escapado sem intenção no calor da polêmica.

No que se refere a mim, penso que essa "defesa" dificilmente deixará satisfeito o orador que fez uso da expressão. Penso que as palavras "pescar alguém" foram "ditas em tom de piada, mas pensadas a sério": sempre acusamos a *Rabótcheie Dielo* de falta de firmeza, de vacilações, razão por que *deveríamos*, naturalmente, tentar apanhá-la para no futuro tornar impossíveis as vacilações. Não se poderia falar aqui em má intenção, pois se tratava, ainda, de instabilidade de princípios. E soubemos "apanhar" a União com tal camaradagem** que as resoluções de junho foram assinadas pelo próprio B. Kritchévski e por outro membro da administração da União.

---

*   A afirmação foi retomada em *Dois congressos*, p. 25.

** Exatamente: dissemos na introdução às resoluções de junho que a social-democracia russa, no seu conjunto, manteve sempre a posição de princípios do grupo Osvobojdiénie Truda, e que o mérito da União foi sobretudo a sua atividade no campo das publicações e da organização. Em outros termos, afirmamos que estávamos completamente dispostos a esquecer o passado e a reconhecer que o trabalho dos nossos camaradas da União era útil para a causa, *na condição* de acabarem por completo as vacilações, que era o que pretendíamos com a "pesca". Qualquer pessoa imparcial que leia as resoluções de junho só nesse sentido as poderá compreender. Mas se agora a União, depois de ela própria ter provocado a ruptura, com a sua nova virada para o "economismo" (nos artigos do número 10 e nas emendas), acusa-nos solenemente de faltar com a verdade (*Dois congressos*, p. 30) por essas palavras sobre os seus méritos, essa acusação não pode, é claro, deixar de fazer sorrir.

Os artigos publicados no número 10 da *Rabótcheie Dielo* (nossos camaradas só viram esse número depois de terem chegado ao congresso, poucos dias antes do início das sessões) demonstraram claramente que, entre o verão e o outono, havia se operado uma nova virada na União: os "economistas" haviam alcançado mais uma vez a supremacia, e a redação, obediente a qualquer nova "corrente", havia recomeçado a defender os "mais declarados bernsteinianos" e a "liberdade de crítica", a defender a "espontaneidade" e a preconizar pela boca de Martínov a "teoria da restrição" da esfera de nossa influência política (o objetivo é acentuar essa mesma influência). Uma vez mais confirmou-se a acertada observação de Párvus de que é difícil apanhar um oportunista com *uma simples* fórmula, porque facilmente assinará *qualquer fórmula* e com não menos facilidade a renegará, porque o oportunismo consiste precisamente na falta de princípios mais ou menos definidos e firmes. Hoje, os oportunistas rejeitam *qualquer* tentativa de inserção do oportunismo, rejeitam *qualquer* restrição, prometem solenemente "não esquecer nem por um instante a derrubada da autocracia", fazer "a agitação não só no terreno da luta cotidiana do trabalho assalariado contra o capital" etc. etc. E amanhã mudam de tom e retomam o velho caminho com o pretexto da defesa da espontaneidade, da marcha ascendente da cinzenta luta cotidiana e da exaltação de reivindicações que prometem resultados tangíveis etc. Ao continuar a afirmar que nos artigos do número 10 "a União não viu nenhuma abjuração herética dos princípios gerais do projeto da conferência" (*Dois congressos*, p. 26), a União só revela, com isso, que é completamente incapaz ou que não quer compreender a essência das divergências.

Depois do número 10 da *Rabótcheie Dielo*, só nos restava fazer uma tentativa: iniciar uma discussão geral a fim de nos convencermos de que toda a União se solidarizaria com esses artigos e com sua redação. A União está, sobretudo, descontente conosco por esse fato, acusando-nos de querer semear a discórdia na União, de nos metermos em assuntos alheios e assim por diante. Acusações claramente infundadas, pois com uma redação eleita, e que "dá voltas" à mais leve brisa, tudo depende justamente da direção do vento, e nós definimos essa orientação nas sessões a portas fechadas, a que só assistiram os membros das organizações que vinham para se unificar. As propostas feitas pela União de emendas às resoluções de junho nos tiraram a última sombra de esperança de chegar a um acordo. As emendas são uma prova documental da nova virada para o "economismo" e da solidariedade da maioria da União com o número 10 da *Rabótcheie Dielo*. Do círculo de manifestações de oportunismo eliminava-se o "chamado economismo" (devido ao pretenso "sentido indefinido" dessas palavras, embora dessa motivação só se possa concluir a necessidade de definir com mais exatidão a essência de uma aberração amplamente difundida); eliminava-se também o "millerandismo" (embora B. Kritchévski o tivesse defendido na *Rabótcheie Dielo*, n. 2-3, p. 83-4, e de maneira ainda mais franca no *Vorwärts*)*. Apesar de as resoluções de junho indicarem claramente que a tarefa da social-democracia consistia em "dirigir todas as manifestações de luta do proletariado contra todas as formas de opressão política, econômica e social", exigindo assim que se introduzissem unidade e método em todas essas manifestações de luta, a União acrescentava frases completamente supérfluas, dizendo que a "luta econômica constitui um poderoso estímulo para o movimento de massas" (essas palavras, em si, são indiscutíveis, mas existindo um "economismo" estreito conduziriam, forçosamente, a interpretações falsas). Mais ainda: chegou-se ao extremo de introduzir nas resoluções de junho, de maneira descarada, a restrição da "política", quer eliminando as palavras "por um instante" (no que se refere a não esquecer o objetivo da derrubada da autocracia), quer acrescentando que "a luta econômica é o meio mais amplamente aplicável para integrar as massas à luta política ativa". É natural que depois de introduzidas essas emendas todos os nossos oradores renunciassem um após o outro a usar a palavra, considerando que era completamente inútil prosseguir as negociações com gente que torna a se virar para o "economismo" e que se reserva a liberdade de vacilar.

"Justamente o que a União considerou a condição *sine qua non* para a solidez do futuro acordo, ou seja, a conservação da fisionomia própria da *Rabótcheie Dielo* e a de sua autonomia, é justamente isso que o *Iskra*

---

* A propósito disso, iniciou-se no *Vorwärts* uma polêmica entre a sua atual redação, Kautsky e a *Zariá*. Não deixaremos de dar a conhecer essa polêmica aos leitores russos.

considerava um obstáculo para o acordo" (*Dois congressos*, p. 25). Isso é muito impreciso. Nunca atentamos contra a autonomia da *Rabótcheie Dielo**. Com efeito, rejeitamos *de maneira categórica* sua fisionomia própria, se se entende por tal a "fisionomia própria" nas questões de princípio da teoria e da tática: as resoluções de junho contêm precisamente a negação categórica de *tal* fisionomia própria, pois na prática essa "fisionomia própria" sempre significou, repetimos, toda espécie de vacilações e o apoio, com essas vacilações, à fragmentação imperante entre nós, fragmentação insuportável do ponto de vista do partido. Com seus artigos do número 10 e com as "emendas", a *Rabótcheie Dielo* mostrou claramente seu desejo de manter justamente essa fisionomia própria, e tal desejo conduziu, natural e inevitavelmente, ao rompimento e à declaração de guerra. Mas todos nós estávamos prontos a reconhecer a "fisionomia própria" da *Rabótcheie Dielo* no sentido de que ela deve se concentrar em determinadas funções literárias. A distribuição correta dessas funções impunha-se por si própria: 1) revista científica, 2) jornal político e 3) coletâneas populares e brochuras populares. Só dando seu acordo a essa distribuição teria demonstrado a *Rabótcheie Dielo* seu desejo sincero de acabar de uma vez por todas com as *aberrações* contra as quais se dirigem as resoluções de junho; só uma tal distribuição eliminaria qualquer possibilidade de atrito e asseguraria na realidade a firmeza do acordo, servindo ao mesmo tempo de base para uma nova ascensão e para novos êxitos de nosso movimento.

Agora, nenhum social-democrata russo pode mais duvidar de que o rompimento definitivo da tendência revolucionária com a oportunista não foi originada por circunstâncias "organizativas", mas justamente pelo desejo dos oportunistas de consolidar a fisionomia própria do oportunismo e de continuar a lançar a confusão nos espíritos com o palavreado dos Kritchévski e dos Martínov.

---

* Se não considerarmos como restrição da autonomia as reuniões das redações relacionadas à formação de um conselho supremo comum das organizações unidas, o que também a *Rabótcheie Dielo* aceitou em junho.

EMENDA A *O QUE FAZER?*

O Grupo de Iniciadores a que me referi na obra *O que fazer?* (p. 141)[1] pede-me que faça a seguinte emenda à parte em que se expõe sua participação na tentativa de reconciliação das organizações social-democratas no estrangeiro:

> Dos três membros desse grupo, só um se retirou da União em fins de 1900; os outros permaneceram até 1901, quando se convenceram de que era impossível conseguir que a União aceitasse realizar uma conferência com a organização do *Iskra* no estrangeiro e com a organização revolucionária Sotsial-Demokrat – que era aquilo em que consistia a proposta do Grupo de Iniciadores. Essa proposta foi logo de início rejeitada pela administração da União, apresentando como justificativa de sua recusa a participar da conferência a "incompetência" das pessoas que faziam parte do Grupo de Iniciadores e expressando seu desejo de estabelecer relações diretas com a organização do *Iskra* no estrangeiro. Logo, todavia, a administração da União informou ao Grupo de Iniciadores que, depois do aparecimento do primeiro número do *Iskra*, no qual se publicava a nota sobre a dissidência da União, mudava de opinião e não queria pôr-se em contato com o *Iskra*. Como explicar, depois disso, a declaração feita por um membro da administração da União de que sua recusa em participar da conferência devia-se exclusivamente ao fato de não estar satisfeita com a composição do Grupo de Iniciadores? Na verdade, tampouco se compreende por que a administração da União concordou em participar da conferência de junho do ano passado: a nota que havia aparecido no primeiro número do *Iskra* conservava seu valor e a atitude "negativa" do *Iskra* em face da União foi sublinhada ainda com mais relevo no primeiro fascículo da *Zariá* e no quarto número do *Iskra*, que apareceram antes da conferência de junho.

N. Lênin
Iskra, n. 19, 1º de abril de 1902

---

[1] Ver, neste volume, p. 200. (N. E.)

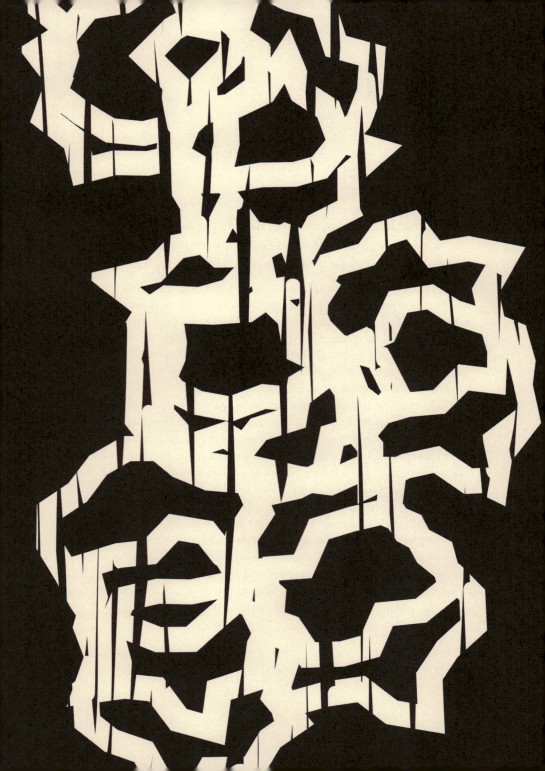

ÍNDICE ONOMÁSTICO

PERSONALIDADES

Alexéiev, Nicolai (1868-1952): arquimandrita da Igreja Ortodoxa russa. p. 122.

Auer, Ignaz (1846-1907): membro e secretário-geral do SPD e deputado do parlamento alemão, à direita de Eduard Bernstein no partido. p. 147.

Axelrod, Pavel Borisovitch (1850-1928): um dos principais dirigentes e e ideólogos do partido menchevique e um dos fundadores do *Iskra*. p. 18, 40, 61-2, 82, 92, 107-8, 149.

B-v: pseudônimo de Boris Viktorovich Savinkov (1879-1925), um dos líderes dos SRs e chefe da Organização de Batalha do partido, opunha-se tanto ao tsarismo quanto à social-democracia russa. p. 118, 121, 142-5, 147, 153.

Bebel, August (1840-1913): um dos fundadores da social-democracia alemã e uma das personalidades mais destacadas do movimento operário internacional. Foi contra o reformismo e o revisionismo. p. 28-9, 84, 136, 147, 186.

Béltov, pseudônimo de Plekhánov [Georgi Valentinovitch] (1856-1918): antes *naródnik*, criou o grupo Emancipação do Trabalho. Alinhou-se com os mencheviques até 1917. Opôs-se à Revolução de Outubro, mas não participou da contrarrevolução. p. 18, 25, 34, 61, 67, 82-5, 98, 108, 120-2, 149, 154-5, 186, 202.

Berdiáiev, Nikolai (1874-1948): um dos protagonistas da chamada "reação idealista". Teórico do cristianismo, opôs-se ao regime bolchevique. p. 196.

Bernstein, Eduard (1850-1932): dirigente da ala revisionista da social-democracia alemã e da Segunda Internacional, negava a teoria da luta de classes e a inevitabilidade da queda do capitalismo, da revolução socialista e da ditadura do proletariado. p. 22-3, 28-9, 33, 35-6, 65, 78, 80.

Dühring, Eugen (1833-1921): filósofo e economista alemão com interlocução entre alas da social-democracia. Tinha concepções filosóficas que misturavam positivismo, materialismo metafísico e idealismo. p. 27.

Engels, Friedrich (1820-1925): um dos fundadores do socialismo científico, ao lado de seu amigo e companheiro de luta Marx, com quem elaborou o materialismo dialético e histórico. p. 9, 23, 27, 37, 41-2, 47, 63, 65, 72, 97, 99.

Guesde, Jules (Basile, Mathieu) (1845-1922): um dos dirigentes do movimento socialista francês e da Segunda Internacional. Tomou uma posição social-chauvinista na Primeira Guerra e entrou para o governo burguês. p. 84.

Hasselmann, Wilhelm (1844-1916): social-democrata alemão, dirigente da União Geral dos Operários Alemães, foi expulso do PSD como anarquista. p. 65, 137.

Hirsch, Karl (1841-1900): social-democrata até 1871; redator e correspondente em Paris de diferentes jornais social-democratas alemães. p. 53, 58.

Höchberg, Karl (1853-1884): escritor de tendência reformista, aderiu à social-democracia alemã por volta de 1875. Financiou diversos periódicos e publicações socialistas embora às vezes em divergência com Marx e Engels. p. 65.

Jeliábov, Andrei Ivánovitch (1850-1881): representante do populismo revolucionário, organizador e dirigente do partido A Vontade do Povo. p. 122, 155, 186.

Karéiev, Nikolai Ivánovitch (1850-1931): historiador e publicista burguês liberal, membro do partido democrata-constitucionalista, inimigo do marxismo. p. 67.

Katkov, Mikhail Nikiforovich (1818-1887): jornalista nacionalista e conservador russo, chegou a apoiar reformas liberais, mas tornou-se defensor da repressão tsarista. p. 105.

Kautsky, Karl (1854-1938): um dos dirigentes e teóricos da social-democracia alemã e da Segunda Internacional. Inicialmente marxista, aproximou-se do revisionismo. p. 55, 84, 156-7, 204.

Khaltúrine, Stepan Nikoláievitch (1856-1882): criou uma das primeiras organizações políticas revolucionárias ilegais de operários da Rússia, aproximou-se do populismo e participou de vários atentados terroristas. p. 122.

Kritchévski, Boris Naúmovitch (1866-1919): um dos dirigentes do "economismo" e da União dos Sociais-Democratas Russos no Estrangeiro; foi redator da *Rabótcheie Dielo* e abandonou o movimento social-democrata após 1903. p. 25-6, 28, 63, 66, 81, 98, 121, 128, 150, 162, 169, 179, 186, 196-7, 202, 204-5.

Lafargue, Paul (18421911): médico, jornalista e revolucionário socialista, marido de Laura Marx, com quem se suicidou aos 69 anos. Seu mais conhecido trabalho é *O direito à preguiça*. p. 84.

Lassalle, Ferdinand (1825-1864): socialista, líder do lassallianismo – visto por marxistas como uma forma de oportunismo no movimento operário alemão. p. 16, 27, 57.

ÍNDICE ONOMÁSTICO 211

Liebknecht, Wilhelm (1826-1900): personalidade eminente do movimento operário alemão e internacional, um dos fundadores e dirigentes do SPD. Diretor do *Vorwärts*, foi criticado por sua posição conciliadora. p. 65, 97, 136.

Lomonóssov, Mikhail Vassiliévitch (1711-1765): grande cientista enciclopedista e poeta russo. p. 82-3, 85.

Martínov (Píkker), Alexandr Samóilovitch (1865-1935): ideólogo do "economismo", reviu suas opiniões e, em 1923, entrou para o PCUS. p. 63, 71-98, 101-2, 106-7, 121, 124, 127-8, 169, 179, 186, 192-3, 196-7, 203, 205.

Marx, Karl Heinrich (1818-1883): pensador, iniciador do socialismo científico ao lado de Engels. Criou o materialismo dialético e histórico, em uma virada revolucionária da filosofia. p. 9, 16, 23, 39, 47, 55, 63, 97, 99, 186, 188.

Meschérski, Vladimir (1839-1914): romancista e jornalista conservador russo, apoiador do tsarismo. p. 105.

Míchkine, Ippolit Nikítitch (1848-1885): personalidade do movimento populista, tentou libertar Tchenichévski do exílio, mas fracassou e foi preso. p. 122, 155.

Mikhailóvski, Nikolai Konstantínovitch (1842-1904): destacado teórico do narodismo russo, jornalista político, crítico literário e filósofo. Travou uma luta dura contra o marxismo. p. 67, 195.

Millerand, Aléxandre Étienne (1859-1943): líder da tendência oportunista do movimento socialista francês, foi presidente da república francesa de 1920 a 1924. p. 22-3.

Most, Johann (1846-1906): jornalista anarquista germano-estadunidense. Originalmente social-democrata, tornou-se uma das mais proeminentes figuras do anarquismo e da oratória propagandista. p. 27, 65, 137.

Mühlberger, Arthur (1847-1907): médico e publicista alemão, adepto de Proudhon. p. 27.

Nadiéjdin, L. (Zelénski, Evguéni Óssipovitch) (1877-1905): social-democrata russo, apoiou os "economistas" e defendeu o terror para "despertar as massas"; colaborou em publicações mencheviques. p. 169, 172, 175, 177-182, 187-91.

Nartsisse Tuporílov (1873-1923), pseudônimo de *Julius Martóv* [Yuli Osipovich Tsederbaum]: político russo, revolucionário menchevique, fundador do *Iskra*. Participou da Revolução, mas opôs-se aos bolcheviques. p. 67, 80.

Ózerov, Ivan Khristofórovitch (1869-1942): economista russo; catedrático das Universidades de Moscou e de Petersburgo. Apoiou a tática provocatória de Zubátov no movimento operário. p. 130-1, 135.

Párvus (Guélfand), Alexandr Lvóvitch (1869-1924): participou do movimento social--democrata russo e alemão, foi menchevique e social-chauvinista. p. 203.

Píssarev, Dmítri Ivánovitch (1840-1868): democrata revolucionário, publicista, crítico literário e filósofo materialista russo. p. 186-7.

Prokopóvitch, Serguéi Nikoláievitch (1871-1955): economista e publicista russo, representante do "economismo" e defensor do bernsteinianismo. p. 33-4, 57, 80, 196.

R. M: pseudônimo de Konstantin Mikhailovich Takhtarev (1871-1925), sociólogo e político russo, manteve-se contrário às posições tanto da corrente bolchevique quanto da menchevique. p. 64, 80, 85, 124, 163, 196-7.

Schramm, Jean Paul Adam (1789-1884): general e político francês, bonapartista. Ministro da Guerra em 1850-1851. p. 65.

Schulze-Delitzsch, Franz Hermann (1808-1883): político e economista alemão, fundador do Partido do Progresso alemão, organizou uma das primeiras cooperativas de crédito do mundo. p. 57.

Schweitzer, Johann Baptist von (1833-1875): advogado, jornalista e redator do *Social--Demokrat*; foi presidente da Associação Geral dos Trabalhadores Alemães de 1867 a 1871. p. 65.

Starover, codinome de Alexandr Nikoláevitch Potriéssov (1869-1934): revolucionário russo. Aderiu aos marxistas e participou na criação do *Iskra*; a partir de 1903, tornou-se um dirigente menchevique. p. 29.

Struve, Piotr Berngárdovitch (1870-1944): economista, historiador e jornalista russo. Teórico do "marxismo legal" e dirigente dos KDs. p. 31, 57, 80, 108, 190, 196.

Tkatchov, Piotr Nikítitch (1844-1885): ideólogo do populismo revolucionário, publicista e crítico literário. Inspirou o tkatchovismo. p. 187-8.

Tuline: codinome adotado por Lênin na juventude. p. 31.

V. I.: pseudônimo de Vladimir P. Ivanshin (1869-1904), colaborador da *Rabotchaia Misl* e editor da *Rabotcheie Dielo*. p. 52, 60-2, 196.

V. V.: pseudônimo de Vasilii Pavlovich Vorontsov (1847-1918), um dos ideólogos do populismo liberal. Lênin, com a expressão "V. V. da social-democracia russa", alude aos "economistas". p. 53-4, 60, 63, 66.

Vanéiev, Anatóli Alexéievitch (1872-1899): social-democrata russo. Participou da fundação da União de Luta e dirigiu a preparação da *Rabótcheie Dielo*; foi preso e exilado na Sibéria, onde permaneceu até sua morte. p. 48, 50.

Vassíliev, Nikita (n. 1855): coronel da gendarmeria russa, partidário do "socialismo policial" de Zubátov. p. 130.

Vollmar, Georg Heinrich von (1850-1922): um dos dirigentes do PSD, ideólogo do reformismo. Deputado no Reichstag. p. 23, 65.

Webb, Beatrice (1858-1943) e *Webb, Sidney* (1859-1947): casal de economistas reformistas ingleses. Escreveram uma série de obras sobre a história e a teoria do movimento operário inglês. p. 78, 156.

Witte, Sergei Yulyevich (1849-1915): economista, diplomata, ministro e primeiro-ministro da Rússia imperial. p. 108-9.

Zassúlitch [Vera Ivanovna] (1849-1919): revolucionária russa. Antes *naródnik*, tornou-se marxista e uma das fundadoras do Emancipação do Trabalho. Integrou a redação do *Iskra* e da *Zariá* e ficou ao lado dos mencheviques. p. 18, 108, 149.

Zubátov, Serguéi Vassilióvitch (1864-1917): coronel de gendarmeria, inspirador e organizador do "socialismo policial", fundou organizações operárias policiais com o objetivo de afastar os operários da luta revolucionária. p. 33, 57, 59, 130-1, 135.

PERIÓDICOS

Biloie: revista de história editada (com prolongadas interrupções) de 1900 a 1926, dedicada principalmente ao populismo e aos movimentos sociais. p. 34.

Credo: manifesto "economista", escrito por Ekaterina Kuskova e Serguei Prokopóvitch em 1899. p. 33-4, 54, 56, 62, 92, 110, 112, 145, 196.

Iskra: primeiro jornal clandestino da Rússia, fundado por Lênin em 1900. Foi decisivo na criação do partido revolucionário da classe operária. A partir do n. 53, os mencheviques convertem o *Iskra* em seu próprio órgão, conhecido como novo *Iskra*. p. 17-9, 25, 29, 33-7, 45, 49, 55-7, 61-3, 66-8, 71-5, 78-81, 85, 88-9, 93, 97, 101-9, 112, 121, 123-4, 131-2, 149, 152, 169-83, 188-91, 199-201, 204, 207.

Listok "Rabótchego Diela": suplemento não periódico da revista *Rabótcheie Dielo*, editado em Genebra de junho de 1900 a julho de 1901. p. 187.

Listok "Rabótnika": publicação não periódica da União dos Sociais-Democratas Russos no Estrangeiro, editada em Genebra de 1896 a 1898. A partir de novembro de 1898, a publicação esteve sob a direção dos "economistas". p. 51-2, 60, 62, 132.

Nakanune: revista mensal de orientação populista, editada em língua russa, em Londres, de janeiro de 1899 a fevereiro de 1902. p. 60, 154-5.

Rabótchaia Gazeta: órgão clandestino dos sociais-democratas de Kiev, reconhecido como órgão oficial do partido em 1898. Saíram apenas dois números. Em 1899, tentou-se retomar sua publicação. p. 19, 49, 61, 149, 158, 173-5, 178.

Rabótchaia Misl: jornal-órgão dos "economistas", publicado de outubro de 1897 a dezembro de 1902. p. 34, 37, 50-4, 59-64, 71-3, 77, 82, 85, 89-90, 109, 111, 120, 124, 132, 136, 149, 161, 163, 166-7, 173, 180.

Rabótcheie Dielo: revista da União dos Sociais-Democratas Russos no Estrangeiro. Publicada de abril de 1899 a fevereiro de 1902, foi o centro dos "economistas" no estrangeiro, a ala extrema-direita do POSDR. p. 18, 20, 25-30, 33-9, 45, 48, 54-5, 58- -69, 71-82, 89-90, 93, 99, 102, 110-5, 118, 120-4, 131, 138, 142, 149-57, 169-74, 179, 183, 186-7, 196-7, 199-205.

Rossia: diário liberal moderado, publicado em Petersburgo de 1889 a 1902. p. 110.

Rússkie Védomosti: jornal editado em Moscou a partir de 1863 pelos intelectuais liberais moderados. A partir de 1905, foi o órgão da ala direita dos KDs. p. 112.

Sankt-Peterbúrgski Rabótchi Listok: órgão da União de Luta, assinalava a necessidade de criar o partido operário. p. 49.

Sankt-Peterbúrgskie Védomosti: jornal editado em Petersburgo de 1728 a 1917 como continuação do primeiro jornal russo, *Védomosti*, que começara em 1703. p. 112.

Svoboda: revista editada na Suíça pelo grupo Svoboda de 1901 a 1902. p. 90, 135-6, 138-40, 145-6, 157, 161, 163, 169, 177, 181, 190.

Vorwärts: jornal do PSD, publicado em Berlim de 1891 até 1933. Depois da morte de Engels, passou à ala direita do Partido. Após 1917, dedicou-se à propaganda antissoviética. p. 27, 65, 113, 204.

Zariá: revista político-científica marxista, publicada de 1901 a 1902. Criticou o revisionismo internacional e russo e defendeu os fundamentos teóricos do marxismo. p. 18, 25, 29, 38, 45, 61, 63, 67-8, 74, 81, 108, 152, 200-1, 204, 207.

GRUPOS E ORGANIZAÇÕES

Borba (Luta): grupo social-democrata fundado em 1900, em Paris, tinha a intenção de reconciliar as orientações revolucionárias e oportunistas na social-democracia russa. Foi dissolvido no II Congresso do POSDR. p. 18, 200, 202.

Bund (União Geral Operária Judaica da Lituânia, Polônia e Rússia): formado em 1897, passou a fazer parte do POSDR em 1898, apoiava a ala oportunista do partido contra os bolcheviques. p. 18, 77, 170, 172-4, 200.

Bureau Socialista Internacional: órgão permanente, informativo e executivo, da Segunda Internacional, em funcionamento até 1914. p. 199.

Grupo de Autoemancipação: pequeno grupo de "economistas" constituído em São Petersburgo em 1898, existiu somente por alguns meses. p. 60, 62, 71, 77, 155.

Grupo de Operários para a Luta do Trabalho contra o Capital: constituído em São Petersburgo em 1899, formado por operários e intelectuais, sem ligação estreita com o movimento operário e próximo do "economismo". p. 119.

Liga da Social-Democracia Revolucionária Russa no Estrangeiro: fundada por iniciativa de Lênin em outubro de 1901, representava a seção do *Iskra* no estrangeiro. Em 1903, foi cooptada pelos mencheviques e extinta em 1905. p. 18.

Naródnaia Vólia: organização política formada em 1879 cujo objetivo era a derrubada do tsarismo por meio de atos individuais de terror. p. 21, 31, 148-9, 195.

Osvobojdiénie Truda (Emancipação do Trabalho): grupo marxista russo fundado por Plekhánov na Suíça, em 1883, vital na criação do POSDR e no primeiro encontro com o movimento operário. p. 18, 34, 38, 47, 61, 68, 125, 149, 173, 199-202.

Sotsial-Demokrat: organização criada pelos membros do grupo Emancipação do Trabalho e seus partidários em 1900. p. 18, 200, 207.

Svoboda: grupo político que pregava as ideias do "economismo" e do terrorismo e apoiava as organizações anti-iskristas da Rússia, extinto em 1903. p. 92-4, 169, 189.

União de Luta pela Emancipação da Classe Operária de São Petersburgo: organizada por Lênin em 1895, reunia cerca de vinte círculos operários marxistas. A partir de 1898, passou para as mãos dos "economistas". p. 46, 48, 51-2, 61, 129, 132, 142.

União dos Sociais-Democratas Russos no Estrangeiro: fundada em 1894, foi reconhecida como representante do POSRD no estrangeiro em 1898. Foi tomada por "economistas" e dissolvida em 1903. p. 18, 25, 34-5, 38, 61, 152, 155, 199-200.

CRONOLOGIA

Ano	Vladímir Ilitch Lênin	Acontecimentos históricos
1870	Nasce, no dia 22 de abril, na cidade de Simbirsk (atual Uliánovsk).	
1871		Em março, é instaurada a Comuna de Paris, brutalmente reprimida em maio.
1872		Primeira edição de *O capital* em russo, com tradução de Mikhail Bakúnin e Nikolai F. Danielson.
1873		Serguei Netcháiev é condenado a vinte anos de trabalho forçado na Sibéria.
1874	Nasce o irmão Dmítri Ilitch Uliánov, em 16 de agosto.	Principal campanha *naródniki* (populista) de "ida ao povo".
1876		Fundação da organização *naródniki* Terra e Liberdade, da qual adviriam diversos marxistas, como Plekhánov.
1877		Marx envia carta ao periódico russo Отечественные Записки/ *Otetchestvênie Zapiski*, em resposta a um artigo publicado por Nikolai Mikhailóvski sobre *O capital*.
1878	Nasce a irmã Maria Ilinítchna Uliánova, em 18 de fevereiro.	Primeira onda de greves operárias em São Petersburgo, que duram até o ano seguinte.
1879		Racha de Terra e Liberdade; a maioria funda A Vontade do Povo, a favor da luta armada. A minoria organiza A Partilha Negra. Nascem Trótski e Stálin.

Ano	Vladímir Ilitch Lênin	Acontecimentos históricos
1881		Assassinato do tsar Aleksandr II no dia 13 de março. Assume Aleksandr III. Marx se corresponde com a revolucionária russa Vera Zássulitch.
1882		Morre Netcháiev. Marx e Engels escrevem prefácio à edição russa do *Manifesto Comunista*.
1883		Fundação da primeira organização marxista russa, Emancipação do Trabalho.
1886	Morre o pai, Ilia Uliánov. Lênin conclui as provas finais do ensino secundário como melhor aluno.	
1887	Aleksandr Uliánov, seu irmão mais velho, é enforcado em São Petersburgo por planejar o assassinato do tsar. Em agosto, Lênin ingressa na Universidade de Kazan. Em dezembro, é preso após se envolver em protestos e expulso da universidade.	
1888	Lê textos de revolucionários russos e começa a estudar direito por conta própria. Inicia primeira leitura minuciosa de *O capital*. Reside em Kazan e Samara.	
1889	Conhece A. P. Skliarenko e participa de seu círculo, a partir do qual entra em contato com o pai de Netcháiev.	Fundada em Paris a Segunda Internacional.
1890	Primeira viagem a São Petersburgo, a fim de prestar exames para a Faculdade de Direito.	
1891	Recebe diploma de primeira classe na Faculdade de Direito da Universidade de São Petersburgo. Participa de "iniciativa civil" contra a fome, em denúncia à hipocrisia das campanhas oficiais.	
1892	Autorizado a trabalhar sob vigilância policial, exerce a advocacia até agosto do ano seguinte no tribunal em Samara.	

Ano	Vladímir Ilitch Lênin	Acontecimentos históricos
1893	Participa de círculos marxistas ilegais, atacando o narodismo, e leciona sobre as obras de Marx. Muda-se para São Petersburgo, onde integra círculo marxista com Krássin, Rádtchenko, Krjijanóvski, Stárkov, Zapórojets, Váneiev e Sílvin.	
1894	Publica *Quem são os "amigos do povo" e como lutam contra os sociais-democratas?*. Conhece Nadiéjda K. Krúpskaia. Encontra os "marxistas legais" Piotr Struve e M. I. Túgan-Baranóvski no salão de Klásson.	Morte de Aleksandr III. Coroado Nicolau II, o último tsar.
1895	Viaja a Suíça, Alemanha e França, entre maio e setembro. Conhece sociais-democratas russos exilados, como Plekhánov e o grupo Emancipação do Trabalho. De volta à Rússia, é preso em 8 de dezembro, em razão de seu trabalho com a União de Luta pela Emancipação da Classe Operária, e condenado a catorze meses de confinamento, seguidos de três anos de exílio.	
1896	Prisão solitária.	Nadiéjda K. Krúpskaia é presa.
1897	Exílio em Chuchenskoie, na Sibéria.	
1898	Casamento com Krúpskaia no dia 22 de julho, durante exílio. Em Genebra, o grupo Emancipação do Trabalho publica "As tarefas dos sociais-democratas russos", escrito por Lênin no final de 1897.	Congresso de fundação do Partido Operário Social-Democrata da Rússia (POSDR), em Minsk, 13-15 de março.
1899	Publicação de seu primeiro livro, *O desenvolvimento do capitalismo na Rússia*, em abril, durante exílio.	
1900	Com o fim do exílio na Sibéria, instala-se em Pskov. Transfere-se para Munique em setembro.	Publicada a primeira edição do jornal Искра/*Iskra*, redigido no exterior e distribuído clandestinamente na Rússia.
1901	Começa a usar sistematicamente o pseudônimo "Lênin".	
1902	Publica *Que fazer?* em março. Rompe com Struve.	Lançado o Освобождение/*Osvobojdiénie*, periódico liberal encabeçado por Struve.

Ano	Vladímir Ilitch Lênin	Acontecimentos históricos
1903	Instala-se em Londres em abril, após breve residência em Genebra. Publicação de "Aos pobres do campo". Lênin se dissocia do *Iskra*.	II Congresso do POSDR, em Bruxelas e depois em Londres, de 30 de julho a 23 de agosto, no qual se dá a cisão entre bolcheviques e mencheviques.
1904	Abandona Comitê Central do partido. Publicação de *Um passo em frente, dois passos atrás* e do primeiro número do jornal bolchevique Вперёд/*Vperiod*, em Genebra.	Início da Guerra Russo-Japonesa; a Rússia seria derrotada no ano seguinte. Mártov publica "O embate do 'estado de sítio' no POSDR".
1905	Escreve *Duas táticas da social-democracia na revolução democrática*, em junho-julho. Chega em São Petersburgo em novembro. Orienta publicação do primeiro jornal diário legal dos bolcheviques, o Новая Жизнь/*Nóvaia Jizn*, publicado entre outubro e dezembro.	Em 22 de janeiro, Domingo Sangrento em São Petersburgo marca início da primeira Revolução Russa. III Congresso do POSDR, de 25 de abril a 10 de maio, ocorre sem a presença dos mencheviques. Motim no encouraçado *Potemkin* em 14 de junho. Surgem os sovietes. Manifesto de Outubro do tsar.
1906	Em maio, faz seu primeiro discurso em comício, em frente ao palácio da condessa Panina.	V Congresso do POSDR em Londres, de 13 de abril a 1º de junho. Convocação da Primeira Duma.
1907		Publicação da obra *Resultados e perspectivas*, na qual Trótski, a partir do balanço da Revolução de 1905, apresenta uma primeira versão da teoria da revolução permanente. Segunda Duma (fevereiro). Nova lei eleitoral (junho). Terceira Duma (novembro).
1908	Escreve *Materialismo e empiriocriticismo*, publicado no ano seguinte. Em dezembro, deixa Genebra e parte para Paris.	
1909	Conhece Inessa Armand na primavera, com quem manteria uma relação próxima.	
1910	Encontra Máksim Górki na Itália. Participa do Congresso de Copenhague da II Internacional. Funda Рабочая Молва/*Rabótchaia Molva* em novembro e inicia série de artigos sobre Tolstói.	Congresso de Copenhague.

Ano	Vladímir Ilitch Lênin	Acontecimentos históricos
1911	Organiza escola do partido em Longjumeau, perto de Paris.	Assassinato do ministro tsarista Piotr Stolípin, em 18 de setembro.
1912	Instala-se em Cracóvia em junho. Eleito para o Bureau Socialista Internacional. Lança o Правда/*Pravda* em maio, após organização do Comitê Central dos bolcheviques, em Praga, no mês de janeiro.	VI Congresso do Partido em Praga, essencialmente bolchevique. Após anos de repressão, os operários russos retomam as greves. Bolcheviques e mencheviques deixam de pertencer ao mesmo partido. Quarta Duma.
1913	Muda-se para Poronin em maio. Escreve longos comentários ao livro *A acumulação do capital*, de Rosa Luxemburgo. Entre junho e agosto, viaja à Suécia e à Áustria.	
1914	Preso por doze dias no Império Austro-Húngaro após eclosão da Primeira Guerra. Ele e Krúpskaia partem para Berna. Lê e faz anotações sobre a *Ciência da lógica* de Hegel, depois conhecidas como *Cadernos filosóficos*.	Início da Primeira Guerra Mundial. O apoio dos sociais-democratas alemães aos créditos de guerra gera uma cisão no socialismo internacional. Greves gerais em Baku. São Petersburgo é renomeada como Petrogrado.
1915	Participa da Reunião Socialista Internacional em Zimmerwald.	Movimentos grevistas na Rússia ocidental. Reunião socialista internacional em Zimmerwald, na Suíça, em setembro, com lideranças antimilitaristas.
1916	Escreve *Imperialismo, fase superior do capitalismo*. Comparece à II Conferência de Zimmerwald, em Kienthal (6 a 12 de maio). Morte de sua mãe, Maria Aleksándrovna Uliánova.	Dissolução da Segunda Internacional, após o acirramento do embate entre antimilitaristas e sociais-chauvinistas.
1917	Desembarca na Estação Finlândia, em São Petersburgo, em 16 de abril, e se junta à liderança bolchevique. No dia seguinte, profere as "Teses de abril". Entre agosto e setembro, escreve *O Estado e a revolução*.	Protesto das mulheres no 8 de março deflagra Revolução de Fevereiro, a qual põe abaixo o tsarismo. O Partido Bolchevique passa a denominar-se Partido Comunista. A Revolução de Outubro inicia a implantação do socialismo.

Ano	Vladímir Ilitch Lênin	Acontecimentos históricos
1918	Dissolve a Assembleia Constituinte em janeiro. Publicação de *O Estado e a revolução*. Em 30 de agosto, é ferido em tentativa de assassinato por Dora (Fanni) Kaplan. Institui o "comunismo de guerra".	Assinado o Tratado de Brest-Litovsk em março. Fim da Primeira Guerra Mundial em novembro. Início da guerra civil na Rússia. Trótski organiza o Exército Vermelho, com mais de 4 milhões de combatentes, para enfrentar a reação interna e a invasão por tropas de catorze países.
1919	Abre o I Congresso da Comintern.	Fundação da Internacional Comunista (Comintern). Início da Guerra Polonesa-Soviética.
1920	Escreve *O esquerdismo, doença infantil do comunismo*.	II Congresso da Internacional Comunista, de 21 de julho a 6 de agosto. Morre Inessa Armand. Fim da Guerra Polonesa-Soviética.
1921	Em 21 de março, assina decreto introduzindo a Nova Política Econômica (NEP).	X Congresso do Partido, de 1º a 18 de março. Marinheiros se revoltam em Kronstadt e são reprimidos pelo governo bolchevique.
1922	No dia 25 de dezembro, dita seu testamento após sofrer dois acidentes vasculares.	Tratado de Criação da União Soviética e Declaração de Criação da URSS. Stálin é apontado secretário-geral do Partido Comunista.
1923	Após um terceiro acidente vascular, fica com restrições de locomoção e fala e sofre de dores intensas.	XII Congresso do Partido, entre 17 e 25 de abril, o primeiro sem a presença de Lênin. Fim dos conflitos da guerra civil.
1924	Morre no dia 21 de janeiro. No mesmo ano é publicado *Lênin: um estudo sobre a unidade de seu pensamento*, de György Lukács.	XIII Congresso do Partido, em janeiro, condena Trótski, que deixa Moscou.

A família Uliánov em Simbirsk, em 1879: Maria Alexandrovna e Ilia Uliánov e seus seis filhos (da esquerda para a direita, de cima para baixo): Olga, Maria, Aleksandr, Dmítri, Anna e Vladímir (então com nove anos de idade).

Publicado em abril de 2020, no mês em que comemoramos o aniversário de 150 anos de nascimento de Vladímir Ilitch Uliánov Lênin, o mais importante líder revolucionário do século XX, este livro foi composto em Minion Pro, corpo 11/14,9, e reimpresso em papel Pólen Natural 80 g/m² pela gráfica Lis para a Boitempo, em abril de 2024, com tiragem de 2.000 exemplares.

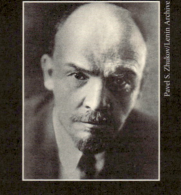